2026
중등 교원 임용
시험 대비

권은성 ZOOM 전공체육

스포츠교육학

권은성 편저

박문각 임용
해커스임용 www.pmg.co.kr

박문각

차 례

CONTENTS

차 례

Chapter 02 체육교수 스타일 유형

차 례

PART 04 체육수업모형

Chapter 01 · 모형 중심 체육수업 개관

차 례

부록 **국가 교육과정**

권은성 ZOOM 전공체육

스포츠교육학

체육교육 탐구

체육교육사조와 목적론

Section 01 근대 체육교육사상의 변화

01 19세기 초·중반

1. 체조 시스템 2008년 9번

(1) 독일(Friedrich Jahn), 스웨덴(Per Henrik Ling)

   ① '민족주의' : '개인적 발달(개인효과 측면)', '집단적 단결(국가의 건강과 복지 측면)'

   ② 군사훈련으로 이용

(2) 미국

   유럽식 체조 시스템은 '민족주의'의 이념보다 프로그램에 규칙적으로 참여함으로써 획득되는 신체, 도덕, 건강 발달 강조

2. 강건한 기독교주의

(1) 등장배경

   ① 초기 청교도

   ② 19세기 중반 산업혁명과 중산계층 성장

(2) 에머슨

   "훌륭한 일을 하기 위해서는 몸이 최고의 건강상태를 유지하고 있어야 한다."

(3) 특징

   ① 체력과 운동능력은 정신적·도덕적·종교적 목적이 개발되고 유지되는 중요 수단으로 인식

   ② 귀족 중심 영국 교육적 이상의 영향으로 윤리적·지적·신체적 측면이 모두 동일하게 중시되는 새로운 종교적 인간상 강조

   ③ 종교, 스포츠, 건강을 하나로 통합시킨 시민종교

3. 이상적인 남성상과 여성상

4. 아마추어리즘과 페어플레이 정신

① 19세기 아마추어리즘 '페어플레이'와 '좋은 경기' 등 영국 상류층의 윤리적 미덕으로 구성

② 1896년 제1회 근대 올림픽

---

02 19세기 말과 20세기 초

1. 신체육 사상 2015년 B 서술 2번

① 토마스 우드 1893년 시카고 국제교육학회 : '신체육(new physical education)' 주장

② '체조 중심'에서 '신체를 통한 교육' 철학으로 넘어가는 분수령

③ 20세기 체육의 지배적 사상

④ '진보주의 교육이론'에 의한 신체육의 철학적 근거

2. 진보주의에 영향을 미친 유럽의 교육사상

① 자연주의

② 범애주의

③ 신인문주의

3. 철학적 개념으로서의 놀이

① 프뢰벨(Fröbel)

② 실러(Schiller)

③ 놀이터 운동(the playground movement)

4. 20세기 초반

① 다양한 철학 통합 : '체육활동 참여로 지적·신체적·사회적·도덕적 발달 도모'

② 20세기 초반 의무 교육 확산

③ 체육이 필수 교과목으로 확립

④ 미국에서 스포츠는 문화의 핵심으로 위치함

03 20세기 중반 이후

1. 휴먼 무브먼트(human movement) 사상에 의한 움직임 교육 2015년 B 서술 2번

(1) 휴먼 무브먼트의 발전

① 1900~1950년까지 체육 분야의 통합과 성장 이후 학문적 분화

② 1948년 라반(Laban)의 『현대교육무용』

(2) 휴먼 무브먼트 철학사상과 움직임 교육의 특징

① 움직임 교육 : 자신의 능력 개발, 세상과의 관련 속에서 자신의 존재 표현, 탐색 · 발전 · 해석으로 잠재적 무브먼트 능력 개발

② 학문적 세분화를 위한 기초, 교육과정 개발 틀, 초중고 체육교과의 개선을 위한 기반으로 활용

♡ '체육교육(physical education)'과 '움직임 교육(movement education)'의 비교

체육교육 (physical education)	• 종목(배구, 육상, 무용) 그 자체가 교육과정의 구조적 기초 • 각 종목의 운동기능 계열화 • 신체적 성숙, 일반적 준비 정도에 적합한 과제 제시
움직임 교육 (movement education)	• '신체적 지각', '공간', '움직임의 질'과 같은 기본 원리 및 개념이 무브먼트 '이해'의 기초 • 움직임의 질적 측면에서 무브먼트의 원리 개발과 기초 활동 선정 • 교육체조, 교육무용, 교육게임으로 교육과정 조직 • '탐색'과 '발견'의 교육방법 • 비경쟁적이며 성취감을 제공하는 수업 분위기

2. 인간주의 스포츠와 인간주의 체육교육

(1) 등장배경

① 1960~1970년대 '인간주의 철학(humanistic philosophies)'

② '자아의 심리학'

(2) 특징

① 열린 교육, 정서교육, 가치관 확립 강조

② 학업성취와 아동의 인성 및 사회적 발달 강조

③ 1973년 Donald Hellison의 「인간주의 체육교육」: 인성발달, 자기 표현력 함양, 대인관계 향상

3. 놀이교육과 스포츠 교육

(1) 등장배경

① 1970년대 체육활동의 내재적 가치, 즉 '활동 그 자체로서의 가치' 강조

② 시덴탑(Daryl Siedentop)의 '놀이교육(play education)'으로 구축

(2) 특징

① 운동기술 습득과 신체활동에 대한 애정을 갖도록 돕는 교육

② 문화 활동 전수

③ 1986년 놀이교육 철학에 의한 '스포츠 교육'의 목적: 스포츠의 기능, 지식, 태도를 교육하여 학생 스스로 스포츠에 참여시켜 보다 건전한 스포츠 문화 발달에 공헌하게 함

Section 02 신체육의 발전과 평가

01 20세기 교육

1. 1900년대 이전

① 고전 내용을 중심으로 한 '자유교양 교육'을 통한 고급 문화의 명맥 유지

② 학문적 측면 강조와 형식주의 학습

③ 청교도, 자유방임적 자본주의, 고전 학습

④ 19세기 말

    ㉠ 사회적 발달 목표의 중요성 대두

    ㉡ 공립학교는 미국 사회 개혁의 출발

2. 20세기 초 : 진보주의 운동('신체를 통한 교육' 전개)

① 학교는 사회적 기관이며, 교육의 목적은 사회성 함양

② 학생의 적극적 학습, 민주적 수업활동

③ **삶으로서의 교육** : 경험의 공유와 문제해결을 도모하기 위한 '체육의 교육적 활용'

02 신체를 통한 교육

1. 1893년 토마스 우드

"체육은 신체를 위한 훈련이 아닌, 교육을 완성시키는 수단이다."

2. 20세기 초반

'신체를 통한 교육'의 철학적 관점으로 학교체육 정당화

♡ 헤더링턴의 신체육 목표

신체적 교육 (organic education)	각종 조직 기관의 발달을 통하여 학생의 신체적 근력을 증진시키는 활동 프로그램을 다룬다.
심동적(기능적) 교육 (psychomotor education)	신체움직임을 유용하게 하는 것, 에너지를 최대한 효율적으로 사용하는 것, 그리고 이것을 능숙하고, 우아하고, 예술적으로 행하는 것과 관련을 맺고 있다.
정의적(사회적) 교육 (character education)	개인의 적응, 그룹에의 적응, 그리고 사회의 일원으로서의 적응을 할 수 있도록 돕는 것과 관련을 맺고 있다.
인지적(정신적) 교육 (intellectual education)	지식의 축적, 그리고 이 지식을 분석하고 해석하는 능력과 관련을 맺고 있다.

03 '신체를 통한 교육' 철학적 관점의 실천

1. 20세기 진보주의 교육의 목적과 일치

① 민주사회 생활적응 교육

② 윌리엄스 : "신체를 통한 교육은 생활적응 교육이 좋은 삶에 미치는 공헌에 의해서 판별되는 것과 마찬가지 논리로 판별될 것이다."

2. 실천양상 : '신체육사상' – 다양한 목표 성취를 위한 다양한 경험의 필요성 주장

① 각각의 목표영역 성취에 적합한 활동

② '전인적 발달'을 위한 '다양한' 종류의 활동 제공

③ 종합상자형 체육프로그램

♡ 종합상자모형

신체적 발달 목표	체력운동
운동기능 발달 목표	다양한 종류의 신체활동 그 자체
정신적 발달 목표	다양한 신체활동의 규칙, 전술, 역사
사회적 발달 목표	다양한 신체활동 참여

04 '신체를 통한 교육' 철학적 관점의 평가

1. 전반적 장점

① 체육교육의 정체성 제공과 체육교과의 정당성 부여

② 목표 달성을 위한 다양한 종류의 신체활동 내포

♡ '신체를 통한 교육' 실천에 대한 평가

신체적 발달의 목표	• 턱걸이, 팔굽혀펴기 등 체력테스트 도달 능력 성취에는 미비한 효과 • 학교 필수 이수 시간 부족으로 발달 저조
심동적 발달의 목표	• 기능 측정의 한계, 즉 발달에 대한 측정 한계성 • 종합상자모형의 운영으로 학생소외와 우수자에 한정 • 교육과정 개발에서 종목과 기능의 동일시 문제 양산 • 기술향상을 위한 시간과 학생 흥미 부족
정신적 발달의 목표	• 종목의 역사, 규칙, 전술, 용구 등에 대한 지식과 인지적 영역의 등치에서 비롯된 문제 발생 • 체육 지식에 대한 정의 부재 • '교실수업 그 자체만으로 정신적인 발달을 도모하는가?'에 대한 문제 제기
사회적 발달의 목표	• 체육활동 참여에 의한 결과인지 활동 참여 전 성공적 수행을 위한 선행조건 인지에 대한 불분명한 관련성 내포 • 체육참여로 습관, 태도, 가치관 등의 변화 증거 부족

2. '신체를 통한 교육' 철학적 관점에 대한 분석과 비판

(1) 수많은 목표 성취 가운데 실제로 아무것도 얻지 못했음

(2) 종합상자모형으로 '신체를 통한 교육'의 실천

① 운동기능 습득에 대한 제한적 유용성

② 운동기능 습득만으로 한정되어 전인교육 목적 달성 불가

③ 스포츠 참여에 의한 사회성 개발의 증거 미흡

④ 정신적 발달에 대한 정의 부재와 오개념 양산

Section 03 체육교육과정의 사조 : 가치정향(value orientation)

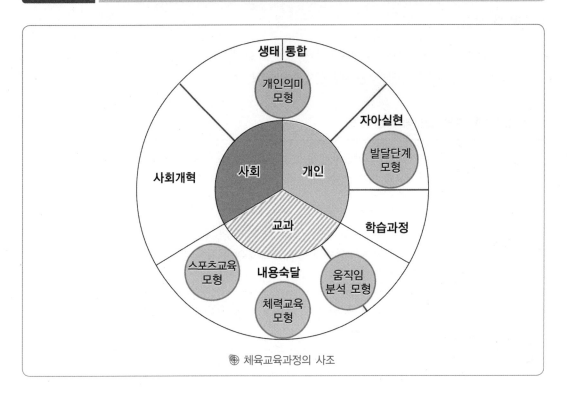

❀ 체육교육과정의 사조

01 체육교육과정 원천 2009년 2차 1번 / 2021년 B 10번

교과내용	건강 관련 체력, 놀이와 스포츠, 휴먼 무브먼트
학생	발달단계적 접근, 주체적 성장, 개인적 의미
사회문화	기존 사회를 위한 준비, 평등한 기회를 얻기 위한 사회 변화, 사회제도의 혁신적 변화

02 체육교육과정 사조

1. 교과내용숙달 중심 사조 2000년 1번 / 2006년 1번 / 2009년 2차 1번 / 2012년 3번 / 2013년 7번 / 2016년 A 10번 / 2021년 B 10번 / 2025년 B 3번

📍 교육과정의 원천 – 교과

특징		• 전통적 교육과정 사조 • 문화적 유산 전달, 교육내용의 숙달, 지식의 습득, 학문적 지식의 통합 • 교사는 문화적 참여 위한 자질 습득을 위해 역사상 가장 훌륭한 지식을 선별적으로 제시 • '지식의 구조'에 의한 내용 조직
교육과정 조직	목표	• 기초 지식과 기초 기능의 습득과 완벽한 숙달 • 체육 세부학문 영역의 기초 지식과 기본 운동종목의 숙련된 수행
	내용	• 전통적 육상, 체조, 스포츠 등
	방법	• 정확·효과적 방법, 설명, 시범, 피드백, 주의 집중 • 학습자에게 최대 수행기회 제공
	평가	• 객관적 방식의 기술 테스트 • 효과적 동작 수행에 대한 세분화된 개념 규정 바탕의 평가

2. 자아실현 중심 사조 2007년 1번 / 2012년 3번 / 2013년 7번

📍 교육과정의 원천 – 학생

특징		• 학생 주관의 성장, 자기 관리 능력의 개발 • 자아 발견과 전인적 통합 위한 교육과정 구성 • 학생 중심, 자율과 성장 중심, 자율성, 주체성 강조
교육과정 조직	목표	• 타고난 성품과 자질의 최대 실현 • 열린 교육을 통한 감성과 정서 개화 추구
	내용	• 자신의 자아 확대, 능력 한계 초월, 새로운 자아개념 획득 • 도전감 제공을 위한 다양한 스포츠 종목(다양한 창작활동과 놀이)
	방법	• 자신에 대한 이해, 자기 목표 설정, 독자적 의사결정을 위한 조처 • 자발적 참여 유도 위한 개방된 지도방식
	평가	• 주관적 방식의 평가를 통한 자신에 대한 이해·성장 강조

3. 사회개혁 중심 사조 2012년 3번 / 2019년 A 9번

⊙ 교육과정의 원천 – 사회

특징		• 개인의 욕구를 초월한 사회적 요구의 선행 • 학교는 미래에 대한 책임감과 사회 창조 위한 교육 주도 역할 담당 • 민주주의 참여, 지도능력, 집단 협동과 문제해결의 과정 강조, 성차별, 가족 화목, 약물 복용과 남용, 에이즈 예방, 지역감정 및 민족감정 문제에 관한 프로그램 • 스포츠는 축소된 형태의 사회로 가정 • 집단 역동, 사회적 모델링, 의사 교환 능력, 가치명료화에 관한 교사의 지식과 기술 요구
교육과정 조직	목표	• 타인과 사회 전체에 대한 책임의식 및 사회변화를 주도하는 의식과 실천력 함양
	내용	• 움직임, 스포츠, 운동 등 다양한 종류의 체육활동
	방법	• 기존의 교사-학생 관계에 의문을 제기하는 수업방법, 평등 체육활동
	평가	• 객관적 평가와 주관적 평가 모두 선호

4. 학습과정 중심 사조 2006년 1번 / 2013년 7번 / 2022년 A 6번

⊙ 교육과정의 원천 – 교과 + 학생

특징		• 학습결과보다 과정 중시 • 각 교과영역 문제해결학습에서 '무엇'과 '어떻게'를 함께 강조 • 학습을 지속시켜 주는 '과정적 기술' 중요 • 과학적 능력과 예술적 능력에 대한 관심
교육과정 조직	목표	• 성취를 위해 필요한 학생의 비판적 사고능력 함양
	내용	• 움직임, 체력, 스포츠
	방법	• 창의적인 수업방식, 학습하는 방법, 창의적 변형, 새로운 활동 개발, 문제해결을 위한 다양한 방법 탐색 수업기법
	평가	• 학습과정의 질이 평가의 기준이 되는 주관적 평가 강조

5. 생태통합 중심 사조 2012년 3번 / 2022년 A 6번

♢ 교육과정의 원천 – 교과 + 학생 + 사회

특징		• 개인 의미의 발견·창조 강조와 자아실현 중심 사조의 개념 포함 • 환경 속에서 개인의 총체적 통합 강조로 자아실현 사조 한계 극복 • 세계 속에서 시민으로 성장 • 전 인류의 미래를 위한 헌신 • 생물학적 환경, 사회학적 환경까지 포함하여 계획·실천 • 미래지향 관점으로 사회개혁 중심 사조 포함 • 질문 제기, 비판적 질문 탐구 능력
교육과정 조직	목표	• 사회적 환경과 물리적 환경에서 조화로운 생활 지향 • 미래 사회 시민 양성
	내용과 방법	• 다양한 학습내용과 다양한 방법의 균형
	평가	• 총체적 관점 평가

Section 04 체육교육과정모형

01 체력모형 2003년 2번 / 2005년 2번 / 공청회 / 2011년 8번 / 2021년 B 10번

체력이 체육의 가장 중요한 목표가 되어야 한다고 주장하는 학자들이 있다. 최근에는 체력의 중요성에 대한 인식도 바뀌고 있으며, 그 결과 학교에서 하는 체력운동의 결과에 대한 기대도 바뀌고 있다. 교육부도 체육과 목표를 "신체활동을 통하여 활기차고 건강한 삶에 필요한 핵심 역량을 습득함으로써 스스로 미래의 삶을 개척하고 바람직한 사회인으로 살아가는 데 필요한 지식, 기능, 태도를 기르는 것을 목표로 한다."로 설정하고, 구체적인 목표로 "건강의 가치를 이해하고 건강 및 체력을 증진하며 건강관리를 지속적으로 실천한다."라는 것을 제시하며, 학교에서 건강교육의 필요성을 강조한다.

1. 기본 개념

(1) 교과내용 숙달 가치정향

(2) 개인건강에 한정된 복지 증진의 체육교육

(3) '신체의 교육' 관점 반영
  ① 교육이 아닌 훈련이라는 한계
  ② 현재 건강활동에만 한정되지 않고, 운동수행과 이해 강조
  ③ 신체활동과 건강의 연관성에 관한 지식, 운동의 중요성에 대한 인식의 필요성 강조

2. 이론적 가정과 목적

(1) 이론적 가정
  '신체의 교육' 관점을 바탕으로 '지식의 구조'를 강조하는 교과내용 숙달 사조

(2) 목적
  개별 학생의 체력 발달과 건강 증진

3. 개념틀

월요일은 학생들이 자신이 선택한 신체활동으로 심폐지구력을 스스로 평가하는 날이다. 학생들은 각자 개인목표를 설정하고 목표 달성에 필요한 운동량을 결정하였다. 학생들은 체육관에 들어가서 심박수 측정기를 가지고 준비운동을 한다. 운동방법으로 조깅을 선택한 학생들은 체육관 밖으로 나가 유산소운동을 하는 집단과 합류한다. 인라인스케이트를 선택한 학생들은 농구경기장 옆의 지정된 장소로 이동한다. 학생들은 자신이 정한 심박수에 도달할 때까지 준비운동을 한 다음 20분 동안 심박수를 유지한다. 정리운동은 심폐지구력 운동을 하면서 무엇을 느꼈는지 경험을 나누면서 함께 실시한다. 학생들은 자기 기록을 컴퓨터로 내려 받아 자신이 정한 기준보다 얼마나 높거나 낮게 심박수를 유지하였는지 확인하고 그 결과를 신체활동 일지에 기록한다.

(1) 개념

① 체력요소의 발달
② 운동에 의한 체력요소 변화와 체력요소 변화 위한 운동유형 관련 내용
③ 정기적인 체력검사, 신체 취약점 개선, 개인 체력 프로그램 설계

(2) 내용

① 심폐지구력, 유연성, 근력 및 근지구력, 신체구성 등과 같은 건강 관련 체력 요인
② 특정 체력요소의 발달 초점 주제단원과 건강 증진을 위한 주제단원 결합
③ 개인의 운동수행능력 진단, 개인 욕구에 적합한 운동기술 습득, 신체 취약점을 교정하기 위한 개별 체력 프로그램

4. 교사의 역할

① 강도 높은 프로그램 제시
② 건강한 라이프스타일 관리방법 지도
③ 체력검사 프로그램 관리

5. 비판

장점	• 체력요소 강조 • 건강 체력 중요성 강조 • 체력단련 유용성
단점	• 교육이 아닌 훈련이라 비판 • 체력 프로그램에 한정 • 철학적 근거 부족(인간의 정신, 정서, 사회 발달에 관한 근거 부족) • 발달교육 프로그램에 흡수, 통합되는 경향

---

[02] **움직임분석모형** 2003년 2번 / 2006년 1번 / 2007년 추가 2번 / 2008년 4번 / 2011년 6번 / 2012년 2차 3번 / 2009년 초등 2차 2번 / 2017년 초등 6번 / 2022년 A 6번

1. 배경 및 발전

① 움직임 과정과 다양한 움직임의 능숙한 수행 능력 중점

② 자연과학 관점과 예술적 관점으로 움직임 이해

③ '움직임의 구조'에 의한 내용 조직

④ 체육학적 지식은 휴먼 무브먼트의 과정과 결과

⑤ 교사 질문에 대한 학생 스스로 해답 발견

⑥ 운동의 원리와 방법을 이해할 수 있도록 하는 내용 제공

⑦ 학생 스스로 동작과 기술 탐색

⑧ **지식과 기술의 적용**: 움직임의 구조, 움직임 문제 분석·해결 방법 학습

2. 이론적 가정과 목적

(1) 이론적 가정

① 교과내용 숙달 교육과정 사조

② 학습과정 중심 사조

③ 자아실현 중심 사조

④ '학문중심모형': 체육학적 지식(이론)에 밝은 능숙한 운동수행(기능)

(2) 목적

① 체육학의 기본적 지식 이해와 능숙한 운동수행 향상

② 휴먼 무브먼트를 수행·이해하기 위한 지식과 기능 학습

③ 문제해결을 위한 움직임 관련 지식을 사용하는 방법 학습(지식 활용 초점)

3. 개념틀 : 인지적 측면 강조

(1) 초등학교

① 신체, 노력, 공간, 관계의 4가지 요소를 중심으로 교육과정 구성

② 교육 게임, 교육 무용, 교육 체조 단원 개발

③ 움직임 개념과 움직임 주제

④ 라반(Laban) '움직임 교육' 기반

⦿ 움직임의 개념틀(Laban)

요소		차원
신체	내 몸이 무엇을 하고 있는가?	행위동작 신체부위의 동작 신체의 활동 신체의 모양새
노력	내 몸이 어떻게 움직이고 있는가?	시간 중량 공간 흐름
공간	내 몸이 어디로 움직이는가?	구역 방향 수준 움직이는 길 움직이는 면 확장되는 공간
관계	어떠한 관계가 벌어지는가?	신체부위 개인 및 그룹 기구 및 용구 기타

(2) 중등학교

　① 학문적 연구를 통해 얻어진 과학적 원리를 중심 내용 구성

　② 체육의 기초 개념 활용

4. 교사의 역할

(1) 개념적 지식의 전달

　① 운동기능의 중요요소 분석

　② 다양한 수준의 움직임 과제 구성

(2) 지식 활용을 돕는 과제 개발

　① 스포츠, 무용, 게임 활동 속에 내재된 움직임 개념과 과학적 원리

　② 움직임 주제 단원에서 개념적 지식의 적용

(3) 타 교과 영역과 연계

(4) 발달단계에 적합한 학습과제의 준비

5. 비판

장점	• 모든 학생의 최대 참여와 개인차의 인정 • 게임, 무용, 체조 등의 내용 통합 • 프로그램 계열화를 위한 논리적 기초 제공 • 학생 중심 학습법으로 '탐색'과 '발견' 강조(학습의 능동성)
단점	• 움직임 시간 감소 • 움직임 개념의 지나친 강조(관념화 치중) • 수준 높은 운동기술 도외

03 스포츠교육모형 1999년 추가 6번 / 2007년 4번 / 공청회 1번 / 2010년 8번 / 2010년 초등 44번 / 2011년 6번 / 2012년 7번 / 2020년 B 5번

스포츠교육모형은 체육을 스포츠로 정의하고 체육이라는 맥락에서 학생들에게 소개한다. 스포츠는 놀이에서 발전한 개념이며, 문화의 일부로 경쟁의 의미를 내포하고 있다. 스포츠교육은 학생들에게 교육적으로 의미 있는 경험을 제공하기 위해 설계된 교육과정모형인 동시에 수업모형이다. 이 모형은 스포츠 기능을 실제 경기와 동떨어진 상황에서 반복적으로 연습하는 대신 각종 스포츠 기능을 게임 상황에서 순차적이고 점진적으로 경험할 수 있도록 한다. 스포츠교육모형에서는 학생들이 스포츠 경험을 직접 조직하고 운영하면서 스포츠를 전반적이며 포괄적으로 이해할 수 있도록 한다. 스포츠교육이 의도하는 가장 중요한 목표는 유능한 스포츠인을 육성하여 스포츠에 일생 동안 성공적으로 참여할 수 있도록 하는 데 있다. 스포츠교육은 단원이 대체로 짧은 다활동 모형과 다른 학습 내용으로 구성되며, 전통적 방식과 다른 방식으로 이루어진다.

1. 배경 및 특징

① '모두를 위한 스포츠(sport for all)' 지향으로 평생체육 기반 조성
② 다양한 스포츠 경험 제공
③ 스포츠는 놀이적인 경쟁의 발현

2. 이론적 가정과 목적

(1) 이론적 가정

① 교과내용 숙달 사조
② 놀이이론 기초: 스포츠는 발달된 형태의 놀이, 스포츠는 문화, 스포츠는 학교체육의 내용, 발달단계에 맞춘 스포츠 참여

(2) 목적

① 운동기능이 뛰어난 스포츠인	• 시합 기능 • 상황에서 전술 이해와 발휘, 게임 운영 능력 고취
② 지식이 풍부한 스포츠인	• 스포츠 전통, 의식, 규칙 등의 이해와 가치인식 • 좋은 스포츠 행동과 나쁜 스포츠 행동 구별 • 분별 있는 스포츠 소비자
③ 열정이 넘치는 스포츠인	• 스포츠 문화 보존 • **스포츠 문화의 구성원**: 지역, 국가, 국제 수준 스포츠 발전에 기여

3. 개념틀

학생들이 자기 팀의 연습장소로 이동한 후 25일 동안 계속되는 배구 시즌에 대비하여 트레이너가 설계한 준비운동을 시작한다. 학생들이 준비운동을 하는 동안 팀 매니저는 학생들의 출결사항을 교사에게 보고한다. 준비운동이 끝나면 대형을 갖춰 패스, 세트, 스파이크 등과 같은 기능연습에 돌입한다. 팀의 주장이 자기 팀의 학생들을 지도하며 가끔 교사에게서 기술 지도와 피드백을 제공받는다. 약 15분 동안의 기능연습을 한 다음 시즌 첫 라운드의 3:3 배구 경기를 시작한다. 심판과 기록원은 수업이 종료될 때까지 첫 라운드를 마칠 수 있도록 게임 속도를 조절한다. 수업을 해산하기 전에 게임 운영을 담당한 팀은 득점을 표로 작성하여 공공 게시판에 올리고, 장비와 시설을 담당한 팀은 배구공을 회수한다. 각 팀의 팀원들은 가장 열심히 노력하였다고 생각하는 학생을 선정하고, 각 팀에서 선정된 학생의 이름을 게시판의 '성실한 플레이' 난에 올린다. 이처럼 학생들은 실제 스포츠 경기처럼 스포츠 활동에 참가하며, 경기에 필요한 스포츠 기능을 연습하고, 팀 리더의 지시에 따라 준비운동, 연습, 게임 등에 참가한다. 학생들은 스포츠에 적극적으로 참가하며, 분명한 학습 초점과 목표를 달성하기 위해서 노력한다.

(1) 발달단계에 적합한 스포츠 변형 조직 강조

신체적 측면	• 각 종목 수행에 필요한 수준의 체력 증진 • 토너먼트 참가에 필요한 체력과 기능 습득 • 규칙과 용기구 변형
인지적 측면	• 스포츠 대회 계획과 운영 능력의 향상 • 팀 결정, 대진표 및 시합계획 짜기, 기록 작성 • 시합전략과 연습전략 분석력 개발 • 지도력 배양 기술 개발 • 심판 보기, 코치하기, 점수 매기기
심리사회학적 측면	• 경기기능과 전술 향상 위한 경쟁의 활용 • 각 종목 의례행사 관련 지식 • 팀워크와 페어플레이에 관한 가치 판단 • 축제

(2) 범위와 계열

① 발달단계에 따른 기술발달 수준 확정

② 종목 변형과 계열적 조직

③ 게임의 계열적 조직

④ 용기구, 경기장, 규칙, 인원수 변형

⑤ 능력에 적합한 수준의 스포츠에 모든 학생 참여

(3) 스포츠교육모형의 6가지 특징

스포츠 시즌	• 프리시즌, 경기, 결승전 포함 • 시즌으로 타 모형들에 비해 긴 학습 시간이 요구되어 각 종목에 대한 깊은 이해 가능
팀 소속	• 학생들은 단원 초반부터 각자 자기가 선택한 팀에 소속 • 팀이 우승하기 위해서 필요한 기술 및 전략 연습을 함께 할 수 있으며 소속 팀은 한번 정하면 시즌 내내 계속 몸담아야 함. 그러나 특별한 경우가 생겼을 때는 '선수교환'(트레이드)이 가능
대진표 경기운영	• 교사는 대회운영 및 대진계획을 미리 마련하여 단원 초반 공시 • 대진표는 학생 흥미와 적극적 참여 유발
결승행사	• 행사운영과 조직
기록 작성	• 기술과 전술 효과성에 대한 정보 단서 • 선수 개인의 노력 확인 • 소속감과 단체정신 함양
역할 분담 (축제화)	• 교사는 효과적인 기술과 전술활용에 대한 기본지침 설명 • 학생은 적합한 역할 학습에 대한 독립적 연습 • 다양한 역할 학습으로 운동기능뿐만 아니라 다른 영역의 학습증진 가능

4. 교사의 역할

① 스포츠 기능, 지식, 태도 지도

② 발달단계 적합한 활동 제공

5. 비판

장점	• 시즌을 통한 학생 참여기회 최대화 • 학생 능력과 노력에 적합한 형태의 시합에 참여 • 변형 스포츠 활동 제공으로 모든 학생 참여
단점	• 기존 전통 종목 강화 경향 • 경쟁성을 띠지 않는 스포츠(에어로빅, 기공체조) 간과 • 긴 시즌과 경쟁의 부정적 영향 내포

04 발달단계모형 2000년 1~2번 / 2005년 2번 / 2007년 1번 / 2010년 9번

발달모형은 개별 학습자의 발달적 욕구와 독특한 성장 패턴을 충족시키는 교육과정이다. 발달모형은 내용과 관련된 구체적인 목표를 달성하기보다는 각 학습자의 지적, 정의적, 심동적 목표를 강조하는 전인교육을 지향하며 학습자, 학습환경, 학습과제의 수행 목표 간 상호작용을 중요하게 생각한다. 또한, 발달모형은 연령을 고려하여 개발·운영되는 교육과정으로 무엇을 언제, 어떻게, 가르칠 것인지는 개별 학습자의 특성에 따라 결정된다.

1. 배경 및 발전

(1) 발달단계적 관점

① 듀이(John Dewey)

㉠ 진보주의

㉡ 학생의 자율적 선택 강조

㉢ '민주주의'라는 상황 속에서 '반성적 사고'를 수단으로 '성찰'의 목표 획득

② 매슬로우(Maslow)

③ 로저스(Rogers)

(2) 발달단계모형의 특징

① 학습자 개인의 발달을 위한 학습활동과 학습경험의 조직

② '신체를 통한 교육' 근거

③ 잠재력을 개발시키기 위한 교육환경 조성 강조

④ 과거 다양한 활동 프로그램 중심 구성에서 최근에는 개인차 강조의 단계별 주제 중심 프로그램으로 전환

⑤ 학생의 총체적 성장 목표 : 인지적·정의적·심동적 영역의 목표 통합

(3) 발달의 주제

① 초등학교 수준

    ㉠ 톰슨(Thompson)과 만(Mann)의 'Project SEE'

    ㉡ 호프만(Hoffman)의 '발달단계에 맞춘 학습주제'

    ㉢ 겔라휴(Gallahue)의 발달단계적 모델

② 중등학교 수준

    ㉠ 하잇먼(Heitman)과 크네어(Kneer)

    ㉡ 자크라즈섹(Zakrajsek)과 칸(Carnes)

    ㉢ 헬리슨(Hellison)의 모델

2. 이론적 가정과 목적

(1) 이론적 가정 : 자아실현 중심 사조

(2) 목적

① 학생의 총체적·통합적 성격 강조

② 심동적·인지적·정의적 영역의 목표 통합

③ 판단을 내리고 결정을 실행하는 데 있어 자신감을 느끼는 학생으로 성장

> **체육교육을 받은 사람들의 특징**
>
> • 운동기능 숙달, 높은 체력과 자긍심
> • 자신에게 유용한 활동에 필요한 능력과 기술 증진
> • 독립적 수행과 사회적 기술 보유
> • 타인을 위한 배려

3. 개념틀

> 발달단계모형에서는 학생들이 계속적인 성공을 경험하면서 수행능력을 점진적으로 향상시켜 나갈 수 있도록 학습내용을 계열성 있게 설계한다. 발달모형을 채택하는 교사는 학생들이 기능을 점진적으로 향상시켜 나갈 수 있도록, 학생들이 자신의 능력에 적합한 과제에 도전할 수 있도록, 다양한 교수전략을 활용한다. 이 모형에서 체육 프로그램은 구체적인 움직임이나 신체활동 대신 발달 주제를 중심으로 조직된다.

(1) 겔라휴(David L. Gallahue)
  ① 움직임 기술 발달 강조
  ② 인지적 영역과 정의적 영역은 기술 단원과 스포츠 단원에 흡수
  ③ 발달단계에 충족되는 학습환경을 조성하는 교사

(2) 톰슨(Thompson)과 만(Mann)의 Project SEE 모델
  ① 아동의 정신, 사회정서, 신체 발달의 단계 분류표를 개념틀로 활용
  ② 운동기능(능력), 개성, 사회성, 통합성 개발의 목표
  ③ 자기 자신, 움직임과 자기 자신, 움직임과 환경에 적응의 주제 중심단원 조직

능력의 발달	• 인간관계, 문제해결을 위한 기술과 지식의 사용 • 문제해결 능력 학습
개성의 발달	• 학생 스스로의 판단력 • 문제해결을 위한 독자적 전략 • 자율성 획득
사회성의 발달	• 인간관계 기술 함양
통합성의 발달	• 생각, 느낌, 기능 등이 모두 통합되도록 하는 사고체계 발달 • 경험의 종합

  ④ 심동적 · 인지적 · 정의적 영역 간의 상호작용 강조

심동적+정의적	신념, 가치, 태도, 운동 수행 간의 상호작용
심동적+인지적	지식, 인지적 과정, 운동수행 간의 상호작용

(3) 헬리슨(Hellison)의 책임감 모델

① 반성적 사고를 강조한 듀이의 이념 반영

② 학생으로 하여금 자신의 신체와 생활에 대한 책임감 함양

③ 학생 개인과 개인의 감정, 행동 통제력 발달 주력

④ 문제해결 능력 향상

⑤ 수업 종료 시 반성

⊘ 학생 책임감 수준에 따른 5단계 수준

0단계 : 무책임	• 타인을 전혀 고려하지 않는 무책임
1단계 : 자제	• 학생들이 자신을 규제할 수 있는 자제력 • 타인의 권리와 감정을 존중하는 태도를 중시
2단계 : 참여와 노력	• 수업 시간에 배우는 내용에 대하여 관심을 보이는 것을 중시 • 참여와 노력을 강조
3단계 : 자기책임감 부여 (자기책임감)	• 주체적 행동 강조 • 흥미로운 활동을 스스로 잘 하도록 동기 부여 • 개인목표 수립과 학생 자신이 수립한 계획 실천 활동 • 성취에 따른 스스로 평가활동 포함
4단계 : 타인에 대한 고려	• 타인에 대한 따듯한 마음과 도움행동 강조 • 토론, 문제해결, 협동의 과정을 통한 성취

♀ 목표성취 기법

이해하기	• 학생들이 각 단계와 세부 목표들을 이해하도록 한다. • 교사는 학생의 행동과 각 단계의 목표들 간에 연결을 짓도록 한다.
경험하기	• 학생들이 각 단계에서 장려하는 행동들을 실제로 실천하도록 한다. • 교사는 학생들에게 일상적으로 하는 것 말고 다른 방식이나 활동을 해보도록 권유하고, 학생들은 자신의 행동의 결과를 이해하도록 한다.
선택하기	• 학생들에게 각 단계 내에서 스스로 선택권을 행사할 기회를 준다. 이 선택권은 공정하게 게임을 하거나 관람하는 것과 같은 기초적인 것에서부터 게임을 감독하거나 심판을 보는 것과 같은 보다 복잡한 결정을 내리는 것까지 다양한 범위에 걸쳐 이루어진다.
문제해결하기	• 학급 전체 토론이나 소그룹 토론 시간에 학생들이 체험하는 경험의 질에 직접적인 영향을 미치는 문제를 해결할 때 활용된다.
스스로 반성하기	• 학생들이 수업에 참여하면서 동시에 자신의 행동과 행실에 대하여 신중하게 생각하도록 한다. 이것은 주로 수업의 마지막 부분에 이루어진다. 학생들은 자기가 목표로 한 단계를 기준으로 삼고 그것과 관련하여 무엇을 의도했고, 무엇을 느꼈는가에 대하여 생각하고 반성하도록 한다.
상담하기	• 학생과 교사의 대화 형태로 이루어진다. 이 시간은 교사의 강의나 설교가 이루어지는 것이 아니다. 학생들은 수업 시간에 가진 긍정적, 부정적 느낌을 자유롭게 표현하고 그 상태를 조금이라도 나아지도록 하기 위하여 교사나 다른 학생과 함께 노력한다.

4. 교사의 역할

(1) 통합적 관점	① 인지적, 정의적, 심동적 영역 간의 총체적 관계에 대한 이해로 전인적 성장 수업 준비 ② 학습과정에서 학생이 자발적 연습에 필요한 흥미와 동기 유발 방법 강구
(2) 적합한 환경의 조성	① 학생을 의사결정 과정의 주체로 인식 ② 수업환경 내 각 학생의 최대 개인적 성장 촉진과 조력 ③ 학생의 각 영역 발달 촉진을 위한 학습환경 조성

(3) 개인적 적합성	① 각 학생의 발달에 적합한 목표와 학습과제 제공 ② 학생의 수준에 적합한 내용 마련 ③ 학생 수준에 적절하고 실현 가능한 목표 선택과 스스로 테스트할 수 있는 상황 제공
(4) 책임 있는 행동의 개발	

5. 비판

장점	• 체육교육과정의 여러 모형 가운데 가장 일반적 모형 • 다양한 체육 프로그램 목표와 발달단계모형의 목표 일치
단점	• 자긍심과 책임의식이 체육의 일차적 목표 • 경기나 스포츠 활동에 참여하기만 하면 저절로 전체적 발달이 이루어질 것이라는 가정 • 목표 영역 구분에 대한 비판적 시각 • 독립적 교육과정모형으로 정당성 미비 • 특정한 발달목표에 직접적인 영향을 줄 수 있는 교육내용 선정에 무관심 • 지도현장에서 개인차가 고려되지 못하는 교수전략 사용 • 학생에 대한 지나친 강조로 교과내용 소홀
비교	• 발달단계모형과 종합상자모형 | 발달단계 모형	개별학생 강조, 개인에 적합한 과제, 개인차 고려, 계열과 누적적 성격, 통합적 목표 강조
종합상자 모형	교사 주도의 교육과정 의사결정, 연령 중심의 과제, 평균수준의 기능 관심 | • 움직임교육 모델은 교사의 교육목적관에 따라 움직임분석모형, 혹은 발달단계모형의 하나로 취급 • 발달단계모형은 실제에 있어서 심동적 영역에 치중

05 개인의미추구모형(personal meaning model)

2002년 4번 / 2006년 2번 / 2009년 9번 / 2011년 6번 / 2023년 A 5번

1. 배경과 발전 및 특징

(1) 배경 및 발전

① 인류의 삶에서 움직임 또는 신체활동의 '의미와 중요성'에 대한 관심

② '신체활동을 매개로 목표를 성취하기 위한 개별화되고 자기 주도적인 학습'

(2) 특징

① 교육의 중심과제는 의미의 발견 및 창조

② 주잇과 뮬란(Jewett & Mullan)의 '목표−과정 중심 교육과정 개념틀(Purpose-Process Curriculum Framework : PPCF)'

③ 체육에서 자신의 가능성을 인지하여 자아실현에 적합한 개인 능력 발달의 기회 제공

2. 이론적 가정 및 목적

(1) 이론적 가정

① 생태통합 중심 사조

② 움직임 활동을 통해 개인적 의미 발견과 확대하는 독자적 방법 확립

③ 개인적 발달, 환경에의 적응, 타인과의 사회적 교류 증진

④ 학습과정 관련 능력 획득

(2) 목적

① 전인적 발달	• '의미의 추구'로 신체활동에 내재된 감정과 외재적 목적을 동시에 성취 • 인지적, 정의적, 사회적 개발에 초점하여 학생 자신의 의미 추구
② 사회적 책임의식	• 관례적인 사회적 기술능력 • 사회 환경에 대한 이해, 사회적 환경 개선에 적극 참여하는 방법
③ 미래지향적 세계 시민의식	• 다른 문화 경험, 국제사회에 대한 이해 확장을 위한 스포츠 및 기타 체육 활동 • 세계평화 성취와 유지

3. 개념틀

(1) 특징

① 신체활동에 참여할 수 있는 개인적 의미 구조
② 교육과정 내용은 학생들에게 의미 제공 기준으로 선정과 조직
③ 신체활동 속에 담겨진 의미는 3가지 가치 분류군의 하나 또는 둘 이상의 결합으로 추구
④ 개인의 의미, 개인의 의도, 개인적 동기 강조
⑤ 개인적 의미는 학습의 과정에 초점하여 추구

(2) 목표영역

핵심개념	주요 개념	개념요소	
개인적 발달	생리적 효율성	심폐 효율성, 근신경 효율성	기계적 효율성
	심리적 안정성	움직임의 즐거움, 감정의 정화	자기이해, 자아인식 도전
환경 극복	공간적 정향	인지, 관련성	이동
	물체 조작	중량 조절, 물체 수용	물체투사
사회적 상호작용	의사소통	표현, 의태	명료화
	집단 상호작용	협동심, 지도성	경쟁
	문화적 참여	참여, 문화의 이해	움직임의 감상

(3) 개인적 의미의 가치군(Jewett)

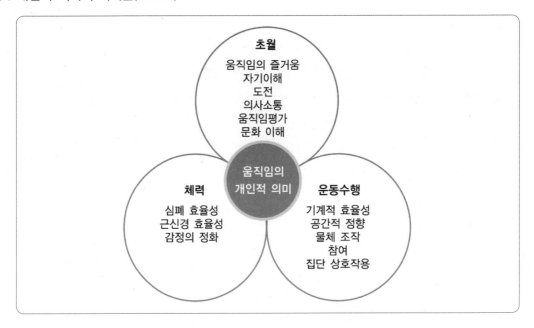

(4) 과정영역

① 교육과정의 내용은 움직이는 방법을 학습하는 과정에서 학생들을 안내할 수 있도록 계획

② 과정영역은 운동을 배우는 과정과 방식

③ 과정요소는 학생들이 배워야 하는 내용

④ 과정요소는 학습활동 계획과 계열화의 기초

⑤ 과정요소는 평가의 기준으로 활용

⊙ 기본적 움직임

정의	효율적 운동양상의 개발을 촉진시키는 움직임 과정으로, 학습자가 자각하는 전형적인 움직임 탐구 작용
인지화	신체의 관련성과 자신의 움직임 자각 • 테니스공을 튀기고 받는 동안 학생들은 공의 크기와 그 공이 갖고 있는 독특성을 알 수 있다. • 학생들은 양팔을 펴고 소프트공을 배팅할 때와 몸 가까이에서 배팅할 때의 차이를 설명할 수 있다.
유형화	움직임 유형과 기술을 성취하기 위해서 연속적이고 조화로운 방식으로 신체부위를 사용하고 배열하는 것으로, 과거의 경험과 기억에 의존 • 학생들은 포핸드 스트로크로 테니스공을 칠 수 있다. • 학생들은 골대의 오른쪽에서 한 손으로 레이업 슛을 할 수 있다. • 학생들은 테니스 코트에서 규칙에 맞는 서비스를 할 수 있다.

⊙ 응용적 움직임

정의	숙달된 움직임의 조직, 세련, 실행 과정으로 움직임 과제를 수행하기 위한 지각 운동 능력의 조직 활용
적용화	과제 요구에 부응하기 위해 유형화된 움직임을 수정 • 학생은 무릎높이, 허리높이, 가슴높이로 오는 테니스공을 포핸드 드라이브로 칠 수 있다. • 학생은 여러 공차기 방법 중에서 인스텝킥을 할 수 있다. • 학생은 평균대 위를 걸으면서 막대를 넘을 수 있다.
숙련화 (세련화)	공간적, 시간적 관련성을 숙달함으로 어떤 움직임 유형이나 기술을 유연하고 효과적으로 수행할 수 있는 조절능력 획득 • 학생은 팔과 다리를 이용하여 높이 점프할 수 있다. • 학생은 미식축구 할 때 공중에 떠 있는 공의 회전을 증가시키기 위해 발끝을 펴고 다리를 뻗어 공을 찰 수 있다. • 학생은 투수가 던진 소프트공을 쳐서 운동장의 오른쪽, 왼쪽, 중앙방향으로 보낼 수 있다.

⊘ 창조적 움직임

정의	개인적 목표 달성 움직임을 창조하는 과정이 포함되는 운동수행으로 발견, 통합, 추상, 이상화, 정서적 구상 등 포함
다양화	개인적으로 독특한 운동방식 고안, 구성하는 것 • 학생은 양손을 사용해서 두 방향으로 배구공을 보낼 수 있다. • 학생은 서로 다른 3가지 방법으로 농구공을 짝에게 보낼 수 있다. • 학생은 그립을 다르게 하여 2가지 형태의 테니스 서브를 할 수 있다.
즉흥화 (응용화)	개인적으로 새로운 운동으로 즉석에서 창안하거나 고안 • 학생은 농구코트의 사이드라인을 밟기 전에 공을 코트 안으로 던질 수 있다. • 학생은 4:2 속공을 즉흥적으로 구상할 수 있다. • 학생은 평균대에서 균형을 잃을 경우 안전하게 내려올 수 있다.
구성화	학습과 움직임을 독특한 개인적인 운동계획과 결합하거나 전혀 새로운 운동 유형으로 고안 • 학생은 구르기와 균형 잡기를 이용하여 평균대 운동을 계획할 수 있다. • 학생은 던지기, 받기, 달리기 등의 기능을 이용하여 게임을 구성할 수 있다. • 학생은 픽(pick)과 스크린(screen)의 전술을 이용하여 공격적인 농구를 계획할 수 있다.

4. 교사의 역할

(1) 다양한 범주에 걸친 학습기회의 제공	① 학생 각자에 적합한 내용 선정 ② 각 학생들과 전체 학급 모두에 적합하도록 계열적으로 내용 조직 ③ 다양하고 높은 수준의 수업계획 및 지도기술 요구
(2) 지지하는 분위기를 띤 학습환경의 조성	① 고도의 관찰, 청취기술, 학생 반응 이해, 자긍심 증진 위한 피드백 제공, 대안적인 활동에 대한 조언기술 ② 학생에게 부정적 영향 요소 발견하여 문제를 최소화시킬 수 있는 계획 미리 마련
(3) 자주적이고 자발적인 태도의 개발	① 학생의 학습 방법 학습 신장, 학생 주체적 책임감 태도 개발 ② 새로운 체육활동 도전에 격려, 운동과정적 기술 적용 지도 ③ 반성, 협동적 학습 기술 함양 조력
(4) 사회 변화에 대한 긍정적인 태도의 함양	① 미래지향 사회 변화를 위한 학생 개인 공헌 인식 지도 ② 적극적인 사회 일원으로 성장에 조력

5. 비판

장점	• 교육과정 이론화 • 학생의 정서적 측면 강조 • 학생 중심 수업 • 움직임 의미를 개인의 정서적 측면으로 확장
단점	• 이론화 • 명확성 부족 • 실제 적용 가능성 제약 • 교사 활용의 제약

Section **05** 체육교육과정의 개념

01 **체육과 교육과정의 특성** 2002년 2번 / 2008년 2번 / 공청회 3번

(1) 공식성		일반적으로 국가·지역구·학교 등의 차원에서 개발·편성·운영되는 교육과정
(2) 계획성	장기	국가 수준 또는 지역 수준의 체육과 교육과정
	단기	교사가 주로 활용하는 교수·학습과정안, 단원계획서, 연간 지도 계획서와 관련하여 1년 단위의 학교 교육 계획서
(3) 의도성	표면적 교육과정	교육 목적과 목표에 따라 분명하게 의도되고 계획된 실천으로 학습자들이 경험하는 공식적 교육과정
	잠재적 교육과정	국가 교육과정에 계획하거나 의도하지 않았음에도 불구하고, 교육과정이 운영되면서 학생들이 은연중에 배우게 되는 가치·태도·행동 양식과 같은 경험
	영 교육과정	표면적 교육과정에서 의도적으로 배제된 교육과정
(4) 실천성		전국 모든 학교, 지리적 특성, 교원의 능력과 자질, 학습자의 요구, 교육 시설 등을 종합적으로 고려한 일반적이고 보편적인 수준에서의 실천지향

02 체육교육과정의 수준 2007년 추가 1번 / 공청회 3번 / 2011년 1번 / 2013년 7번

1. 이념적 수준	① 체육교육의 철학 ② 목적을 성취하기 위한 내용, 방법, 평가에 대한 이론으로 논리적 수준의 체계적 활동 ③ '체육교육과정 사조'와 '체육교육과정모형' ④ 본질주의, 항존주의, 실용주의, 낭만주의 등
2. 문서적 수준	① 구체적으로 이해할 수 있도록 한 명문화된 형태의 문서 ② 체육교과에서 무엇을 왜, 어떻게 가르쳐야 하며, 어떤 방식으로 평가해야 한다는 것에 대한 구체적인 실천지침 ③ 체육교육과정(해설서) 문서와 체육 교과서(지도서)
3. 실천적 수준	① 문서적 수준에 쓰인 체육교과의 목적, 내용, 방법, 평가를 현장에서 실제로 실현하는 교과지도 활동 ② 문서적 수준에서 제시된 내용을 수업현장에서 학생에게 전달하고 학습하도록 만드는 활동 ③ 분리 전달형과 통합 탐구형

⊘ 실천적 수준의 전달 형태

분리 전달형	① 수업 중 교육내용의 각 요소를 분리 취급하여 시범과 설명을 통하여 전달 및 주입 ② 운동기능, 하위 학문적 기본개념, 태도로 나누어 전달 ③ 많은 학생 수, 열악한 시설기자재에서 효과 발휘
통합 탐구형	① 체육 교육내용 중 2개 이상을 통합하여 전달 ② 단순·직접적인 전달 지양으로 학생 탐구심 함양 ③ 지식, 기능, 성품이 조화롭게 화합된 교육

♡ 의사결정 수준에 따른 교육과정 유형 ^{2018년 B 8번}

유형	특징	개발과정
국가 교육과정	• 19세기 말 도입 • 교육과정의 보편성, 통일성, 기회균 등, 교육의 질적 수준 유지 구현	• 국가의 교육적 의도를 담은 문서 내용 • 교육부 장관이 의거하여 결정 및 고시 • 초중등학교에서 편성·운영해야 할 교육과정의 목표, 내용, 교수학습 방법, 평가, 운영 등에 관한 기준 및 기본 지침
지역 교육과정	• 지방분권적인 정책 국가에서 주로 발견 • 우리나라 제6차 교육과정 이후, 교육과정 결정의 분권화와 지역화 점차 확대	• 국가수준의 교육과정을 시도 및 단위 혹은 시군구 단위에서 지역의 특성과 실정, 필요, 요구 등을 반영하여 지침의 형태로 구체화한 것 • 전국 공통의 일반적 기준인 국가수준 교육과정을 조정하고 보완하여 그 결과를 학교 교육과정에 반영하는 목적
학교 교육과정	• 학교 수준에서 이루어지는 교육과정 결정과 실천의 산물 • 학교장의 교육 철학 또는 목표에 따라 중점 교육 사업과 특색 교육 사업(1인 1기 운동, 체력 증진 프로그램 등) 계획	• 학교 실태 반영, 학부모와 학생들의 특성과 요구를 고려한 학교의 의도를 담은 문서 • 상위 수준의 교육과정을 참고하여 학교 특성에 부합하는 '단위 학교 학교 교육 계획서' 형태로 제시
교실 교육과정	• 체육교사를 중심으로 계획, 실천되는 교과 교육과정 • 학년 교육과정, 학급 교육과정으로 구분	• 학생들에게 가르쳐진 교육과정인 동시에 교실 수준의 교육과정 • 교사 자신이 맡고 있는 교과, 학년, 학급의 교육과정 • 교사 수준에서 교육과정 개발은 1차시 분의 수업계획에서부터 연간 지도 계획서까지 이르는 종합적 계획을 의미함 • 교과서·교재의 재구성, 자료의 수정과 활용, 교수학습과정안 및 단원계획안 작성, 기타 자료의 활용 등을 포함

♡ 교사 수준의 체육과 교육과정 개발(체육과 연간 지도 계획서 개발 절차)

1단계	○○중학교 체육과 교육과정 철학 정립

⬇

2단계	해당 학년도 체육과 교육과정 목적 진술

⬇

3단계	해당 학년도 체육과 학년별 목표 진술

⬇

4단계	연간 수업 시수 계산 및 실제 수업 시수 파악

⬇

5단계	체육과 내용의 교육 비중 결정

⬇

6단계	체육 교육 환경 조사 및 활용성 판단

⬇

7단계	체육과 영역별 신체활동 선정(종류와 수 협의)

⬇

8단계	연간 지도 계획서 작성

03 체육교육과정의 해석 · 실천 · 개선(실천적 수준에서 교사역할) 2009년 12번 / 2013년 2차 1번

1. 해석	① 체육교육과정에 기술된 목표와 내용에 관한 교사 자신의 개인적 해석 ② 이념적 수준에 대한 교사의 개인적 철학이나 사고 반영 ③ 모든 전문지식과 교양지식을 동원하여 새롭게 구성, 재구성해 내는 역동적인 과정
2. 실천	① 가르치는 학급학생의 신체 발달적 특성, 이용 가능한 시설용구의 종류와 수량, 남녀 학생의 비율, 학생의 운동능력 수준과 장애학생의 특성 등에 대한 파악 ② 시범, 설명, 학생 통제와 관리 능력, 관찰 · 피드백 제공력 요구 ③ 복잡하고 유기적이며 반성적인 진행 과정
3. 개선	① 교육내용에 대한 구성적 해석과 교육방법에 대한 반성적 실천은 교사 자신의 이 해능력과 실천능력 결과에 대한 평가 ② 교사 스스로의 주도적 개선 　㉠ 비판적으로 경험적 자료 수집을 통한 평가 　㉡ 자신의 수업 연구

우리나라에서는 교과 전문가 집단을 중심으로 국가에서 개발된 교육과정을 그대로 수용하여 잘 실천에 옮기는 수동적인 모습, 즉 '교육과정 실천자'에 국한된 교사 역할을 기대해 왔다. 그러나 제7차 교육과정에 이르러 단위 학교의 교육과정 운영의 자율성 권한이 크게 부여되면서 각 학교는 자체적으로 교육과정을 개발하기 시작했고, 동시에 각 교과 교사의 교육과정 개발에 대한 책무성과 전문성이 크게 요구되고 있다.

제7차 교육과정에 이르러서는 본격적으로 교육과정의 편성 · 운영의 권한이 각 학교급까지 이양되었다. 이러한 변화는 국가 수준 교육과정이 상위 수준의 추상적이고 일반적인 기준이기 때문에 지역의 특수성과 학생 개인의 개별성을 담아내기 어려울 뿐만 아니라, 지역과 학생을 고려한 교육과정의 실천을 국가 수준에서 도모하기도 어려운 상황에서 비롯된 것이다. 따라서 국가 수준 교육과정을 단위 학교와 교사 수준에 적합하게 만들어 갈 수 있는 교육과정 개발 과정이 필요하다. 특히 단위 학교의 교실 수준에서 교육과정을 실행하는 교육과정의 주체는 교사이기 때문에 '교육과정의 실천자'로서의 교사 역할과 동시에 '교육과정의 개발자'로서의 역할이 모두 중요하다.

체육과 교육과정은 목표, 내용, 교수 · 학습 방법, 평가를 분석해 볼 때, 교사 수준에서 재구성하여 자체적인 체육과 교육과정을 개발해야 하는 내재적인 특성을 가지고 있다. 따라서 교사들은 국가 수준에서 제시한 체육과 교육과정을 교과 또는 학년, 학급의 실정에 맞게 독자적으로 개발할 필요가 있다.

Section 06 체육교육과정의 개선

01 교육과정 개선의 관점

1. 기능적 관점	① 교육과정은 소규모 전문가(고등교육기관이나 정부 산하 연구기관)들이 개편하여 학교에 보급 ② 교사는 지식의 단순 전달자로 간주
2. 생태적 관점	① 안정과 변화를 위한 교육환경의 복잡성에 초점 ② 교사는 능동적으로 교육과정에 관한 의사결정에 참여하고 변화를 시작하는 주도세력 ③ 프로그램 개편과 변화에 대한 교사의 직접적 영향
3. 문화적 관점	① 공유된 의미와 이해로 이루어진 하나의 문화 속에서 일어나는 교육과정 변화에 초점 ② 교육 개선이란 학교 관여자 간의 상호작용 판단의 결과 ③ 기능적 관점과 정면 대치

02 교육과정 개선의 전략

1. 하향식 개선 전략	① 전면적 교육과정 개선에 대한 효과적 접근 ② 시도 교육청이나 지역 교육청 또는 교장에 의한 시작 ③ 재정적 지원과 추진력 향상의 장점 ④ 교육과정 개발 초기 단계에서 교사는 제외되어 수단적 존재로 인식
2. 상향식 개선 전략	① 교사로부터 시작되며 수업현장 문제와 직접적 관련 ② 교육과정은 반성적 실천 ③ 생태학적 관점 반영 ④ 소규모의 교사로 국한되어 대대적인 변화가 필요한 경우 이용 불가
3. 하향식 접근과 상향식 접근의 조화	① 교사가 개선을 주도하며 행정가는 격려와 조력 ② 교사의 주인의식과 학교 간, 교육청 간의 일반화 가능

Section 07 체육교육과정의 통합적 접근

학습한 내용을 연결하고, 모든 교육과정을 가로질러 통합해야 한다는 주장을 하는 학자들이 늘어나고 있다. 통합교육은 2개 이상의 교과를 의도적으로 통합하여 실생활 적용 가능성을 높이는 데 목적이 있다. 통합교육의 핵심은 각 교과가 지닌 고유한 내용을 다른 교과와 결합하여 가르치면 학생들에게 더 큰 의미를 가져다 줄 수 있다는 것이다. 이는 교사들이 교과를 철저히 이해하여 그것에 관한 지식을 다른 교과에 적용할 기회와 다른 교과의 지식을 적극적으로 수용할 수 있는 기회를 학생들에게 제공할 수 있다.

통합교육 모형을 적용한 교육과정은 체육교과 내에서의 통합과 체육교과와 다른 교과와의 통합으로 구분할 수 있으며, 전자를 내적 통합, 후자를 외적 통합이라고 한다. 체육교과 내에서의 내적 통합은 운동생리학, 바이오메카닉스, 스포츠 역사 등과 같은 체육의 이론적 지식을 신체활동에 통합하는 경우와 신체활동을 통해서 사회적 발달, 정서적 발달, 사고 기능 등을 가르치는 경우로 구분할 수 있다.

01 체육과 내용의 조직 원리

1. 수평적 조직	(1) 범위 (scope)	① 교육과정의 특정 시점에서 학생들이 배우게 될 내용의 폭과 깊이 ② 학교급 수준, 학년 수준, 교과목의 수준, 교과목 내의 단원 수준 내의 주제 수준으로 내용 제시 ③ 학년별 한 교과나 과목의 범위는 할당된 시간 수, 즉 내용의 편재로 표현됨
	(2) 통합성 (integration)	① 교육내용들의 관련성을 바탕으로 교육내용들을 하나의 단원으로 묶는 것으로 의미됨 ② 관련 있는 내용들을 동시에 혹은 비슷한 시간대로 배열
2. 수직적 조직	(1) 계열성 (sequence)	① 내용을 배우는 순서 ② 내용의 순서는 학교급, 학년, 학기, 월, 주, 차시별로 결정 ③ 단순한 내용에서 복잡한 내용으로 순서 결정 ④ 전체에서 부분으로 내용의 순서 결정 ⑤ 논리적 선행 요건으로 내용의 순서 결정 ⑥ 추상성 수준(친숙한 정도부터 낯선 정도 순으로 배치)으로 내용의 순서 결정 ⑦ 학생의 발달단계를 고려하여 내용 순서 결정
	(2) 연계성 (articulation)	① 교육과정의 여러 측면들 간 상호 관계 ② 수직적 연계성(vertical articulation)은 횡적이거나 종적 차원의 연계성을 의미함 ③ 계속성과 동일한 개념으로 특정한 학습의 종결점이 다음 학습의 출발점과 연결시키는 교육내용의 조직

02 체육 교과통합의 이론적 배경

1. 통합 교육과정의 필요성

관점(측면)	특징
인식론	• 지식의 변화에 대처 • 다른 지식 영역과 서로 밀접한 관련성 도모 • 학문의 목적에 대한 새로운 인식 제공
심리	• 학습자의 학습과정 및 발달 수준에 알맞은 교육 실시 가능 • 학습자의 전인적 성장
사회	• 학습자의 사회문제 대처력 제공 • 교수·학습과정에서의 협동심 함양 • 학교와 사회 연계와 간학문적의 분절 지양

영역	통합교육의 필요성
교육목표	• 일상생활의 문제, 사회문제를 해결하는 능력 신장 • 협동심과 민주주의 생활 태도 함양 • 전인의 형성 • 학교생활의 적응과 만족감 증대
교육내용	• 교과 간의 내용 중복 방지로 학습자의 부담 감소 • 교육내용의 양적 증가에 대한 대처 • 교육내용의 사회적 적합성 증진
교육방법	• 학습자는 학습의 주체로서 참여 • 학습과정의 즐거움 제공 • 학습경험의 전이 증진

2. 교과통합의 정의와 모형 2005년 3번

(1) 교과 내 통합	① 체육학 세부 학문분야의 개념을 함께 가르치는 경우 ② 생각하는 사고능력, 사회적 기술을 가르치는 것을 의도적으로 목표하거나 내용에 담는 경우
(2) 교과 간 통합	① 다른 교과목의 내용이 체육수업에 포함된 경우 ② 체육교과의 내용이 다른 수업에 사용된 경우

3. 교과 내 통합 2006년 5번 / 2007년 3번 / 2010년 5번

(1) 운동기능과 학문 개념의 통합	① 개념중심모형 ② 학문중심모형
(2) 운동기능과 지적 기능의 통합	① 운동기능과 지적 기능(문제해결력과 비판적 사고) 통합 ② 이해 중심 게임수업모형 　㉠ 게임 상황에서 학생들의 지적 사고능력 향상 　㉡ 게임의 구조적 속성에 따른 범주화 　㉢ 범주별 공격 및 수비 전술 학습과 범주 내의 다른 종목으로 전이 　㉣ "이 상황에서 어떻게 해야 하는가?"라는 질문으로 기술과 지적 기능 통합
(3) 운동기능과 정의적 영역의 통합	① 팀워크, 협동, 페어플레이, 자기존중심과 자신감과 같은 자아개발의 목표 성취 ② 헬리슨(Hellison)의 사회적 책임감 모형 ③ 모험교육모형

4. 교과통합 종류(통합 방식) <small>공청회 2번 / 2011년 13번 / 2019년 B 1번</small>

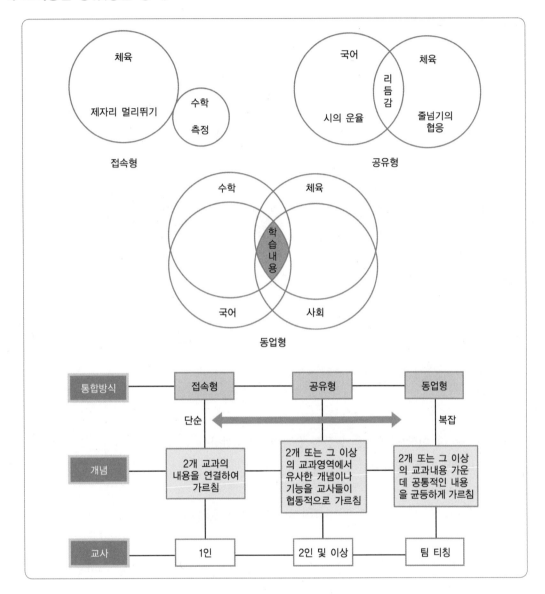

(1) 접속형

① 동시에 가르치도록(2개의 교과내용을 연결하도록) 주제나 단원의 내용 배열

② 체육교과에서 다루는 기능, 주제, 개념이 학습활동의 주된 대상

③ 다른 교과내용은 체육 학습내용을 보완, 강화, 확장하는 데 이용

④ 체육교사 혼자서 수업계획

⑤ 가르치고 싶은 내용을 자의적으로 선정하고 계획

⑥ 다른 교과의 교사에게 자료나 내용의 정확성에 대한 자문

⑦ 학생의 흥미 자극

> • 점프동작 설명을 위해 스프링의 작동에 대한 과학적 원리를 이용
> • 줄넘기를 배울 때 겪는 즐거움과 낙담이 담겨 있는 시 작성
> • 제자리멀리뛰기 점프 기록을 파악하기 위해 수학 측정방법을 활용

(2) 공유형

① 유사한 기능이나 개념을 통하여 2개 이상의 영역 내용을 통합

② 여러 교과에 중복되는 개념과 아이디어를 활용하여 조직

③ 내용('무엇')에 대한 교사 간 합의 요구

④ 시기('언제')에 대한 '합의'로 각 교과에서는 동일한 시간대 혹은 진도 재조정 가능

⑤ 각 교과별 한 주제를 여러 측면에서 분석 가능

> • 사회교과에는 지역사회가 서로 어떻게 힘을 합치는가?, 체육수업에는 팀워크
> • '변화'를 주제로 하는 경우, 과학에서는 계절의 변화를 체육과목에서는 100여 년간 야구의 변화

(3) 동업형

① 둘 또는 그 이상의 과목을 동등하게 하여 내용 선정

② 여러 과목 모든 영역에서 동시 학습

③ 주로 팀티칭 형식

④ 동일한 학급에서 교사들이 동시에 한 학급을 지도하며, 서로 합의가 이루어진 교과목 내용을 협동적으로 수업

⑤ 치밀하고 체계적인 계획을 바탕으로 가르칠 내용에 대한 합의와 시간 조정

⑥ 지식 응용 기회와 완전한 이해 가능

⑦ 새로운 관점 학습 가능하도록 교육과정 재구성과 재조직 요구

⑧ 다중지능 개념 활용

> • '패턴'이란 주제를 가르칠 경우, 체육교사와 음악교사가 패턴에 대한 학생의 이해를 높이는 학습활동을 함께 개발

5. 통합 교육과정의 설계모형(Fogarty의 10가지 유형)

(1) 단일 교과 내 통합 방법

① 분절모형(fragmented model)	
정의	교육과정의 통합 정도가 낮은 유형으로, 전통적인 교과에 기반을 두는 통합 설계
장점	개별 교과에 대한 명확한 지식과 견해들을 제공하고, 지식의 계열성을 높게 유지
단점	각 교과들의 내용에 대한 관련성과 유사 개념 통합에 대한 학생주도 요구

② 연관모형(connected model)	
정의	개별 교과들이 여전히 분리되어 있지만, 각 교과 영역 안에서 주제, 개념, 기능 등을 그와 관련된 다른 주제, 개념, 기능들에 연결하는 형태
장점	핵심 개념이 학습자 속에 내면화되면서 발전
단점	다양한 교과들이 서로 관련되어 있지 못하여 폭 넓은 통합 경험 부재

③ 동심원형(nested)	
정의	각 교과 영역 안에서 교사가 사회적 기능, 사고 기능, 특정한 내용에 관한 기능 등 여러 개의 기능들을 동시에 학습할 때 활용 농구 단원 지도에서 전술 이해(인지적 기능), 공격 전술 수행과 습득(심동적 기능), 팀워크(정의적 기능)를 동시에 달성시키고자 하는 경우
장점	풍부한 학습과 강화
단점	교사 교육 계획 부재 시 학생들은 많은 학습내용 중 무엇이 중요한지 정확하게 파악하지 못할 가능성 내재

(2) 여러 교과 간 통합 방법

① 계열모형(sequenced model)	
정의	여러 교과에서 비슷한 단원을 다룰 때 여러 교과에서 다루는 주제의 순서를 재배열함으로써 비슷한 단원들을 이어서 혹은 병렬적으로 지도 체육 시간에 손기정 선수의 생애를 다룬 소설을 다루는 시기에, 사회(국사)에서는 일제시대의 사회문화 현상을 가르치는 경우
장점	하나의 주제를 여러 관점에서 이해할 수 있게 되며 학습 전이에 효과적
단점	관련된 교과 영역을 담당하는 여러 교사와 지속적인 협력 과정 요구
② 공유모형(shared model)	
정의	1가지 유사한 기능이나 개념을 통하여 2개 이상의 교과 영역내용을 통합하는 방식으로 중복되는 개념과 아이디어를 내용 조직 기준으로 설정 기술, 가정, 체육 과목에서 영양, 비만, 운동의 중요성 등의 공통 개념으로 단원 구성
장점	완전 통합의 전 단계로 활용 가능
단점	교사 간 유연성과 타협이 요구되며 기능, 개념, 태도에 대한 탐구의 부담 발생
③ 거미줄모형(webbed model)	
정의	주제를 중심으로 교과를 통합하는 접근으로 다양한 학습내용들이 하나의 주제를 중심으로 재구성 여러 교과를 가르치는 교사들이 구성된 팀이 '국제 이해'라는 주제를 선정하였다면, 국어과에서는 다른 나라 학생들과의 펜팔 교류를 위해 편지 쓰기, 사회과에서는 정치 시간에 국제 정치 동향, 음악과에서는 세계 여러 나라의 음악 감상, 체육 시간에는 외국의 민속 스포츠 학습
장점	전체를 볼 수 있는 광범위한 안목과 기준의 내용을 새로운 시각에서 접근시킬 수 있는 능력 제공
단점	주제 선정 시 교과의 고유한 논리적이고 필수적 계열과 영역을 손상시킬 수 있는 우려 동반

체육교수방법론

체육수업의 이해와 개선

01 체육수업 형태

1. 전통적 수업

(1) 일제식 수업

① 수업의 전체가 교사의 명령과 지시에 의해서 일사불란하게 진행

② 수업의 시작, 진행, 중지, 종료에 대한 교사의 유일한 통제권한

③ 외형상 질서 있는 학습활동 중 학생의 적극 참여 양태

④ 획일주의, 전체주의에 의한 전인적 배움의 기회 부재

⑤ 교과내용 강조로 인한 학생 흥미 소외

(2) 아나공 수업

① 학생들이 원하는 것을 하도록 내버려두는 수업

② 주로 공놀이 중심으로 체육수업 진행

③ 교사의 관여와 지도 부재

④ 외형상 학생들의 자발적 학습 최대 보장 양태이나 내실 있는 학습의 발생은 불가능

⑤ 학생의 의도적 학습동기가 결여되고 배움의 시간과 교과내용 소외

2. 현대적 수업

(1) 효과적 수업

① 1970년대 이후 1980년대 '과학적 · 실증적 · 객관적' 관점

② 학문적 이론을 배경으로 수업에 대한 과학적 검증 중심

③ 계량적 자료수집방법을 통한 학습 시간 증대

④ 실제체육학습시간(ALT-PE)은 체육수업 효율성과 효과성에 대한 평가 척도

⑤ 효율적 관리적 활동 실시를 통한 ALT-PE 증대

♡ 효과적인 수업을 실행하는 체육교사

측면	특징
체육수업의 계획	• 학생들의 지식, 기능, 이해수준 정도에 대한 분석과 진단에 따른 처방 • 학생 개개인에게 의미, 실현성, 도전감, 성취 제공의 목표 설정 • 효과적인 수업관리 절차 마련 • 문제 상황 예견에 따른 적절한 처벌과 보상계획 준비
체육수업 설명 및 시범	• 명확하고 효과적인 방식으로 설명 • 예시와 시범을 적절하고 효과적으로 활용
체육수업 관리와 조직	• 수업 초기 관리적 활동에 관한 명시적 절차와 규칙 마련 • 예방적 관리전략 마련으로 보다 많은 학습 시간과 학습 기회 제공 • 학생의 진전 상태 주시와 학생의 학습책임감 인식 유도 • 학습 중심 수업환경과 분위기 조성 • 자원의 효과적 이용
체육수업 진행	• 학생 진단을 위한 고도의 관찰기술 • 다양한 형태의 피드백(내재적 · 긍정적 · 구체적 · 보강적 피드백 등) 제공 • 학생이 기다리는 시간 최소화 • 수업의 흐름 파악과 유지

(2) 반성적 수업 2000년 2번 / 2018년 B 8번 / 2022년 B 5번

① 철학, 윤리, 사회, 예술 측면 고려

② 탐구와 성찰을 주된 활동으로 하는 '반성적 체육수업'

③ '의문 제기 – 실천 반성 – 원인 파악 – 해결방안 마련 – 개선계획 실천 – 실천 반성'

④ 수업은 반성이 되며 반성은 곧 수업으로, 수업이 연구이며 교사는 연구자

⑤ 현장개선연구법, 반성적 일지작성법, 교육사례분석법, 개인생활사기록법 등 다양한 수업
탐구 방법 숙지

⑥ 교사는 체육교육 목적에 대한 분명한 이해와 실천의지 필요

반성적 수업의 특징

- 수업활동을 사회문화적 맥락에서 이해하려는 체육교사의 총체적 노력
- 학생의 자아실현과 수업의 기회균등 측면 강조
- 체육교사는 자신의 수업활동에 대한 비판적인 태도를 견지하며 자신의 수업 활동을 구체적으로 검토하
고 분석하는 문제해결의 순환과정
- 동료교사들과의 협동적 대화와 협조 노력 속에서 이루어지는 집단적 작업

반성의 유형

Schon(1983)은 반성이 교사 자신의 실천적 지식(knowing-in-action)을 습득하는 데 관건이 된다고 보았다. 그는 교사의 실천적 지식과 관련된 일상적인 행위의 흐름에 방해하는 무언가가 있을 때, 즉 어떤 놀라움이 있을 때 의식적인 반성이 일어난다고 보았으며, 이 의식적인 반성을 '실천 행위 중 반성(reflection-in-action)'과 '실천 행위 후 반성(rection-on-action)'의 두 유형으로 세분화하고 있다.

'실천 행위 중 반성'은 개인이 문제를 구조화하고, 상황을 이해하며, 문제를 이끌어 오는 가정들의 기저를 비판적으로 평가하며, 검증될 수 있는 대안적인 해결방식을 구성하도록 허용하는 하나의 의식적인 탐구이다. 이는 어떤 실천적 행위를 하는 도중에 수행하고 있는 것에 대해 반성적 사고를 하는 것으로, 자신이 구성한 전략을 향상시키고 개선하면서 문제를 다루어 보는 과정으로 다양한 관점으로 문제를 다루는 것을 중요하게 여기는 유형이다.

'실천 행위 후 반성'은 놀라움이 왜 일어났는지를 이해하기 위해 우리의 행위를 돌이켜 생각해 보는 것을 의미한다. 이러한 반성이 일어나면 현상과 어떤 거리를 두게 되며, 평가적이고 비판적으로 그 상황을 숙고할 수 있게 된다. 이는 이미 일어난 상황에 대하여 자신의 행위를 되돌아보면서 체계적으로 깊이 생각해 보는 것으로 자신의 행위를 관찰하고 행위가 끝난 다음에 유사한 상황에서 어떻게 다르게 행동할 수 있는지를 생각하는 유형이다.

3. 좋은 수업

① 학생과 교사 모두 적절한 교육적 경험 제공

② 4가지 양태가 각각 지닌 장점이 조화롭게 절충된 형태의 체육수업

③ 체육수업 현장에서 '교과, 흥미, 효율, 반성'에 해당되는 요소의 균형과 조화

---

02) 체육과 수업의 개선 : 실천주의적 관점에서 현장개선연구 2003년 6번 / 2013년 11번

1. 정의

① 문제 상황 내 교사 자신이 일의 합리성과 정당성 증진과 이해로 상황 개선을 목적으로 하는 교사들의 집단적인 자기반성과 탐구과정

② 교육활동 이해와 개선의 동시 추구

2. 특징

① 연구 주체는 반드시 교사 자신이며 연구대상은 자신의 실제적 교육활동

② 역동적 과정

③ 개선이 이루어질 때까지 계속적 시행

④ 협동적, 단체적 성격 ⇨ 동료교사, 대학교수를 '비판적 친구'로 연구과정에 합류

⑤ 역동성, 연속성, 집단성, 과정적 특징

특징	현장교사가 동료교사나 대학연구자의 도움을 받아 자신의 교육실천을 스스로 체계적, 반성적으로 탐구하여 이해하고 개선하는 것
연구의 주체	반드시 교사 자신
연구대상	자신이 실천하고 있는 실제적 교육활동
연구의 목적	수업을 보다 나은 방향으로 개선하는 것으로, 자기 교육활동의 이해와 개선을 동시에 추구

⊘ 현장개선연구 절차

1. 문제파악 및 개선 계획	• 이해와 개선을 원하는 문제 상황의 명료화 • 교사 자신이 실제로 하는 일과 밀접하게 관련된 문제 상황 도출 • 현실적 개선계획 마련
2. 실행	• 개선계획을 수업에서 실행하면서 실천 • 실행 도중 최초 계획의 계속적 수정 • 타협과 절충의 실행과정
3. 관찰	• 자료 수집 • 개방적이고 포괄적인 관찰 • 비판적인 자기반성 제공 • 관찰은 실제에 대한 깊은 이해와 실제의 개선을 이루는 자료
4. 반성	• 관찰단계에서 실행에 관해 얻은 다양한 자료들에 대하여 비판적으로 숙고하여 개선점을 파악한 후, 재계획 수립 • 비판적 숙고 후, 개선된 계획 마련 • 종합적 이해 • 수정된 계획 준비는 협동적으로 진행

Section 09 체육수업의 구조와 실천

01 체육수업의 구조 2012년 11번

1. 학습과제(수업내용과 학습활동)를 가르치고 배우는 측면

학습과제 개발 ➡ 개발된 과제 전달 ➡ 과제 연습과 수정 ➡ 학습한 과제 평가

2. 학생 규율과 수업 관리하는 수업 운영의 측면

3. 잠재적 학습, 기회평등, 장애학생, 내용별 지도

02 체육수업의 실천

1. 학습과제의 개발

(1) 학습과제의 선정기준 2004년 5번

　　① 수업목표 성취: 수업목표와 직접적으로 관련 맺는 활동

　　② 발육발달 수준: 학생 발육 발달 및 경험 수준에 적합한 활동

　　③ 학생 참여 보장: 모든 학생들이 참여할 수 있는 활동

　　④ 기타: 안전과 수업 이전·이후 내용의 연계성 고려

중요성	타당성	유용성
사회효용성	학습가능성	실현가능성

⊕ 체육과 내용 선정의 기준

링크(Rink) 학습경험의 선정기준

- 학습경험은 학습자의 운동수행능력을 향상시킬 수 있어야 한다.
- 학습경험은 학습자의 운동능력을 고려하여 최대한의 연습시간을 제공할 수 있어야 한다.
- 학습경험은 모든 학습자의 수준에 적합해야 한다.
- 학습경험은 가능한 한 심동적, 인지적, 정의적 교육목표를 통합해야 한다.

(2) 내용 분석

교수·학습 단위 또는 단원은 가르칠 내용을 절차적으로 또는 위계적으로 분석하여 개발한다.

① 절차적 분석(procedural analysis)

ㄱ 볼링, 체조의 손 짚고 뛰어넘기, 육상의 멀리뛰기와 농구의 속공 플레이 등은 절차적 분석 방법을 사용하기에 적합한 기능임

ㄴ 절차적 분석이 적합한 기능은 연결 동작의 각 요소 등을 독립적으로 연습한 다음 전체적으로 연결함

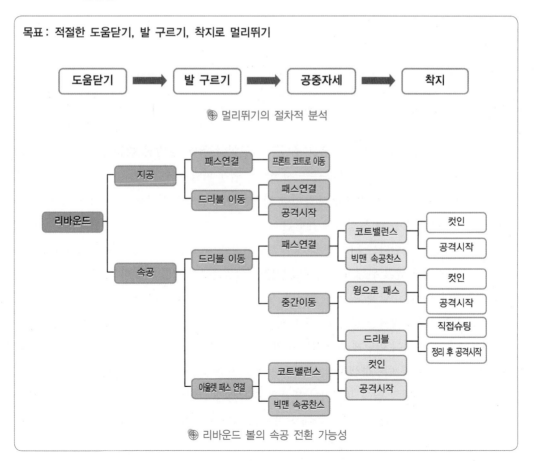

목표 : 적절한 도움닫기, 발 구르기, 착지로 멀리뛰기

도움닫기 ➡ 발 구르기 ➡ 공중자세 ➡ 착지

◉ 멀리뛰기의 절차적 분석

◉ 리바운드 볼의 속공 전환 가능성

② 위계적 분석(hierarchical analysis)

㉠ 도착점 기능을 수행하기 위해 학습해야 할 모든 하위 기능을 기술함

㉡ 두 가지 이상의 기능이 서로 연결되어 있을 때 위계적 분석을 활용함

㉢ 한 가지 기능을 학습한 다음 다른 기능을 학습함

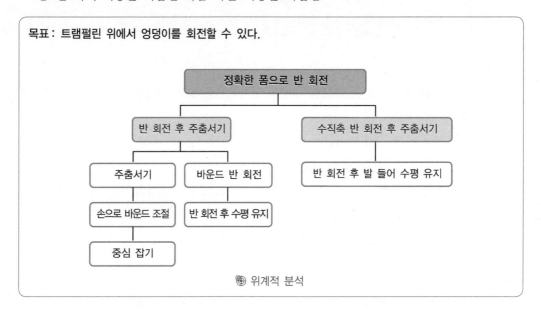

목표 : 트램펄린 위에서 엉덩이를 회전할 수 있다.

◈ 위계적 분석

(3) 학습과제의 단계화 공청회 논술 4번 / 2009년 7번 / 2012년 6번 / 2015년 B 1번 / 2017년 초등 5번 / 2018년 A 1번 / 2020년 A 5번 / 2022년 초등 10번 / 2023년 B 3번

최종 목표에 도달하기 위해서는 우선 출발점을 알아야 한다. 출발점 행동은 프로그램을 시작할 때 학생들의 기능, 지식, 경험의 수준을 사정하면 쉽게 파악할 수 있다. 출발점 행동이 파악되면 최종 목표에 도달하는 데 필요한 내용이나 과제를 점진적으로 개발해야 한다. 과제를 점진적으로 발달시킨다는 것은 덜 복잡하고 세련된 과제로 시작하여 좀 더 복잡하고 난이도가 있는 과제로 점진적으로 이동한다는 의미이다. 프로그램의 최종 목표는 의미 있는 학습 결과를 얻는 것이며, 그러한 결과를 얻기 위해서는 과제의 발달이 학생들에게 적합해야 하고, 학생들의 경험 수준에 적절해야 하며, 숙달에 필요한 충분한 시간이 제공되어야 한다.

교사는 일련의 학습과제를 전달함으로써 학생들에게 학습의 진행을 알리며, 교사가 전달하는 학습과제를 보면 수업이 어떻게 진행되는지 알 수 있다. 보통 교사가 학생들에게 가장 먼저 제시하는 과제, 즉 전달 과제는 학생들에게 새로 가르칠 기능이나 전략이다. 일단 새로운 기능이나 전략이 전달되면 수행의 질을 높이거나 과제의 복잡성과 난이도를 더하는 과제가 뒤따르게 된다. 우리는 전자를 세련 과제, 후자를 확대 과제라고 한다. 응용 과제는 학습한 기능이나 전략을 활용하거나 평가하기 위해 제시한다.

① 학습과제 : 링크(Rink)의 학습과제 단계

시작형	학습의 가장 기초적인 수준에서 학생이 학습할 수 있도록 개발한 과제
세련형	폼이나 느낌과 같이 운동 기능의 질적 측면에 초점이 맞추어진 과제 학생들에게 한 손 농구 슛을 가르치는 예를 들어보자. 교사가 농구 슛을 4~5가지 핵심요소 중심으로 설명을 곁들여 시범 보인다(전달 과제). 농구 단원이 끝날 때까지 농구 슛을 반복적으로 연습하는데 농구 슛을 정교하게 다듬는 노력은 전혀 하지 않고 있다. 학생들의 슛하는 손은 정확하지 않고, 팔꿈치는 바스켓을 향하지 않고 있으며, 무릎도 구부렸다 펴지 않고 있다. 학생들은 세련 과제를 수행하면서 바람직한 슛의 기술적 요소를 의식하고 그것을 질적으로 향상시키기 위해서 노력한다.
확장형	난이도와 복잡성이 덧붙여진 형태의 과제

확장형	과제 내 확장	용구와 기구 변형을 통한 동일 과제 진행하거나 동일 과제의 계열화 • 언더핸드 서브를 가벼운 공으로 연습한 다음 정규규격 공을 사용하여 연습 대부분의 체육교사들은 가벼운 투포환으로 던지기 동작을 가르치기 시작한다. '포환 던지기' 기능을 어디서부터 가르치기 시작하든 좀 더 복잡한 과제로 확대하기 전까지는 정교하게 다듬는 노력을 하게 된다.
	과제 간 확장	서로 다른 과제를 통하여 내용을 조직하는 것으로 쉬운 과제부터 어려운 과제로 전환 • 축구수업 한 차시에서 패스, 드리블, 슛을 계열적으로 지도
적용형		배운 기능을 실제 상황에서 다양하게 활용하도록 만든 과제이거나 기능 자체로부터 기능결과로 바꾸는 계획으로 학생 자신의 발달수준이나 능력 평가 과제 • 농구 20회 자유투를 시도하여 득점을 기록할 것! • 농구 경기를 실시할 것! • 셔틀콕을 땅에 떨어뜨리지 않고 10회 연속 실시할 것!

적용형	응용 과제는 학생들에게 기능이나 전략을 경기에서 실제로 사용하거나 기능과 전략의 수행능력을 평가할 목적으로 제시한다. 학생들은 몇 명이 참가하는 축소 게임이나 간이 게임을 통해서 기능이나 전략을 게임 상황에 맞게 적절히 활용하는 능력을 기를 수 있다. 또한 체조 경기에 참가하는 파트너의 수행능력을 평가하고 심장박동수를 측정하여 체조 기술을 향상시키는 노력을 할 수도 있다. 정확한 동작으로 몇 개의 슛을 성공시킬 수 있는지 측정하는 것도 일종의 응용 과제라고 할 수 있다. 응용 과제는 학습의 진행을 점검하거나 학습에 필요한 피드백을 제공하기 위해 다른 과제와 결합하여 과정적 과제로 제시할 수도 있다.

② 링크(J. Rink)의 게임능력 발달 단계

제1단계 : 통제 능력의 획득	㉠ 잡기, 받기, 때리기, 던지기 등과 같은 조작 운동에서 통제 • 학습자가 물체에 힘을 가해 의도하는 방향으로 일관성 있게 보낼 수 있는 능력 • 통제는 일정 높이, 속도, 방향으로 접근하는 물체를 받을 수 있는 능력 • 공을 들고 뛰거나 드리블과 같은 동작을 연습할 때 통제는 다양한 속도와 방법으로 움직이며 물체를 제어할 수 있는 능력 ㉡ 간단하고 쉬운 조건에서 물체를 통제하는 능력을 개발하지만, 학습이 진행되면서 물체를 보내고 받는 높이, 방향, 힘을 달리하여 고도의 통제 능력을 개발함 처음에는 제자리에 서서 야구공을 주고받다가 이동하면서 공을 던지고 받도록 과제의 난도를 높임
제2단계 : 복잡성의 추가	㉠ 드리블하는 통제 능력과 패스 통제 능력을 결합하여 보다 복잡한 관계로 사용 • 농구의 오버스텝과 같이 동작의 수행을 제한하는 규칙 도입 • 배구에서 스파이크한 공을 리시버가 언더핸드 패스로 받아 세터에게 패스하는 경우 • 야구에서 타자가 친 공을 내야수가 받아 포수에게 던지는 경우
제3단계 : 간단한 게임 전략 구사	㉠ 물체의 통제나 기능수행 이외의(관심이나 주의를 물체의 통제나 기능의 수행에 두지 않고) 기능의 사용과 관련된 환경적 단서에 초점을 둠 ㉡ 간단한 공격 및 방어 전략 학습 • 축구, 농구, 하키 등과 같은 영역형 게임에서는 물체를 빼앗기지 않고 유지하는 방법을 익힘 • 배구, 테니스, 배드민턴과 같은 네트형 게임에서는 빈 공간에 공을 보내거나 자기 영역을 방어하는 전략을 익힘

제3단계: 간단한 게임 전략 구사	ⓒ 학생들이 이 단계에 도달하면 크게 복잡하지 않은 게임에서 공격 및 방어 전략을 구사할 수 있게 됨
	게임의 복잡성은 공격이나 방어선수의 수, 경기장의 크기, 경기 규칙 등을 조절함으로써 더할 수 있다. 게임의 복잡성은 점진적으로 더해가는 것이 바람직하다.
제4단계: 게임의 수행	㉠ 학생들은 정규 게임을 할 수 있음 ⓛ 게임의 계속적인 흐름이 방해를 받으면 흐름을 유지하기 위해 규칙이나 조건을 약간 수정할 수 있음
	축구에서 프리킥을 생략하거나, 배구에서 서비스를 생략하거나, 농구에서 자유투를 생략함으로써 게임이 원활하게 진행되도록 규칙의 일부를 수정할 수 있음
	ⓒ 게임능력 개발의 3단계와 4단계의 구분은 쉽지 않음
	• 축구에서 방어선수와 공격선수가 정해짐 • 팀원이 늘어나고 게임에 필요한 대부분의 기능을 사용하게 되며 경기규칙이 복잡해짐 • 기능 수준이 높고 기본적인 게임 전략을 구사할 수 있다는 의미임

③ 수업 시 일반적으로 따를 수 있는 대응조처

  ㉠ 학생들이 이해를 못한다. ⇨ 과제의 명확한 재진술

  ⓛ 학생들에게 과제가 너무 쉽다. ⇨ 다음 단계로 이전

  ⓒ 거의 대부분의 학생들이 성공을 하지 못한다. ⇨ 과제의 난이도 하향 조정

  ⓔ 세련화 단계에서 보여야 할 학습단서를 제대로 보여주지 못한다. ⇨ 세련형 과제 사용

  ⓜ 학생들이 기능의 난이도를 낮추거나 높일 준비가 되어 있다. ⇨ 확장형 과제 사용

  ⓗ 학생들이 현재 과제에 자신감을 가지고 잘 한다. ⇨ 적용형 과제 사용

(3) 학습환경의 조직

  ① 사람 : 전체 학급, 2인 1조, 소그룹(3~6인), 중그룹(7~9인), 성별, 능력별, 체격별, 번호별, 관심별, 자유선택 등으로 모둠조직

  ② 시간

  ③ 공간

  ④ 용구 : 용기구(종류)와 수량 고려, 부족한 용기구 대체와 보완을 위한 대처방안 구안

2. 학습과제의 전달

✅ 학습과제의 기본 원칙

효과적 전달	설명을 주의 깊게 듣고 이해하며 이에 따라 정확한 수행 도모
효율적 전달	전달이 효과적으로 일어나기에 필요한 시간을 최소한으로 사용

✅ 학습과제의 전달 방법

주의 집중	• 호루라기 등을 사용하여 신호, 상규적 절차 제정 • 물건이나 사람 등 주변 환경 정리 • 시각적, 청각적 조처 • 시간의 효과적 활용과 주의 환기			
설명	• 철저한 계획 • 이해할 수 있는 표현 사용: 연령과 배우는 내용에 대한 경험 등 고려 • 열성을 다해 천천히 말할 것: 효율성을 얻기 위해 효과성 손해 보지 않도록 학생 인지적 준비 • 내용을 논리적 순서에 맞도록 소개하며 긍정적, 부정적 실제 예 제시 • 역동적이고 입체적인 방식 사용 • 학생의 개인적 경험과 연결시키며 학생들의 이해 정도 점검			
시범 2016년 초등 5번	• 최대한 정확한 동작 제시 • 가능한 실제 상황과 흡사한 조건에서 실시 • 다양한 각도에서 실시하며 학생의 적극적 참여 유도 • 관련 지식 제공 • 다양한 매체 활용: 궤도, VCR, 멀티미디어 자료, 유인물 등 시청각 기자재 사용 • 학생들의 이해도 점검			
학습단서 2009년 1번 / 2013년 9번 / 2014년 초등 6번 / 2015년 초등 5번 / 2016년 A 1번	• 학습과제에서 가장 중요한 특징을 전달하기 위하여 교사가 사용하는 단어와 문장으로 간단하고 정확하게 제시 • 초보단계 학생에게 운동기능 학습의 결정적 역할			
	학생 연령과 기능수준 적합성	초보단계	인지화 단계, 전반적인 개념을 파악 위한 학습단서	
		상급단계	연합화 단계, 구체적이고 세밀한 측면에 관한 단서	
	학습과제 특성 적합성	폐쇄형 기능	기능의 시각적 그림으로 제시	
		개방형 기능	상황에 적절한 행동 도움 위한 지각적 성격 배양	
	계열적 조직	과제의 계열성 바탕으로 제시		

3. 학습과제의 연습 및 수정

(1) 학습과제의 연습

   ① 과제식 연습

   ② 질문식 연습

   ③ 동료 학습

   ④ 협동적 학습

   ⑤ 자기지도식 학습

   ⑥ 모스턴의 수업스타일

(2) 학습과제의 수정(수업지도 기술)

   ① 과제연습의 관찰

   ② 피드백 제공

      ㉠ 주의 집중, 동기 유발, 학생의 반응 예의주시

      ㉡ 핵심 요인들과 관련된 구체성

      ㉢ 수정을 위한 내용 간의 적절한 균형

♡ 일반적인 피드백의 분류 기준

성격	평가적·교정적 피드백, 일반적·구체적 피드백, 부정적·긍정적 피드백
대상	전체적 피드백, 그룹별 피드백, 개인적 피드백

♡ 시덴탑(Siedentop, 2002)의 피드백 분류

피드백 측면	피드백 기준	피드백 유형
학업 관련 피드백	결과의 인정 여부	긍정의 피드백 교정적 피드백 부정적 피드백
	정보의 구체성	일반적 피드백 구체적 피드백
	표적	학급전체 소집단 개인 피드백
사회적 행동 관련 피드백		

⊙ 과제 관련 피드백의 유형

유형	목적	예
일반적 긍정적 피드백	학생의 노력에 지지를 보내고 긍정적인 학습 분위기를 조성한다.	• 나이스 샷, 좋은 시도다. 잘 처리했다. • 멋진 방어였다. 최고다. 멋진 패스다. • 나아졌다. 아주 좋다. 아주 잘했다.
비언어적 긍정적 피드백	위와 동일한 목적. 언어적 언급을 함께 할 수 있다.	• 박수 치기, 엄지손가락 올리기, 등 쳐주기 • OK사인, 머리 쓸어 올리기, 주먹 쥐어 올리기
구체적 긍정적 피드백	제대로 수행된 것에 대한 구체적인 정보를 제공한다.	• 토스가 정말 좋았다. • 준호야, 속도와 높이가 아주 정확했다. 잘했다. • 다른 학생들과는 달리 회전이 아주 독특했다. • 정말 멋있다! 이번에는 무릎을 아주 잘 구부렸다. 아주 나아졌다. • 백스윙할 때 위팔을 아주 곧게 뻗었구나.
교정적 피드백	잘못된 점을 고치기 위해 구체적 정보를 제공한다.	• 움직이기 전에 위치를 좀 더 오랫동안 지킬 필요가 있다. • 준호야, 다리부터 시작해라. • 손으로만 슛을 쏘고 있잖니. 좋아, 그러나 지난번에 써 먹었잖아. 이번에는 새로운 것을 시도해 보자. • 준호야, 사이드라인 쪽이 비었잖니. 패싱샷을 날리는 것이 좋을 뻔 했다.
가치 관련 내용이 담긴 구체적 피드백	정보의 제공과 함께 결과와 과정을 연결시켜 준다.	• 방어 좋았다. 준호야. 네가 그렇게만 막아주면 우리 팀도 작전을 펼쳐 볼 수 있을 거야. • 그래 그거야. 머리를 들고 있어야 동료선수들을 볼 수 있단 말이지, 잘했다. • 준호야. 그렇게 열심히 노력하면 금방 실력이 향상될 것이다.

⌖ **링크(Rink)의 피드백 분류에 따른 평가 피드백과 수정 피드백의 예**

분류	평가 피드백	수정 피드백
일반적 피드백	"잘했어."	"그렇게 하면 안 되지."
구체적 피드백	"다리를 그렇게 쭉 뻗어야지."	"발가락을 가리켜."
부정적 피드백	"1학년보다 못하잖아."	"무릎 구부리지 마."
긍정적 피드백	"영수는 표적에 잘 맞추잖아."	"무릎을 딱 고정시켜."
학급 상대 피드백	"이 학급은 많이 향상 됐어."	"치고 자기 위치로 복귀해야지."
소집단 상대 피드백	"이 집단은 기대에 못 미치고 있어."	"자기 포지션 잘 지켜."
개인 상대 피드백	"발은 충분히 내밀지 않고 있잖아."	"발을 더 내밀어."
일치 피드백	"패스를 잘해서 수비를 묶었어."	"수비를 약간 더 리드해."
불일치 피드백	"오픈 공간을 찾을 때까지 패스하지 마."	"아무에게나 패스하지 마."

③ 과제내용 수정

④ 기타 행동

　㉠ 부상당한 학생 처치

　㉡ 수업내용과 관련 없는 대화

　㉢ 학생 개인적 문제점에 잦은 신경

　㉣ 심판이나 선수로 수업에 참여

기타 행동의 예

- 전체 학급을 자주 훑어본다.
- 학생들이 모두 시야에 들어오도록 한다.
- 건너편이나 반대편 방향을 향하여 말을 꺼낸다.
- 위험하거나 소란스러운 행동을 즉시 중지시킨다.
- 주의와 관심이 공평하게 분산되도록 한다.
- 학습 중심적 분위기가 조성되도록 다양한 방법을 강구한다.

4. 학생통제와 수업관리(수업관리 기술)

① 절차와 규칙

② 관리 시간

③ 예방적 관리전략

5. 기타 고려사항

(1) 영역별 지도

① 게임 중심 게임 수업

② 스포츠 교육

③ 개념 중심 지도

④ 사회성 개발

시작 대화 ➡ 단계별 활동 ➡ 반성의 시간 ➡ 독자적 의사결정과 모둠회의 ➡ 상담 시간

◉ 사회성 발달 활동

(2) 장애학생

① **일반 학급 '편입화'** : 장애학생이 가능한 정규 형태의 교육적·사회적 경험을 체험할 수 있게 하는 방안

② **체육활동 변형** : 연습할 수 있도록 용기구 개조와 게임규칙 수정

③ 동료수업과 협동적 학습방식 활용

(3) 남녀 학생의 기회평등 조성 2008년 3번 / 2011년 2차 2번

① 여학생을 비하하는 무의식적, 의식적 표현을 삼간다.

② 남녀 학생을 모두 시범에 활용, 동일하게 역할을 배분한다.

③ 여학생과 남학생이 함께 참여할 수 있는 학습과제를 개발한다.

④ 여학생들이 좋아하는 학습활동의 비율을 남학생의 것과 동일하게 한다.

⑤ 학생들이 성차별적 발언이나 행동을 하고 있지 않은지 깨닫게 한다.

⑥ 모둠 나누기를 할 때 성별로만 구분하지 않는다.

⑦ 강한 신체적 접촉이 많이 필요한 운동 활동을 되도록 줄인다.

⑧ 남녀 학생들이 동일하게 참여할 수 있도록 규정을 변경한다.

⑨ 역할모델이 될 수 있는 여자 운동선수들과 그들의 업적을 자주 이야기한다.

혼성학급 체육수업 프로그램 개발(김택천)

양성평등 체육교육은 체육수업에서 남녀 학생의 체력, 신체 크기, 운동 기능, 운동의 선호도와 흥미의 차이를 인정하여 수업 운영 시 동일한 기회와 학습조건을 제공하여 동일한 학습 결과를 추구하는 것이다.

측면	혼성 체육수업 필요성	혼성 체육수업 특징
수업 목표	남녀가 수업구성원으로 함께 있기에 정의적 목표 측면으로 공동체 생활에 필요한 협력하는 태도, 올바른 성의식, 사회성 함양의 목표를 달성하는 데 효과적이다.	목표설정은 '적정화와 통합화'되는 특징을 지닌다. 남녀 학생의 개인차를 고려하여 '적정한' 수준에서 목표가 설정되며, 생리학적 차이에 의한 심동적 영역의 목표만 제시되지 않고 지식과 태도를 함께 중요시한 '통합적' 목표로 설정되어 제시된다.
수업 내용	남녀 학생의 학습유형이나 흥미가 달라서 특정 종목의 신체활동이나 내용요소에 편중되지 않고 다양한 학습내용의 경험을 제공하기에 효과적이다.	수업내용 조직이 '합리화'되는 특징이 있다. 생리학적 성 차이가 커서 운동 기능 위주의 수업이 지양되고 스포츠의 진정한 의미를 느낄 수 있는 전술이나 경기 예절, 문제해결력 등 합리적인 내용요소가 선택된다.
학생 평가	남녀 학생에 따른 기능이나 흥미의 차이로 혼성학급은 평가기준 설정 시에 양적인 결과에 의한 평가기준보다는 수행능력 및 태도 변화 등에 대한 질적 내용 요소를 반영하도록 해야 한다.	평가 운영이 '타당화'되는 특징을 지닌다. 다양한 내용요소를 평가하기 위해 결과 중심의 양적평가보다는 학생 자신의 능력이나 수행 정도에 따라 남녀에게 적합하게 개인차를 고려한 평가기준이 설정되어 종합적이고 실제 상황을 반영하는 수행평가와 부합된다.

(4) 잠재적 학습

① 체육수업 시간을 통하여 학생들은 교사가 의도하지 않았던 것 습득

② 가시적이지 않고 간접적으로 학생에게 학습

③ 잠재적 교육과정은 사회화 과정의 결과

♡ 학습활동 중 교사기능 2011년 10번

비기여 행동	• 수업과 무관한 사건 처리 • 소방연습, 전달 방송, 교실을 방문한 손님과의 대화 • 비기여 행동은 학습지도에 부정적인 효과. 따라서 불가피할 경우 수업방해 최소 방안 마련
간접기여 행동	• 수업내용과 관련 없는 지도 행동 • 부상학생의 처리, 과제 외 문제에 대한 토론 참여, 용변과 물 마시는 문제의 처리(상규 적인 수업활동의 처리), 교사의 학습활동 직접 참여(게임에 함께 참여)와 경기운영 • 간접기여 행동은 생산적인 학습환경의 유지에 때때로 필요
직접기여 행동	• 안전한 학습환경의 유지: 학습촉진을 위한 공간과 용구 및 학생 정리 • 과제의 **명료화와 강화**: 의도하는 방향으로 반응을 유발하기 위한 과제의 재진술 • 생산적 학습환경의 유지: 학생 흥미유발, 이탈 행동 원인 파악과 긍정적 과제 지향 수업 • 피드백 제공 • 개인과 소집단을 위한 과제의 변화 및 수정 • 학습자 반응의 관찰과 분석

Section 10 수업지도 기술

[01] **수업** : 과제의 적절한 배열

1. 과제의 유형

관리적 과제	내용 지도 과제	사회적 과제

2. 수업의 전 과정 동안 반복적으로 행해지는 수업활동

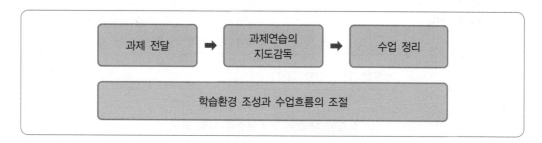

[02] **학습환경의 조성**

학습환경 조성	안전한 학습환경 준비	• 위험수칙 강조와 규칙의 명시적 기록 • 심리적으로 안전한 학습환경 마련과 성취감 제공 환경 • 위험 행동의 즉각적 저지와 위험 행동에 관한 구체적 피드백 제공 • '적극적 감독(active supervision)' 실시
	지적 흥미 유발	• 대화와 토론 장려, 가치 관련 피드백 제공, 질문에 기초한 교사 학생 간 상호작용 증진 • 질문하기, 논평하기, 생각 표현하기 장려 • 정보관련 내용과 가치 관련 내용에 관한 질문과 피드백 제공

03 과제 전달

1. 과제의 효과·효율적 전달	• 관리활동 관련 과제와 수업활동 관련 과제 모두 전달 • 이전에 연습한 내용 관련성 유지와 과제의 중요성 주지 • 과제전달의 평가관리체계 기능	

	효과적 과제 전달을 위한 교사의 기술	• 철저한 계획 수립
		• 과제 이해에 필요한 모든 정보 제공
		  – 기능과 전술에 관련된 내용
		  – 수행 상황이나 조건에 대한 상세한 묘사
		  – 성공과 완수 판별 기준
		• 학생이 이해할 수 있는 표현 사용
		• 실제상황과 가장 흡사한 조건에서 시범
		• 과제 연습을 위한 안전 강조
		• 설명과 시범과정에 학생 적극 참여 유도
		• 개별연습 시작 전 학생 이해 정도 점검

	• 집합, 분산 상황 전달	
	집합된 상태	• 새로운 내용 전달 • 설명과 시범 요구 • 집합과 주목 절차
	분산된 상태	• 세련 과제 • 확장 과제 • 적용 과제
2. 기타 조처	• 유인물 전달	
	유인물 내용	• 수업목표 • 규칙 • 운동장 지도 • 공격대형과 방어대형 그림
	• 실제 경기 시작 전 간단한 규칙테스트 실시 • 단서적 포스터 벽면 설치	

04 과제연습의 지도

1. 지도 감독된 과제연습

개념	• 새로운 과제 소개와 과제 연습 상황이 변경될 경우 사용 • 교사 주도의 전체학급 과제 연습
특징	• 연습수행에서 나타나는 중대한 실수 교정 • 개별적 연습의 성공적 수행을 위한 충분한 연습기회 제공 • 학생 이해 정도 점검과 내용 재설명 • 기술적 측면에 초점하는 교사의 피드백 제공

2. 개별적 과제연습 2004년 3번

개념		• 새로운 과제와 기존에 배웠던 내용의 통합 • 자동화를 위한 연습
특징		• 반복 연습기회 제공 • 적극적 감독
	적극적 감독방법	• 지지적 피드백, 교정적 피드백 제공 • 학생이 모두 시야에 들어오도록 • 자주 훑어보도록 • 학생들이 예견하기 어려운 감독 행동과 동선 요구 • 위험한 행동이나 소란스런 행동에 민감하게 대응하거나 즉시 중지 • 주의와 관심의 공평한 분산

3. 과제연습 동안 내용지도

(1) 적용 단계 과제 실시와 계획

　　① 유사게임

　　② 실제게임

(2) 촉발단서(a prompt)의 빈번한 제공

> **참고**　**민속무용 지도 중 촉발단서**
>
> • 손뼉 박자, 드럼 박자로 무용스텝 리듬의 기본 박자 강조
> • 수업 초기 스텝을 유발시키기 위한 구어적 촉발단서 사용

4. 과제연습 주시

　　① 수업 시간 학습 성취 모니터 수단 준비

　　② 주시활동(monitoring)은 비공식적 평가관리체계로 포함

　　③ 적극적 감독

　　④ 공식적 형태의 관찰 체계

　　⑤ 슛 점수, 리바운드 횟수, 자유투 성공률, 어시스트 횟수 등 경기 기록 확보에 활용

> **참고**　**효율적 교수의 특징**
>
> • 학습내용에 배당된 시간의 비율이 높다.
> • 학습자의 과제 참여 비율이 높다.
> • 학습내용이 학습자의 학습 능력에 적합하다
> • 따뜻하고 긍정적인 학습 분위기를 조성한다.

5. 상호작용 기능

(1) 시덴탑(Siedentop) − 상호작용 기능(교사의 상호작용 시 고려사항) 2024년 A 6번

일관성 있는 상호작용	교사는 학생의 행동 중 인정할 만한 행동, 무시해야 할 행동, 제지해야 할 행동을 분명히 제시하고, 각각의 행동에 대해서 일관성 있게 상호작용함으로써 학생에게 진실한 모습을 보여주어야 한다.
과제와 일치하는 상호작용	교사가 별로 중요하지 않은 학생 행동이나 과제에 대해서 지나치게 미사여구를 사용하여 학생과 상호작용하면, 학생은 교사의 상호작용에 진실성이 없는 것으로 간주한다. 반대로 학생 행동의 중요성에 비해 교사의 반응이 시큰둥할 때에도 학생은 교사의 진실성을 의심한다. 따라서 교사는 학생의 과제 수행에 일치하는 격려나 칭찬을 하도록 한다.
중요한 학생 행동에 관한 직접적 상호작용	교사가 학생의 관심사에 관해서 직접 상호작용할 때 바람직한 교사−학생 간의 인간관계가 형성된다. 따라서 교사는 중요한 학생 행동에 대하여 직접적으로 상호작용해야 한다.
학교 외 문제에 관한 학생과의 상호작용	학생들은 교사가 교육적으로나 개인적으로 자신에게 관심을 쏟고 있다는 것을 지각할 때 교사에게 보다 호감을 보인다. 따라서 교사는 학생과 상호작용 시 단지 수업과 관련된 내용에만 한정 짓지 말고, 학생의 전반적인 활동에 관해 상호작용을 할 필요가 있다.
학생의 감정과 정서에 기초한 상호작용	교사가 학생의 전체적 삶에 영향을 끼치려면 개인적인 인간관계를 지속적으로 형성해야 한다. 개인적인 인간관계란 학생의 감정과 정서에 기초한 상호작용을 통해 형성되기 때문에, 교사는 학생의 감정과 정서를 고려하여 학생과 상호작용해야 한다.
학생지도와 인간관계의 개선을 위한 열정의 유지	교사의 열정은 학습지도와 인간관계를 개선하는 데 필수 요소이다. 특히 교사가 가르치는 교과 내용, 교수 방법, 학생 자신에 대해 열정을 보여줄 때, 학생들은 교사를 신뢰하게 된다.

(2) 시덴탑(Siedentop) — 의사 전달 기능

발언하는 사람의 주체를 분명히 하라.	메시지 전달에서 주체를 명확히 밝히는 것은 매우 중요하다. '나' 등의 대명사를 사용하여 주체를 분명히 하면 신뢰감을 줄 수 있다. 반면에, 주체가 불분명한 표현은 의사소통을 모호하게 만든다.
판단하기보다는 기술하라.	학생들에게 전달할 메시지는 명확하게 기술되어야 하며, 가치판단이 포함되어서는 안 된다. 가치판단은 의사소통에 방해가 되며, 학생들의 개인적 성장에 도움을 주지 못한다. 명확한 기술적 표현은 학생들에게 긍정적인 영향을 미친다.
학생들의 관점을 이해하라.	우리는 세상을 제한된 관점에서 보기에, 학생들의 성장에 도움을 주려면 그들의 관점을 고려하는 것이 중요하다. 학생들이 민감한 점과 비언어적 행동을 이해하면 메시지가 더 잘 전달될 수 있다. 중요한 요인을 고려하여 전달하면 메시지가 효과적으로 전달된다.
감정에 민감하라.	메시지 전달자와 수신자의 감정에 민감할 필요가 있다. 감정은 메시지에 영향을 미치며, 전달자와 수신자 모두 감정을 의식해야 한다. 특히 교사와 학생 간의 의사소통에서 이러한 민감성이 중요하다.
비언어적 단서에 유의하라.	메시지를 전달할 때 비언어적 행동은 불가피하며, 수용자들은 비언어적 메시지에 민감하게 반응한다. 얼굴 표정, 신체 움직임, 자세는 모두 의사소통에 영향을 미친다. 예를 들어, 구부린 자세는 편안함을 주고, 딱딱한 자세는 의사소통을 어렵게 만든다.

(3) 시덴탑(Siedentop) — 의사 수용 기능 _{2025년 B 5번}

수용한 메시지를 정확히 이해하기 위해 그것을 의역하라.	의역은 전달자의 메시지를 자신의 단어로 재진술하는 것을 말한다. 이를 통해 메시지를 정확히 이해하고, 전달자가 얼마나 명확히 전달했는지에 관한 피드백을 제공하며, 전달자의 관점을 이해할 수 있게 된다. 의역은 의사소통의 정확성과 이해를 높인다.
효과적인 주의집중 기술을 이용하라.	다른 사람의 얘기를 들을 때 눈동자의 마주침, 자세, 표정 등 비언어적 행동이 중요하다. 이러한 행동은 메시지 수용자가 얼마나 주의를 기울이는지 보여준다. 또한 메시지 전달자는 이를 통해 수용자의 관심도를 파악할 수 있다.
메시지 전달자의 비언어적 단서에 유의하라.	말로 전달되는 메시지는 비언어적 단서와 함께 이해해야 한다. 비언어적 단서는 전달자의 감정과 상태를 암시하며, 메시지의 정확한 이해를 돕는다. 예를 들어, 학생이 시합 참여를 거부하면서 비언어적으로 감정과 스트레스를 표현하면 교사가 이를 심각하게 고려하게 된다.
자신의 감정과 그것이 메시지에 미치는 영향을 고려하라.	흥분하거나 문제에 집착하면 메시지를 제대로 이해하지 못할 수 있다. 전달자에 대한 불만이나 수용자의 감정 상태가 오해를 초래할 수 있다. 감정에 민감해지면 오해를 줄이고, 의역을 통해 정확한 메시지 이해를 돕는다.

(4) 의사소통의 방해요인 - 존슨(Johnson)

명령이나 지시	"불평하지 말고 주의나 집중해!"
협박	"계속 그렇게 말을 안 들으면, 그냥 두지 않겠어!"
설교나 훈계	"좀 더 올바르게 행동할 수 없니?", "그렇게밖에 행동할 수 없어?"
시기상조의 충고나 해결책의 제시	"체육복은 어머니한테 부탁해서 준비해 두는 것이 좋을 거야."
판단, 비판, 비난	"게으름뱅이 같은 녀석", "너희들은 항상 말썽을 부리는군!"
낙인	"너는 날마다 초등학생처럼 행동하는구나!", "너는 항상 어린애처럼 행동하는구나!"
심문이나 추궁	"도대체 무엇 때문에 그런 짓을 했어?", "왜 나한테 먼저 물어보지 않았니?"
화제의 전환	"우리 그것에 관해서는 다음에 얘기하는 것이 어때?", "지금은 그것을 논의할 때가 아니야."

(5) 시덴탑(Siedentop) - 지원적 관계(helping relationship)에 필요한 기능

감정이입	'감정이입(empathy)'은 어떤 문제를 가지고 있는 사람의 입장에서 그것을 지각하는 기술이다. 감정이입은 동정이 아니다. 교사가 학생의 입장에서 어떤 문제를 이해하는 것과 그 학생에 대해 동정심을 갖는 것은 전혀 다르다. 교사는 학생의 눈을 통해 학생이 가지고 있는 문제를 바라보고 그것을 학생의 관점에서 이해하려고 노력해야 한다. 감정이입은 문제를 정확히 탐색하는 데 꼭 필요한 것으로서, 그것이 없이는 유용한 해결책도 나오기가 어렵다.
존중	지원적 관계에서, '존중(respect)'이란 지원자(교사)가 학생 스스로 문제를 충분히 해결할 수 있다고 믿고 행동하는 것을 말한다. 문제에 직면하고 있는 사람에게 어떤 해결방법을 강요함으로써 해결될 수 있는 문제는 거의 없다. 존중이란 학생이 어떤 해결책을 찾으려 노력하고 있을 때 지원해 주는 것을 의미한다.
진실성	'진실성(genuiness)'이란 지원자(교사)가 학생을 솔직하게 대하는 것을 말한다. 수업지도 과정에서 교사의 언행은 진실해야 할 뿐 아니라 교사가 정말로 믿고 있는 것과 일치해야 한다. 학생들은 교사의 거짓 행동이나 언행을 쉽게 알아챈다. 학생이 교사의 진실성을 의심하게 될 때 교사와 학생 간의 의사소통 가능성은 크게 줄어든다.
따스함	지원적 관계에서 '따스함(warmth)'의 특성은 수업 분위기를 설명할 때 사용하는 따스함의 개념과 유사하다. 교육적 환경(학업적 측면과 행동적 측면)에서 따스함은 일관성이 있고 긍정적인 상호작용을 함으로써 형성될 수 있다. 미소, 눈의 마주침, 열정 등과 같은 개인적, 비언어적 행동들 역시 교사와 학생 간에 따스한 인간관계를 확립하는 데 도움이 된다.

05 책무성 체계 수립

공식적 책무성	• 단원에 대한 과제의 올바른 파악 • 학생의 과제 완수에 대한 관찰 체계 개발 • 동기 유발 유인 체제 마련
비공식적 책무성	• 교사의 적극적 감독 • 적극적 감독은 공식적인 책무성과 역 상관

06 수업 정리

개념	• 수업의 종합, 학생 이해 확인, 중요 내용 강조, 수업에 대한 학생 느낌 평가와 확인 • 수업지도계획
효과적 정리	• 성취확인, 질문을 통한 점검, 학생 이해정도 체크, 학습내용 확인 • 학생 느낌 점검 • 교실로 돌아가기 전에 갖는 안정의 기회 제공

07 수업진행 속도(흐름) 조절

효과적인 수업계획	• 실제 수업 시 힘 있고 부드러운 진행속도 유지에 도움 • 목표지향과 수업 시간 소요할당 예측
관리활동과 관련된 절차	• 수업 혼란 최소화 • 수업지도로부터 과제연습으로 신속한 이동
중간 정도 강도의 연속적 연습활동	
학생 대기 감소	

08 수준별 체육수업의 필요성과 방향

1. 개념

① 수준별 수업은 교육의 이상인 개별화 수업에 대한 현실적인 대안
② 각 집단 수준에 적합한 교육내용과 방법 제공
③ 수준별 수업의 근본적인 취지는 성취능력이 낮은 학생들에게 있어 온 교육적 불평등을 해소하려는 목적
④ 학업성취능력이 높은 학생들보다 상대적으로 교육적 관심과 지도를 충분히 받지 못했던 학생들에게 학습 잠재력과 교육의 효율성을 극대화할 수 있는 방안

2. 수준별 체육수업의 필요성

① 학생의 성, 학습동기, 사회경제적 및 문화적 배경을 고려하지 않은 원인으로 학교체육 프로그램 실패
② 여학생과 운동기능이 낮은 남학생들은 개인차가 고려되지 않는 체육수업에서 대부분 소극적으로 참여
③ 전통적인 체육수업은 모든 학생들에게 동일한 학습내용과 방법을 제시하여 일부 학생들은 소외감, 지속적인 실패감을 느끼게 되어 체육수업에 참여하는 자체를 꺼리는 현상 발생
④ 우리나라의 학교 교육은 '교육적 평등'보다 '교육적 동등'의 개념에 치우쳐 실행

3. 수준별 수업의 특성

① '교육내용의 차별화'를 통해 학생들에게 적절한 학습내용과 경험을 제공
② '수업방식의 차별화'를 통해 학습자의 요구, 흥미, 능력에 적합한 교육을 제공
③ 수준별 교육의 효과를 극대화하기 위해 교육내용과 방법의 차별화와 나아가서 학습환경의 차별화까지 고려
④ '모든 학생의 수월'을 추구하는 수준별 교육

4. 수준별 체육수업의 구조 2004년 초등 14번

(1) 학생 운동기능 수준에 근거한 수업 구조

① 1가지 과제활동이 다양한 목표수준을 가진 경우

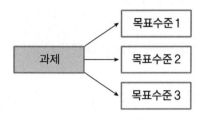

㉠ 모든 학생이 동일한 학습내용의 과제에 참여하게 되지만 학생은 자신의 능력에 기초하여 서로 다른 수준 학습목표 도전

㉡ 학생의 신체활동에 대한 흥미가 거의 유사하지만 그들의 능력 수준이 명백히 다른 경우 적합

> 팔굽혀펴기 과제 – 횟수의 목표수준

② 다양한 과제수준이 1가지 과제활동 목표를 가진 경우

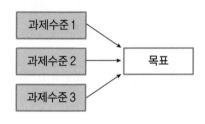

㉠ 각 학생은 학습 초기부터 자신 능력에 적합한 수준에서 학습과제에 참여하게 되지만 모든 학생은 동일한 학습목표 추구

㉡ 학생의 능력 차이가 분명하게 나지만, 성취하고자 하는 학습목표가 동일할 때 활용

> 줄넘기 높이 과제 – 줄넘기 목표

③ 다양한 과제수준이 각각의 목표수준을 가진 경우

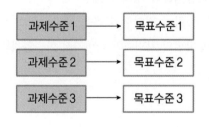

㉠ 학생 운동능력이 분명하게 차이가 날 경우 적합(이질적 학생집단 구성의 경우)

㉡ 학급을 몇 개의 소집단으로 구분한 다음 유사한 과제로 구성된 활동에 참여(단, 각 소집단이 참여하는 과제의 수준은 서로 다름)

> 앞구르기, 다리 벌려 앞구르기, 뒤구르기, 다리 벌려 뒤구르기 목표수준 – 각 목표에 대한 연속 구르기 횟수

(2) 학생 흥미에 근거한 수업구조

① 다양한 과제유형이 1가지 목표를 가진 경우

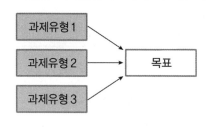

㉠ 학생이 유사한 운동기능 수준을 가지고 있지만, 신체활동에 대한 흥미가 서로 다른 경우 적합

㉡ 학생들은 다양한 과제활동에 참여하지만 동일한 과제목표 성취

> 축구, 배구, 농구과제유형 – 승리 목표

② 다양한 과제유형이 각 목표유형을 가진 경우

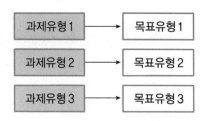

㉠ 학생이 유사한 운동능력을 가지고 있지만 상이한 흥미를 가진 학급에 적합

㉡ 학생들에게 다양한 과제활동이 주어지고 각 과제활동의 고유한 과제목표 설정

> 높이뛰기, 오래달리기, 해머던지기 과제유형 – 동작을 숙달하는 목표

(3) 학생 운동기능과 흥미에 근거한 수업구조

① 다양한 과제유형이 각 목표수준을 가진 경우

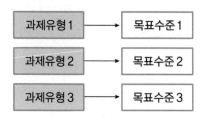

㉠ 혼성학급에 적합

㉡ 학생들은 서로 다른 과제활동에 참여하면서 제공된 각각의 과제목표수준에 도달

> 남학생 달리기, 여학생 걷기 – 1000m 달리기, 800m 걷기

② 다양한 과제수준이 다양한 목표유형을 가진 경우

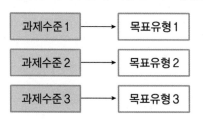

㉠ 학생의 운동기능 수준과 흥미의 수준이 서로 매우 다른 학습에 적합

㉡ 학생들에게 다양한 과제수준의 활동이 제공되고 각 과제수준은 서로 다른 과제활동 목표 설정

Section 11 수업관리 기술

01 서언

수업관리의 필요	• 학생통제와 수업관리의 목적은 '좋은 학습환경 조성' • 학생 성취력 증진을 위한 참여 시간 증대 • 절차와 규칙 개발, 관리 시간 감소, 예방적 관리전략 활용
관리 시스템의 중요성	• 수업 운영과 관리 시간 절약으로 학업 시간 증대

유능한 체육교사는 학습에 방해되는 행동을 예방할 수 있는 수업 운영 구조를 개발하여 학생들이 학습과제에 집중하도록 유도한다. 체육수업을 효율적으로 운영하는 데 있어 학생들에게 기대하는 상규적 활동(routine)과 규칙의 확립은 무엇보다 중요하다. 학생들이 정한 루틴과 규칙에 따라 행동하도록 책무성을 부여하는 동시에 학생들의 적극적인 협조를 얻어야 한다.

02 절차와 규칙 2022년 초등 10번

1. 절차 개발	① 상규적 행동, 즉 빈번히 발생하고 수업의 흐름을 방해하거나 저지할 가능성이 있는 모든 종류의 학생 행동 관리
	② 설명, 피드백, 시범 사용하여 절차에 대한 구체적 지도
	③ 절차 연습 기회 제공
	④ 행동수정 기법 적용

절차의 유형	• 정렬	• 준비운동	• 주목/조용	• 집합장소
	• 교사주목	• 집합	• 분산	• 장비수거
	• 시작	• 구역	• 종료해산	• 정리

2. 규칙 개발	① 여러 상황에 대한 일반적 기대 행동
	② 공정성과 일관성 있는 적용
	③ 바람직하지 못한 행동과 바람직한 행동 모두 포함
	④ 구두 설명, 학급 벽이나 운동장, 체육관에 게시
	⑤ 위반사례 제시와 규칙위반에 대한 처벌

규칙제정 원칙	• 간단하고 명확히 설정
	• 학생의 연령 수준에 적합한 언어나 기호로 전달
	• 5~8개 사이 내용 범주
	• 긍정적인 어법으로 긍정적 실례와 부정적 실례 모두 제공
	• 학교의 규칙과 일관성 유지된 수업규칙 제정

규칙범주	• 안전과 타인 존중
	• 수업환경 존중과 동료학생 학습 지원
	• 최선

03 수업 운영 및 수업 관리 시간(managerial time)

1. 관리 시간 개념	① 학생활동을 조직하고 다음 과제로 이동하는 등과 같이 내용과 관련 없는 활동에 사용한 총 시간 ② 내용에 대해 설명하지 않는 시간, 시범이 주어지지 않는 시간, 과제연습이 이루어지고 있지 않은 시간, 학생활동에 대한 관찰이 이루어지고 있지 않은 시간 **관리에피소드** • 관리에피소드는 한 단위의 관리 시간으로 설정 • 한 건의 관리에피소드는 교사가 시작한 하나의 관리 행동으로 시작하여 다음 내용설명(과제전달)이나 연습활동(학습활동)이 시작되기 전까지의 시간 • 총 관리 시간 = 전체 관리 에피소드 건수 + 대기 시간(+이동 시간)
2. 관리 시간 감소	① 학습 시간 증대와 수업 방해적인 행동 발생 가능성 감소에 의존 ② 집합, 분산 및 시작에 관련된 절차의 엄격한 적용 ③ 과제의 초점 변경, 학생들이 한 과제에서 다른 과제로 전환, 팀별 코트 전환, 경기 중 선수교체 상황 등에서 이동 시간 감소 ④ 관리적 상호작용 활용과 관리 행동의 관리체계 수립·유지 ⑤ 효과적 관리체계 수립

💡 시덴탑(Siedentop)의 학습자관리전략(부적절한 행동 감소 기술)

2010년 9번 / 2015년 A 2번 / 2018년 A 1번 / 2022년 B 4번 / 2024년 B 9번

삭제훈련	• 학생이 어떤 특정한 행동에 관여하지 않은 데 대한 보상 설명 도중 떠들지 않았거나 동료와 다투지 않은 것에 대하여 칭찬하거나 점수를 주고, 그 점수가 목표에 도달되면 특혜 제공
적극적 연습	• 학생이 부적절한 행동에 참가할 때마다 일정한 횟수의 적절한 행동 지시 기구를 올바르게 치우지 않았을 때 올바르게 치우기 3번 연속 지시
퇴장 (time-out)	• 위반 행동에 대한 벌로서 일정한 시간 동안 체육활동에 참가 금지 • 퇴장 시간은 측정하며 스톱워치를 측정에 활용
보상손실	• 부적합한 행동에 대한 긍정적 활동 상실 퇴장 전략, 특권 상실, 교내 스포츠와 같은 다른 활동에 참가할 수 있는 기회를 상실

♀ 시덴탑(Siedentop)의 행동수정전략 2016년 A 2번 / 2019년 B 1번 / 2021년 B 8번 / 2023년 B 3번

행동공표	개인이나 집단 또는 전체 학급에서 적용될 수반성에 대한 공식적 성명이나 발표
행동계약	학생은 자신의 행동을 정의하고 보상과 수반성 확립에 직접 참여하며 행동계약을 성공적으로 활용하기 위한 교사와 학생 그리고 제3자의 서명이 동반된 계약서 작성
바람직한 행동 게임	운영 시간 절약을 위한 모둠별 팀조직 후 적절한 행동 개선을 위한 게임과 그에 따른 보상 제공
대용보상 체계	바람직한 행동 실천에 따른 보상 물건 제공, 즉 상으로 획득한 토큰을 모아 일정 개수 이상이 되면 상품과 서비스로 교환

♀ 오스타인과 리바인(Ornstein & Levine)의 파괴적 행동 감소를 위한 효과적 교수 행동 2011년 13번 / 2019년 B 1번

신호간섭	시선의 마주침, 손 지시에 의하여 부주의한 행동을 감소
접근통제	교사가 방해 행동을 하는 학생 가까이 접근하거나 접촉하는 행위
긴장완화	긴장을 완화시키는 유머 이용
상규적 행동의 지원	스케줄 선정하여 일반적 수업 습관 이용
유혹적인 대상의 제거	운동용구와 부주의, 파괴적 행동을 조장하는 것 제거
비정한 제거	파괴적인 학생에게 물을 떠오게 하거나 심부름을 보내는 교사 행동

04 예방적 관리기법과 관리 전략

1. 개념

① 관리에 대한 최소한의 시간 소요와 긍정적이고 과제 중심적 수업분위기 조성·유지를 위한 교사 조처

② 학생 자발적 관리능력 개발 관련 조처

2. 예방적 관리기법의 유형 2016년 A 1번 / 2022년 B 4번

유형		구체적 전략
초기 활동의 통제		• 준비운동과 기타 초기연습활동 • 알림판과 교실 칠판에 활동 게시 • 정렬위치와 준비운동 내용 기재
수업의 정시 시작	출석 점검 시간의 절약	• 절차 개발로 대기 시간 감소 • 학생 직접 체크와 초기 활동을 하는 동안 공개적 출석 체크
	절차의 훈련	• 주목, 집합, 분산 행동을 위한 신호와 절차 학습 • 절차의 빈번한 상기와 빈번한 연습 • 절차 보상과 대가 조처(책임소재 규명)
	수업의 적극적 진행	• 지시·격려·열정 • 절차와 관련된 구체적인 지시신호 활용 • 격려(힘내자, 영차, 자 어서!)
높은 기대감의 전달	피드백과 상호작용 증진	• 구체적 피드백과 긍정적 상호작용 • 초기단계에서 교사는 절차를 잘 따르는 학생에 대하여 칭찬과 격려 제공
수업 흐름의 유지로 '돌발사태' 예방	관리 행동 기록	

	관리게임의 활용	• 관리게임(management game) : 행동수정기법 적용
		
		   − 구체적 행동 진술
		   − 행동수정의 수반성 처리(프리맥의 원리 활용)
		   − 조금씩 변화
		   − 단계적 변화
		   − 일관성 유지
		   − 현재 수준에서 출발
		
		• 학생 동기 유발
		• 그룹일치성 원칙(group contingency) 적용

⊘ **시덴탑(Siedentop)의 수업 운영 효율성 증진을 위한 교수기술** 2021년 A 1번 / 2025년 B 5번

최초 활동의 통제	• 학생들이 체육 시간에 알아두어야 할 기대 행동(집합장소, 수업시작 시간, 활동내용 등)을 게시하는 방법과 전시학습에서 차시예고를 하는 방법을 활용함
수업 시간의 엄수	• 수업 시간 엄수는 최초 활동의 통제와 함께 유연한 수업 진행에 효과적이며 교사와 학생은 수업 시간을 엄수함으로써 수업 운영 시간을 줄일 수 있음
출석점검 시간의 절약	• 출석점검에 사용되는 시간을 절약하여 수업지도나 연습, 경기 등에 사용한다면 수업은 보다 효과적으로 이루어짐. 학생들의 자기 서명, 수업 보조 학생을 통한 출석 점검 등을 활용하여 출석점검 시간을 절약함
주의 집중에 필요한 신호의 교수	• 신속한 신호의 교환으로 학생들에게 과제를 설명하거나 집단적 피드백을 제공할 수 있음 • 교사와 학생들 간에 신호에 대한 약속이 선행된 후, 그에 대한 연습을 통하여 상규적 활동이 되도록 하며 일반적인 신호 방법으로는 호각을 사용함
높은 비율의 피드백과 긍정적인 상호작용의 활용	• 높은 비율의 피드백과 긍정적인 상호작용을 활용하여 학생들이 신속히 수업 조직을 갖추게 하거나 활동 내용을 변화시킬 수 있음
학생 수업 운영 시간의 기록 게시	• 각 학급이 소비한 수업 운영 시간을 기록하여 추후 게시하는 방법을 사용함으로써 학생들에게 경쟁을 유도할 수 있음 • 학생 개인별 또는 모둠별, 학급별로 운영 행동(관리 행동)과 운영 시간 기록을 작성하여 공개함
열정, 격려, 주의환기의 활용	• 교사는 수업에 대한 열정을 가지고 학생들을 격려하고 수업 운영에 관련된 규칙을 수업 중에 재확인함 • 격려(hustle)는 학생의 행동에 활기를 불어넣어 주는 교사의 언어적 · 비언어적 행동이고, 주의환기(prompt)는 학습자에게 올바른 행동방법을 상기시켜 주는 교사의 언어적 행동임 • 주의환기는 학생들에게 항상 준비 태세를 갖추게 하고 수업 진행 사항에 대한 관심을 촉발시켜 주며 새로운 행동이 요구되는 초기 학습 상황에 유용함. 또한 부적절한 학생 행동이 발생하기 전에 일관성을 가지고 자주 실시하는 것이 바람직함
즉각적인 성과를 위한 수업 운영 게임의 이용	• 학생들이 하나의 게임형태 내에서 수업 운영 목표를 성취하면 그에 대한 보상을 주는 행동수정 기법인 수업 운영 게임은 정해 놓은 수업 운영 목표를 달성했을 경우 포상을 주는 게임 형태로서, 학생들의 학습동기를 유발시킬 수 있음

♡ 쿠닌(Kounin)의 예방적 관리 관련 교수기능 <small>1999년 추가 5번 / 2003년 5번 / 2020년 B 4번 / 2022년 B 4번 / 2024년 B 9번</small>

상황 파악	• 학생들이 무엇을 하고 있는지 항상 알고 있다는 사실을 학생들에게 전달하는 것 • 자신의 머리 뒤에도 눈이 있다는 것을 학생들에게 알리는 것
동시 처리	• 동시에 2가지 일을 처리하는 것 • 수업활동의 여세를 유지하면서 수업에 방해가 되는 사건을 처리할 수 있는 교사의 능력 • 본래의 주된 활동에 주의를 기울이면서 수업에 방해가 되는 사건을 손짓, 말, 눈짓 등으로 간단히 처리
유연한 수업 전개	• 수업활동의 흐름을 중단하지 않고 부드럽게 이끌어 가는 것
여세 유지	• 수업진행을 늦추거나 학생의 학습활동을 중단시키지 않고 계속해서 활력 있는 수업을 전개해 나가는 것
집단 경각	• 모든 학생들을 과제에 몰두하도록 지도하는 것
학생의 책무성	• 학생에게 수업 중 과제수행에 대한 책임감을 부여하는 것

♡ 쿠닌(Kounin)의 훌륭한 운영자의 특징

상황 이해	무슨 일이 발생하고 있는지 파악하고 적절한 시기에 정확하게 표적 행동을 발견할 수 있는 능력
제지의 명료성	수업 방해 행동에 대해서 구체적으로 지적할 수 있는 능력
동시적 처리	수업 활동을 방해하지 않고 동시에 여러 가지 일을 부드럽게 처리할 수 있는 능력

♡ 쿠닌(Kounin)의 수업흐름 관리 관련 개념 2018년 A 9번 / 2021년 B 1번

학습활동의 침해	• 학생들이 참여하고 있는 특정 활동을 부적절한 시기에 멋대로 멈추는 것	
탈선	• 수업계획에서 벗어나 계획했던 목표와 무관한 일에 빠져버리는 경우(수업과 무관한 일에 정신을 쏟는 것) • 우수한 교사는 수업을 구조화함으로써 탈선을 최소화	
중도포기와 전환–회귀	• 예정했던 결과를 획득하기 전에 중단 • 어떤 활동을 하다가 중단하고 다른 활동으로 전환하였다가 다시 최초의 활동으로 돌아오는 것을 의미	
과잉 설명	• 학생들이 이해하는 데 필요한 것 이상으로 행동하거나 설명	
세분화(분단화)	• 전체 집단이 동시에 할 수 있는 활동을 개별화하여 지도	
	활동세분화	그 자체로서 별다른 의미가 없는 활동에 지도 초점을 맞추는 것을 의미한다. 학습 과제를 지나치게 상세하게 세분화함으로써 구분된 각각의 과제 연습이 전체 과제와 어떻게 연결되는지를 알지 못하게 하는 것을 말한다.
	집단세분화	전체 집단이 동시에 할 수 있는 활동을 개별화하여 지도하게 되는 것을 말한다. 활동을 하지 않는 나머지 학생들을 오랫동안 대기하게 함으로써 효율적 교수에 방해가 된다.

♡ 윌리엄스와 아난담(Williams & Anandam, 1973)의 학생행동평가 행동유형

행동유형	특징
과제 관련 행동	수업내용과 활동에 참여하는 학생의 모든 행동(예 시범이나 학습지도를 하는 동안 교사를 주목하는 것, 적절한 태도로 활동에 참여하는 것, 참여해야 할 시간에 참여하는 것, 적절한 태도로 학습지도에 응하는 것)
적절한 사회적 상호작용	학습활동을 저해하지 않는 학생 간 상호작용 또는 학생-교사 간 상호작용(예 웃음, 격려, 다른 학생과의 대화)
과제에 이탈 행동	어떤 행동을 해야 될 때 참여하지 않고 다른 학생을 혼란시키거나 방해하지 않음(예 서서 돌아다니는 것, 멍하니 응시하는 것)
방해 행동	학습활동을 방해하는 행동(예 대열의 학생을 밀치는 행동, 적절하게 학습에 참여하는 학생들을 방해하는 행동, 교사가 시범 보이거나 학습지도하는 동안 잡담하는 행동)

Section 12 체육수업의 생태 2017년 B 7번 / 2025년 B 5번

체육수업 생태란 전형적으로 하나의 체계에서 발생되는 변화가 다른 체계의 변화에 영향을 미치는, 서로 상호작용하는 무수한 체계들로 구성된다. 생태는 1가지 또는 그 이상의 체계가 방해를 받거나 어떤 변화를 경험하게 되면 정교한 균형이 파괴된다. 우리가 살고 있는 자연 환경이 생태적 체계로서 이해될 수 있듯이 체육교수학습 역시 생태적 체계의 관점에서 이해될 수 있다.

01 체육수업 생태의 과제체계

과제란 목표와 그 목표 달성을 위한 일련의 활동으로 정의된다. 체육수업은 운영 관련 과제체계, 학습 관련 과제체계 및 사회적 행동 관련 과제체계의 3가지 중요한 과제체계들로 구성되어 있으며, 이러한 3가지 과제체계들이 상호작용하여 체육수업의 생태를 형성하게 된다.

1. 사회적 행동 과제체계	• 학생들이 체육수업에서 의도하는 사회적 상호작용과 관계 관련 • 친구와 배구 시합에 즐겁게 참여하는 것에서부터 수업에 지장을 주는 행동에 이르기까지 다양 • 운영과제와 학습과제처럼 공공연히 전달되는 것이 아니라 학생들 간에 은밀히 또는 교묘하게 전달 어떤 학생들은 학습과제체계의 범위 내에서 서로 사회적으로 상호작용하는 법을 찾는가 하면, 다른 학생들은 학습과제체계에 방해되는 사회적 상호작용을 추구한다.
2. 운영과제체계	• 체육관 입실, 출석점검, 이동, 수업 조직, 용구 배치, 과제 종사, 규칙 준수, 수업 종료 등과 같은 다양한 운영과제들로 구성 학습과 무관하지만 교사와 학생이 서로 협력하며 활동하기 위해 수행해야 할 과제로 교사가 "다섯을 셀 때까지 배구 연습에 필요한 네 팀으로 나누세요."라고 지시하는 것
3. 학습지도 과제체계	• 연습 수행, 게임 참가, 체력 증진, 시험, 사회적 또는 정서적 발달을 위한 활동 등과 같은 모든 학습과제들로 구성 교과 관련 활동으로 교사가 "2명씩 짝을 지어 서로 5m 떨어진 거리에서 언더핸드 패스 연습을 하세요."라고 학생에게 학습지도 과제를 전달

02 생태적 모델의 주요 개념

생태학적 모형은 현장 교사의 실제 수업을 분석하여 개발한 모형으로 도일(Doyle)이 처음 개발하여 시덴탑(Siedentop)이 체육수업에 적용하였다. 과제체계란 교사가 운영과제체계와 학습과제체계에 대해서 학생들에게 어떤 책임을 부과하는 것이며, 학생들의 사회적 행동에 대한 교사의 책무성 역시 중요하지만, 사회적 행동과제체계에 대한 책무성은 주로 운영과제체계와 학습과제체계의 범위 내에서 사회적 관계를 유지하기 위하여 부과된다. 만약 그러한 사회적 행동과제체계가 운영과제체계와 학습과제체계를 위협할 때에는 교사가 개입하여 그것을 통제하고 조정하여 그 방향을 수정토록 한다.

1. 타협의 정의	• 타협은 과제의 수행조건이나 기준을 변화시키기 위한 노력으로 정의 • 교사가 어떤 학습지도 과제를 제시하면, 학생들은 그 과제의 모호성이나 모험을 감소시키기 위하여 교사와의 타협을 시도
2. 과제체계 내 타협	• 체육수업에서 과제 타협은 학생들의 질문에 의한다기보다는 연습 중 과제를 수정함으로써 과제 요구를 타협 • 교사가 어떤 학습과제를 제시하면 학생은 수행하지만 가끔 제시한 과제와 다르게 수정하여 실행 학생들에게 두 사람이 짝을 지어 20m 떨어진 거리에서 머리 위 20cm 이상 벗어나지 않도록 언더핸드 패스 연습을 하라는 과제를 제시하였다고 가정하자. 기능 수준이 높은 학생들은 교사가 제시한 진술과제가 너무 쉬우므로 간격을 더 벌려 큰 포물선을 그리는 패스를 주고받는다. 그에 반해 기능 수준이 낮은 학생들은 과제가 너무 어렵게 느껴져 거리를 좁힌 다음 공의 높이에 신경 쓰지 않고 패스를 주고받는다. 어떤 학생들은 공이 자기 어깨 수준이나 그보다 높게 날아오면 언더핸드 패스 대신 오버핸드 패스를 한다. 학생들의 이와 같은 과제 수정 행동에 대해 교사가 어떻게 반응하느냐에 따라 학생들이 수행하는 실제 과제가 달라지고, 그 과정을 통해서 학생들은 교사가 제시한 과제를 어느 정도 수정할 수 있는지 파악하게 된다. 나아가 교사가 제시한 과제를 얼마나 수정하면 과제 외 행동으로 지적받지 않고 수정할 수 있는지도 파악하게 된다. 학생들은 가끔 사회적 행동체계에 대해서도 타협을 한다. 학생들은 친한 친구를 찾아 짝을 짓고, 자기가 좋아하거나 자기 팀에 도움이 되는 학생을 합류시키려고 노력한다. 이와 같은 행동은 대개 학습지도과제에 가려져 있으며, 사회적 관계를 맺기 위해 은밀하게 이루어진다.

3. 과제체계 간 타협	• 과제 타협은 1가지 과제체계 내에서뿐만 아니라 체육수업의 생태계를 구성하는 3가지 과제체계들 간에도 일어남 • 교사는 학생들의 적극적인 협력으로 학급의 질서가 유지되도록 하는 데 일차적 관심 • 수업의 생태적 균형이 유지되기 위해서는 과제체계 간 다양한 방법의 타협 필요 • 교사는 학생들로부터 운영과제체계의 협력을 얻기 위해 학습과제체계의 요구를 경감해 주거나 필요할 경우 그들의 사회적 행동과제체계를 일정한 범위에서 수용함 • 학생들이 운영과제체계의 요구에 협조하는 한 학습과제의 수행을 중단하고 사회적 행동과제에 참여하는 것을 수용

> 학습과제체계의 요구와 운영과제체계의 요구 간에 적절한 타협을 하게 된다. 예를 들어 학생들이 지정된 체육복을 착용하고 정시에 출석하여 바람직하게 행동만 하면 높은 성적을 얻을 수 있다. 이런 경우 교사의 일차적 목표는 학생들을 요구 과제에 충실하게 하는 것이 아니라 어떤 수업활동에든 오직 열심히 참여하도록 하는 데 있다.

Section 13 교수기능의 체계적 개발과 효율적 교수

01 교수 연습법 2002년 3번 / 2008년 7번 / 2019년 A 1번 / 2024년 A 6번

유형	특징과 절차
1. 1인 연습	• 자신이 혼자 거울을 보거나 비디오 녹화를 통해 교수기능 개선 • 사용하는 언어 교정에 유용 • 적절한 단어 구사 능력, 비언어적 의사소통방법, 칭찬방법 개선
2. 동료 교수 (peer teaching)	• 소집단의 동료모의수업 • 적합한 발문, 피드백, 시범, 매체 사용 등과 같은 교수기능 향상 초점 • 비디오 사용으로 관찰, 평가, 피드백의 정보 교환 가능
3. 축소 수업 마이크로티칭 (microteaching)	• 제한된 범주, 1가지 구체적인 내용, 소수의 학생들 대상 • 실제 학생 활용으로 현장 접근성 유용 • 비디오(마이크로필름 사용) 촬영
4. 반성적 교수 (reflective teaching)	• 반성적 토의를 통해 교수에 관한 이해력 함양과 수업 통찰력 증진 **절차** 학생 6~8명 구성 소집단 ⇨ 각 집단에서 1명의 교사 선택 ⇨ 선택된 교사들에게는 가르칠 내용 제공(학습자가 사전에 경험하지 않은 내용 선정) ⇨ 지정된 시간(보통 10~15분) 수업 종료 ⇨ 과제 학습 정도에 관한 학생능력 평가 ⇨ 그룹 교사의 교수방법 평가 ⇨ 가르친 교사들의 교수법에 관한 반성
5. 현장에서의 소집단 교수	• 실제적 상황에서 수업상의 부담을 줄인 상태로 실제 학생 대상으로 교수기능 연습 • 학생의 수는 보통 5~10명, 10~20분 정도 단위 수업 • 수업내용 지도와 관련된 교수기능 연습에 유용
6. 현장에서의 대집단 단시간 교수	• 수업 운영이나 수업 조직과 관련된 교수기술 향상 • 전체 학생 대상, 5~10분 정도의 제한된 시간 연습 • 수업의 시작, 수업장비 준비와 처리, 효과적인 학생 이동, 수업운영과 수업조직능력 연습
7. 실제 교수	• 실제로 수행하는 교수실습 • 다양한 교수기능에 대한 실제 적용 연습

02 시덴탑(Siedentop)이 개발한 교수기능의 발달단계 2019년 A 1번 / 2023년 B 3번

단계와 명칭	특징
1. 초기 곤란	• 초임교사가 수업 초기에 겪는 단계 • 상호작용, 칭찬 제공에 어려움을 겪는 단계 • 1인 연습, 동료 교수를 통한 개선
2. 다양한 기능의 학습	• 발문, 피드백, 시범, 칭찬, 매체의 활용 단계 • 다양한 방법 피드백 제공, 정열, 학생 칭찬, 비언어적 행동 사용 숙달
3. 동시적 처리 방법의 학습	• 1가지 기능을 습관적 사용 가능한 숙달성 • 수업 운영과 조직하는 교수기능 개선과 동시에 피드백 제공, 과제 제시 방법 등과 같은 기능을 수업에 활용하는 단계
4. 교수기능의 적절한 이용에 관한 학습	• 교수기능을 적절하고 정확하게 수업에 적용하는 방법을 학습하는 단계 • 구체적 목표 설정, 과제 제시, 피드백 제공 등이 숙달되는 단계 • 칭찬 제공 시기와 대상 학생 파악 능력
5. 자신감과 예측력의 습득	• 학생이 보이는 반응과 기능이 어떠한 효과를 미쳤는지를 알 수 있게 되는 단계 • 쿠닌(Kounin)의 '상황 파악' 능력 획득 단계

03 효율적 교수의 특징

1. 로젠샤인(Rosenshine)과 프러스트(Frust)의 학업 성취도와 관련된 변인 2007년 추가 8번 / 2024년 B 9번

변인	개념
명확한 과제 제시	학습지도, 시범, 토론 등이 학생들에게 명확히 전달되는 것뿐만 아니라 명확한 과제 전달에 의한 시간의 절약까지를 의미한다.
교사의 열의	의심할 여지없이 긍정적 학습 분위기를 조성하는 데 기여할 뿐만 아니라 활발한 학습을 진행하는 원동력으로 작용한다.
수업활동의 다양화	지루함을 막아줌으로써 학생들이 학습내용에 몰두할 수 있게 만든다.
과제 지향적 교수 행동	수업내용이 분수계산이든, 언어학습이든, 줄넘기든, 축구든 간에 교육이 가장 중시하는 목적은 교과학습을 중요시하는 것을 의미한다. 교과학습은 우수교사가 가장 중요하게 여기는 변인이다.
수업내용	교과를 강조하는 변인이다. 교과에 투자한 시간이 많으면 많을수록 전체 시간 가운데 학생이 학습에 투자한 시간이 증가하게 된다.

2. 우수 교사와 비우수 교사의 차이(Medley) 1998년 1번

영역	우수 교사	비우수 교사
수업 분위기	• 비난을 거의 하지 않는다. • 비판을 적게 한다. • 칭찬을 많이 한다. • 긍정적인 동기 유발을 한다.	• 비난을 많이 한다. • 비판을 많이 한다. • 칭찬을 적게 한다. • 부정적 동기 유발을 한다.
학생 행동의 관리	• 수업 중단 행동을 적게 한다. • 수업 관리 시간이 적다. • 학생 행동을 구조화한다.	• 수업 중단 행동을 많이 한다. • 수업 관리 시간이 많다. • 학생 행동을 구조화하지 않는다.
학습과제의 운영	• 학습활동 시간이 많다. • 전체 학생에 일제 수업을 실시한다. • 교사의 감독을 받지 않는 학생 개인 활동이 거의 없다.	• 비학습활동 시간이 많다. • 소집단 및 개별 수업을 실시한다. • 교사의 감독을 받지 않는 학생 개인 활동이 많다.

Section 14 학습 분석

01 학습지도 분석도구

1. 교수 및 교수 결과의 사정

(1) 시덴탑(D. Siedentop)의 완전교수 사정 모델 변인 2021년 A 7번

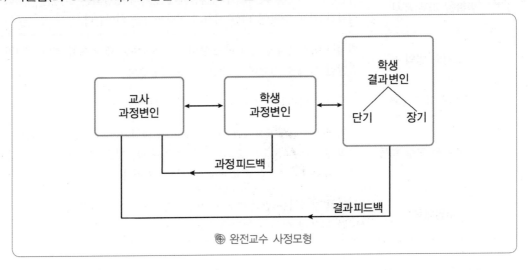

● 완전교수 사정모형

변인	유형
교사과정변인	학습지도, 피드백 제공, 부적절한 행동의 제지, 적절한 행동의 칭찬과 같은 교사의 교수 행동을 포함한다. 또한 수업조직, 수업 운영, 이동 행동 지원, 수업방해 행동의 통제 등은 교사과정변인에 포함된다. 교사과정변인에 대한 사정은 교사의 학습지도 행동과 직접적으로 관련이 있으며, 교사가 학생들을 직접 가르치는 행동을 관찰하여 수집한 자료로 이루어진다.
학생과정변인	관찰의 초점을 교사에서 학생에게로 전환한다. 이 사정 범주는 학생들의 학습 기여 행동이나 학습방해 행동과 관련이 있으며, 이동에 걸리는 시간, 수업 중 이탈 행동, 학습 시간, 연습 기회, 과제집중 시간, 교사설명의 경청 등과 같은 행동들이 이 범주에 포함된다.
학생결과변인	학업성취, 학습자에게 나타난 학습과 성장의 증거 등으로, 우리에게 익숙한 기능습득, 경기능력의 향상, 체력의 향상, 스포츠에 대한 이해력 증진, 체육에 대한 태도 변화 등이 이 사정 범주에 포함된다.

2. 던컨과 비델(Dunkin과 Biddle)의 교수 연구 모델

사전 변인	• 교수 과정에 영향을 미치는 여러 특징들을 분석하는 것과 관계가 있다. • 교사의 연령, 성, 물리적인 조건, 내용에 관한 지식, 시험 능력, 교육적인 배경, 동기, 태도 등과 같은 변인이다.
환경 변인	• 교사가 조정해야 하는 조건들과 관계가 있다. • 학습자의 기능 수준, 체육에 대한 태도, 사회 경제적 위치와 역할, 체육관이나 운동장의 규모, 사용 가능한 용구의 양과 종류, 지역사회, 교육과정 등과 같은 변인이다. 학습자, 환경, 학교 및 지역의 특징을 포함한다.
과정 변인	• 실제적인 교수 활동과 관계가 있다. • 학생들이 과제를 수행하는 데 소비한 시간, 교사 지시에 대한 학생들의 반응, 특정한 교수 행동 등과 같은 변인이다. 운동 수행에 대한 단서, 피드백, 지시, 평가, 개별화를 위한 노력, 그리고 교사, 학생, 그리고 교사와 학생의 상호작용을 포함한다.
결과 변인	• 교수의 결과와 관계가 있다. • 심동적 · 인지적 · 정의적 학습 활동에 대한 결과로, 운동 기능의 테스트에서 나타나는 수행 수준, 자아에 대한 태도, 활동에 대한 지식, 체력 수준 등을 포함한다.

3. 체육과 관련된 학습 시간 2005년 5번 / 2006년 4번 / 2008년 초등 14번 / 2011년 11번 / 2012년 10번 / 2022년 A 5번

학습 시간의 유형		학습 시간의 개념
AT	명시적인 학습 시간	학습 가능한 시간으로 공식적으로 설정된 시간
MT	운영 시간	이동 시간 + 대기 시간 + 학생 행동 통제 시간
TOT	과제참여 시간	과제 활동에 집중한 시간
ALT	실제학습 시간	적절한 과제를 성공적으로 수행한 시간 실제학습 시간은 학습자가 성공적으로 경험하면서 학습과제에 집중하는 시간의 양으로 정의되며 학습자 자신의 과제집중, 성공적인 과제 난이도, 과제관련성의 개념을 포함한다. 따라서 실제학습 시간은 학습 성취도를 측정하는 기준으로 활용된다. 학습 참여 기회(opportunities to respond : OTR)란 제시된 과제에 대한 학습자반응기회로 높은 비율의 OTR은 학생들이 제시된 과제에 적절하고 성공적으로 반응하고 있는 비율이 높다는 것을 의미한다.

02 교수활동 측정도구 2025년 B 5번

교수기능은 지도연습을 실제로 관찰하며 피드백 정보를 제공받을 때 가장 효율적으로 향상시킬 수 있다. 체계적 관찰로 교수기능을 향상시키기 위해서는 교수기능 향상 목표를 가지고, 실질적인 지도경험을 통해 성취 여부를 확인할 수 있어야 한다.

변인	관찰대상
개별 교사·학생 행동의 사정	• 개별 행동은 시작과 끝이 분명하고 단기적으로 발생하는 단일 행동이다. • 체육수업에서 일어날 수 있는 개별 행동 　－ 교사나 학생이 제공하는 피드백, 학생의 반응, 교사의 발문, 학생의 수업방해 행동 등 　－ 학습의 초기 단계에서 사용하면 유익한 정보 획득 　－ 발생한 횟수를 세거나(빈도, 비율) 경과된 시간으로 측정 어떤 교사가 학생들이 12분 동안 스포츠 기능을 연습하고 있는 동안 24회의 스포츠 기능 향상에 필요한 피드백을 제공하였다면 그는 1분당 2회의 피드백을 제공한 셈이 된다. 교사가 분당 제공한 피드백 횟수는 수업의 길이가 다른 수업에서 다른 교사가 제공한 피드백 횟수와 쉽게 비교할 수 있는 장점이 있다. '가' 교사는 50분 수업에서 스포츠 기능 관련 피드백을 30번 제공하고, '나' 교사는 45분 수업에서 같은 유형의 피드백을 25번 제공하였다면 '가' 교사는 분당 0.6회의 피드백을 제공하고, '나' 교사는 분당 0.5회의 피드백을 제공한 것이다. 두 교사의 수업 시간과 피드백 제공 횟수가 다르므로 분당 비율로 전환하지 않으면 어느 교사가 피드백을 더 많이 제공하였는지 정확하게 파악하기 어렵다. 그러나 두 교사가 각기 주어진 수업 시간 동안 제공한 피드백을 분당 회수로 전환하면 쉽게 비교 평가할 수 있다.
교수 단위의 사정	• 수업 운영, 수업 조직, 학습지도 등과 같은 교수 단위에 대한 정보 • 교수 단위는 2가지 이상의 개별 행동들로 구성된 분석 단위로 사정 • 수업의 중요한 과정을 파악하는 데 필요한 정보를 제공하는 교사 행동과 학생 행동의 조합 • 중요한 교수 단위로 운영에피소드, 이동에피소드, 학습지도에피소드 등이 있음 운영에피소드는 체육교사가 수업을 시작하여 다음 교수활동을 시작하기 전까지 소비한 전체 시간을 말한다. 예를 들어 전체 학습을 4개의 모둠으로 나누어 A조－B조, C조－D조가 게임을 하고 있을 때, 교사가 호각을 불어 게임을 중단시키고,

	조를 바꿔 경기를 재개하라고 지시하였다면 교사가 경기를 멈추기 위해 호각을 부는 시점부터 학생들이 조를 바꿔 경기를 시작하는 순간까지 소비한 시간을 운영에 피소드라고 할 수 있다. 어떤 수업에 소비한 총 운영 시간은 각 운영에피소드에 소비한 시간 전체를 합한 시간이다. 이 시간을 보면 수업이 얼마나 효율적으로 운영되었는지 알 수 있다.
교수 단위의 사정	이동에피소드는 한 장소에서 다른 장소로 이동하거나 이탈한 공이나 용구 등을 회수하는 데 소비한 전체 시간을 말한다. 이동에피소드는 두 팀이 코트를 서로 바꿀 때, 학생들이 한 장소에서 다른 장소로 이동할 때, 1가지 연습을 마치고 다른 연습으로 전환할 때 발생한다. 체육수업 시간에 1가지 신체활동을 하든지, 여러 가지 신체활동을 하든지 흔히 여러 번의 이동에피소드가 발생하게 된다. 각 이동에피소드에 소비한 시간이 많지 않을 수도 있지만 그것들을 합치면 전체 수업 시간의 상당부분을 차지한다. 따라서 가능하면 이동에피소드를 줄이고 각 이동에피소드에 소비한 시간을 최대한 감소시키면 수업 운영의 효율성을 크게 향상시킬 수 있다.
	학습지도에피소드는 체육목표와 관련된 내용을 가르치고 학습하는 데 소비한 전체 시간을 말한다. 학습지도에 중요한 교수 단위는 '교사 촉진-학생 반응-교사 피드백' 사이클이다. 이와 같은 교수 단위는 운동기능의 향상이나 경기전략의 향상을 목표로 하는 수업에서 자주 발견되는 학습지도 사이클이다. 예를 들어 교사가 "스윙할 때 어깨를 낮게 유지해"라고 간단하게 학생들을 자극하거나 반응을 촉진시킨다. 학생들은 교사의 촉진 내용을 생각하며 과제를 수행한다. 교사는 학생들의 반응을 관찰한 다음 "훨씬 낫군, 어깨를 낮게 잘 유지하는구나" 등과 같은 피드백을 제공한다.

	• 준거과정변인은 학업성취를 예측할 수 있는 측정 가능한 변인 • 학생들의 학습활동에 대한 직접적인 증거를 제공하는 학습과정변인에 해당됨 • 실제학습 시간과 반응기회는 중요한 준거과정변인에 해당됨
준거과정 변인의 사정	

실제학습 시간 (Academic Learning Time : ALT)	학생들이 학습목표와 관련된 과제에 성공을 경험하며 소비한 시간으로 학생들이 과제에 적극적으로 참여해야 한다는 것과, 학습목표와 관련된 과제에 참여해야 한다는 것, 그리고 성공을 경험해야 한다는 것을 포함함
반응기회 (Opportunity to Response : OTR)	학생들이 과제를 적절히 성공적으로 반응한 횟수로 여기서 '적절한' 반응은 주어진 과제의 핵심요소를 잘 수행하였다는 의미이며, '성공적' 반응이란 교사의 기대에 합치되는 반응을 하였다는 의미

1. 전통적 교수 사정 방법

(1) 직관적 관찰

① 구체적인 내용을 관찰하려는 의도나 형식 없이 진행

② 교수/코칭 행동에 대한 주관적 판단

③ 학교 현장에서 사용하고 있는 것은 수업의 개선점을 쉽게 파악

④ 구제적인 대상 없이 편리하게 수업을 관찰

⑤ 특별한 사전 훈련 없이 쉽게 사용

⑥ 상황만을 관찰할 수 있는 체계적 관찰과 달리 제한 없는 관찰로 예측하지 못한 소중한 학습 지도 관련 자료나 정보를 수집 가능

'수업을 잘 조직하는군' 또는 '학생들이 알아듣도록 설명해야지' 등과 같이 수업을 주관적으로 판단하거나 평가한다. 따라서 직관적 관찰을 평가 목적으로 사용할 때에는 보다 구체적이고 객관적인 자료를 제공하는 체계적 관찰과 함께 사용해야 한다.

(2) 목견적 관찰

① 형식적인 기록 없이 관찰

② 장학사나 관리자 등 외부 관찰자가 일정 시간 수업을 관찰한 다음, 그 결과를 교사에게 전달하거나 이에 대해 서로 논의하는 것

③ 관찰 행동을 정의하여 체계적으로 관찰, 기록하는 방법과 함께 사용될 경우 유용

④ 외부 관찰자가 수업 내용을 문서로 요약하거나 점검표 등에 기록하지 않고, 기억된 내용을 중심으로 수업이나 학습지도 활동에 대해 논의

(3) 일화적 기록

학생	홍길동	수업내용	농구
교사	이도령	관찰자	김삿갓
날짜	5월 16일	차시	3차시

길동은 앉아서 교사의 수업 시작을 기다린다. 농구 수업이 시작되자 이 교사는 학생들에게 농구의 체스트 패스에 관해 설명한다. 홍길동은 바로 옆에 선 주성에게 말을 건넨다. "언제 시합해?" 교사는 농구의 체스트 패스에 관한 설명을 마친 다음 두 사람이 한 조가 되어 패스할 장소를 찾는다. 대부분의 학생들은 적절한 연습 장소에서 교사의 지시에 따라 일정한 거리를 유지하여 체스트 패스를 주고받는다. 교사는 연습 장소를 찾지 못한 학생들에게 빨리 자기 공간을 찾아서 연습하도록 재촉한다.

① 발생한 사건에 대한 관찰자의 주관적 가치판단을 가능한 한 배제하여 객관적·사실적으로 기술
② 기록된 내용은 다양한 관점에서 분석 가능
③ 간과되기 쉬운 환경적 영향들을 사실적으로 기술하여 전체적인 관점에서 이해
④ 상세한 기록으로 인한 엄청난 양의 자료를 분류하는 데에는 많은 시간이 필요
⑤ 수집된 자료의 정확한 분석을 위해서 고도의 통찰력과 분석력 요구

(4) 점검표(체크리스트)

① 사건과 행동의 발생 여부에 관한 기록

② 응답방식 : 예/아니오, '우수', '보통', '미흡' 등

③ 점검표의 각 문항을 상세하고 구체적으로 정의하여 사용할 경우 유익한 정보 수집

④ 점검표를 잘 사용하면 운동기능의 향상뿐만 아니라 친사회적 행동을 개발하는 데에도 도움

♀ 점검표

배영 기능의 형태적 분석		예	아니오
동체	둔부가 수면과 평행을 유지하는가?		
머리	머리를 고정시키고 좌우로 흔들지 않는가?		
	귀의 일부가 물에 잠길 정도로 머리를 약간 뒤로 젖히는가?		
손	손가락들이 잘 결합되어 있는가?		
회복 팔	어깨가 귀를 스치며 회전하는가?		
	회전하는 쪽 어깨가 수면보다 약간 높이 유지되는가?		
	새끼손가락부터 입수되는가?		
당기기	어깨 밑에서 전완을 90도 구부리는가?		
	대퇴의 부위에서 손목의 스냅을 주는가?		
다리	고관절을 중심으로 킥을 하는가?		
	무릎이 수면 위로 올라올 정도로 구부리지 않는가?		
	아래쪽으로 킥을 할 때 발가락이 수영장 바닥을 향하는가?		
	위쪽으로 킥을 할 때 발가락이 수면을 가르는가?		

(5) 평정척도

① 사건이나 행동에 관한 질적 판단을 양적 기술

② 스포츠 지도자나 학습자 행동의 적절성, 운동기능 향상 정도, 반응의 창의성, 운동기능의 형태적 특징 등에 관한 자료 수집에 적합한 도구, 즉 복잡 미묘한 현상을 포괄적으로 평가하는 것보다는 불연속 행동을 관찰, 기록하는 데 적합한 관찰 방법

③ 관찰 가능한 불연속 행동 기록에 적합

④ 선택점이 적을수록 높은 신뢰로운 자료 수집 가능하나 정확성은 감소

⑤ 3단계, 5단계, 7단계 평정척도의 일반적 사용

⑥ 질적 판단을 양적으로 표현하여 신뢰성 높은 자료를 수집하는 데에는 한계

⑦ 각 단계에 대한 구체적인 정의와 명확한 준거설정 요구

(6) **루브릭** 2013년 10번 / 2021년 B 7번 / 2024년 초등 11번

① 부여할 점수를 미리 결정하여 다양한 차원의 행동을 한꺼번에 관찰

② 학습자의 운동수행 능력을 다차원적으로 관찰하고 사정하는 일종의 평정척도(rating scale)

③ 사전에 우수, 보통, 미흡 또는 3＝우수, 2＝보통, 1＝미흡과 같은 수치로 운동수행의 질을 결정하고 그에 따른 평가

④ 학생들이 성취해야 할 학습 결과를 구체적으로 제시하고 그것에 대한 성취 여부 평가 가능

⑤ 루브릭은 교사에게는 무엇을 평가해야 하는지 상세히 알려주고, 학생에게는 어떤 노력을 더해야 하는지 구체적으로 파악 제공

⑥ 성취 목표를 전체적으로 파악한 다음 수행 수준을 명확하게 설정하고, 각 수행 수준에 부여한 점수가 타당한지 신중히 검토

⑦ 루브릭은 운동수행 능력뿐만 아니라 지필 테스트 등을 통해 인지 능력을 사정할 때에도 사용 가능

💡 **골프 스윙 수업에서의 대안 평가와 루브릭 사례**

- **실시자 :**   • **관찰자 :**
- **평가 지식 :** 골프 스윙의 주요 요소 분석 능력
- **평가 과제 :** 파트너를 정한다. 한 사람은 '드라이버'로 스윙을 10번 하고, 다른 사람은 각 스윙을 관찰하여 주요 요소를 평가하여 체크리스트에 기록한다. 관찰자의 평가는 교사의 평가와 비교한다. 10번씩 스윙하고 역할을 바꾼다.

주요 평가 요소	1	2	3	4	5	6	7	8	9	10
1. 자세와 정렬										
2. 그립										
3. 백스윙										
4. 타격 지점										
5. 팔로 스루										

- **스윙 후 점수 기입**
  3점 – 요소가 완벽할 때, 2점 – 요소가 거의 완벽할 때, 1점 – 요소가 부정확할 때
- **관찰자용 루브릭 점수**(교사의 루브릭 점수와 일치할 때마다 각 분석 항목에 1점씩 부여, 최대 50점)
  45~50 : 매우 우수, 40~44 : 우수, 35~39 : 보통, 25~34 : 미흡, 24 이하 : 매우 미흡

⑺ 상호작용 분석 시스템(Cheffers Adaptation of FIAS : CAFIAS)

① 행동 범주를 교사 행동과 학습자 행동으로 구분하고 각 행동이 일어나는 순서에 따라 기록함

② Flanders 상호 분석 체계(FIAS)는 최초의 상호작용 분석 체계로 교사와 학습자 간의 언어적 상호작용 패턴을 기술하기 위해서 개발되었으나, 현재는 수업 분위기의 측정을 위해 사용되고 광범위하게 사용됨

③ 교사의 직접 또는 간접적인 영향과 그러한 행동의 결과로 나타나는 학습자 반응의 유형을 기술할 수 있으며 관찰 결과는 행동을 기술하기 위해 사용된 행동 범주의 범위와 계열성에 관한 기록임

④ 행동 범주에서 변화가 발견되거나 발견되지 않을 때 3, 5 또는 10초 간격으로 행동을 기록함

⑤ 사건의 발생 빈도, 행동 패턴의 계열성인 행동 연쇄 또는 행동 에피소드를 기록하여 사건들 간의 관계를 분석할 수 있음

⑥ 포괄적인 범주들을 계획하는 데도 상당한 시간이 필요하며, 신뢰롭게 사용하는 방법을 학습하는 데 시간이 요구되어 실용성이 저하되는 단점을 지님

2. 체계적 관찰방법 1999년 2번

(1) 체계적 관찰의 과정

① 관찰내용의 결정	
② 관찰내용의 정의	
③ 관찰도구의 선정	• 행동이나 사건의 반복성 　　　　　• 행동의 지속성
④ 관찰자 간 신뢰성의 확립	• 일치란 두 관찰자가 같은 행동을 보거나 듣고 기록한 전체 관찰을 의미 • 사건 기록, 지속 시간 기록 등에 대한 관찰자 간 일치도는 사례 수나 지속 시간이 적은 수나 시간을 많은 수나 시간으로 나눈 다음 100을 곱하면 구할 수 있다. • 어떤 학생이 한 시간 동안 다른 학생들과 얼마나 바람직한 상호작용을 하는지 확인하기 위해 사건 기록으로 자료를 수집한 결과, 한 관찰자는 바람직한 상호작용을 14회 관찰·기록하고, 다른 관찰자는 12회 관찰·기록하였다면 두 관찰자 간 일치도는 대략 85%이다. $$일치도 = \frac{작은\ 수}{큰\ 수} \times 100 \qquad \frac{12회}{14회} \times 100 ≒ 85\%$$

④ 관찰자 간 신뢰성의 확립	• 동간 기록과 순간적 시간표집 기록을 사용할 때에는 두 관찰자가 각 동간이나 시간표집에 대해서 수집한 자료가 얼마나 일치하는지 계산하여 신뢰도를 측정해야 한다. • 관찰자 간 신뢰도를 측정하기 위해 두 관찰자가 각 동간을 기록한 표적 행동을 비교하여 일치한 동간과 불일치한 동간을 확인한 결과, 두 관찰자가 일치되게 기록한 동간은 89개 동간이고, 불일치하게 기록한 동간은 11개 동간이었다. 두 관찰자 간 일치도는 89%이다. $$일치도 = \frac{일치}{일치 + 불일치} \times 100 \qquad \frac{89}{89 + 11} \times 100 = 89\%$$
⑤ 관찰의 실제	• 피험자 반동의 가능성 고려 • 비디오나 녹음기 장비는 학생 시선이 미치지 않는 장소에 설치 ♡ 체계적인 관찰법의 장단점 **장점** • 객관적인 자료 수집 및 관찰할 행동 범주를 정의하여 결정함 • 관찰 가능한 행동을 직접 관찰함 • 기초자료와 지속적인 자료의 비교를 통해 교수기능 개선에 도움 • 장학의 자료로 활용 가능 **단점** • 행동 범주에 대해 명확한 정의를 내리지 못하면 신뢰성이 저하됨 • 시간과 인력이 요구됨 • 조작적으로 정의된 행동 범주만 관찰함으로써 수업의 단면만 관찰할 가능성이 내재함 • 예견치 못한 중요한 장면을 관찰할 수 없는 경우가 발생됨

(2) **사건기록법** 2007년 8번 / 2009년 8번 / 2018년 A 9번

① 사건이나 행동의 반복성 측면에 관한 자료 수집

② 사건의 발생 횟수 기록과 불연속 사건에 대한 발생 빈도 기록

③ 협동심, 경쟁적 노력, 스포츠맨십, 공격성의 개념이 관찰 가능한 행동으로 정의되었을 때 사건기록으로 관찰과 기록

교사	홍○○	날짜	10월 3일	학교	합격 고등학교
활동	육상	시작 시간	9시 5분	종료 시간	9시 40분
관찰지속 시간	35분	관찰자	교사 김○○		

정의	1. 운동수행 결과에 대한 구체적인 정보의 제공 2. 운동수행 결과에 대한 일반적 정보의 제공 3. 운동수행을 제외한 행동을 격려 또는 지원하는 일 4. 행동을 제지시키는 말

결과	행동	1. 긍정적 피드백 (구체적)	2. 긍정적 피드백 (일반적)	3. 사회적 행동의 칭찬	4. 사회적 행동의 제지
	횟수	///// ///// ///// /	///// ///// ///// ///// ///// ///// ///// ///// ///// ///	///// //	///// ///// ///// ///
	합계	16	58	7	23

자료요약	행동	전체빈도	분당비율
	1. 긍정적 피드백(구체적)	16	.45
	2. 긍정적 피드백(일반적)	58	1.65
	3. 사회적 행동의 칭찬	7	.20
	4. 사회적 행동의 제지	23	.65

코멘트	• 사회적 행동 칭찬 빈도의 증가 • 제지 시 단호함이 요구됨

(3) 지속 시간 기록법 ^{2020년 B 4번}

① 행동이나 사건이 지속적일 때 사용

② 운동활동에 소비한 시간, 설명한 시간, 출석 점검 시간, 학생 기다리는 시간에 대한 기록

교사	김○○	날짜	3월 11일	학교	합격 중학교
활동	소프트볼	관찰시작 시간	2시 10분	관찰종료 시간	2시 38분
관찰지속 시간	28분	관찰자	교사 홍○○		
정의	1. 운영(운) : 학습지도와 무관한 활동에 소비한 시간 2. 이동(이) : 수업과 관련된 조직 활동에 소비한 시간 3. 지식(지) : 운동기능의 학습과 관련된 정보를 수용하는 시간 4. 게임(게) : 학습된 기능을 경기상황에서 응용하며 소비한 시간				

결과
운 이 지   이   게   이   게   이   게 지   게
이   게   이   자   이   게   지   게
운   게   이 지 게   이   게

전체 시간	구분	전체 시간	구분	백분율
	1. 운영	0 : 56(분/초)	1. 운영	3.3%
	2. 이동	6 : 26(분/초)	2. 이동	22.9%
	3. 지식	5 : 15(분/초)	3. 지식	18.7%
	4. 게임	15 : 23(분/초)	4. 게임	54.9%

코멘트
• 팀 구성 절차의 확인 • 이동신호의 사용이 게임 이동 시간의 단축에 효과적임 • 경기 중 정보 전달 시간을 극소화하려는 노력이 적중

지속 시간 기록은 관찰자가 원하는 정보에 따라 전체지속 시간 기록과 개별지속 시간 기록의 2가지 절차로 이루어진다. 전체지속 시간 기록은 어떤 행동이나 사건이 발생한 전체 시간을 누적적으로 기록한다. 전체지속 시간 기록에서는 어떤 행동이 시작되면 초시계를 작동시키고, 행동이 멈추면 초시계를 멈추며, 같은 행동이 다시 시작되면 초시계를 다시 작동시키는 방법으로 특정 행동의 전체 시간을 측정한다. 개별지속 시간 기록은 어떤 행동이 시작되면 초시계를 작동하고, 그 행동이 끝나면 초시계를 멈추고 측정한 시간을 지속 시간 기록지에 옮겨 적는다. 동일한 행동이 다시 시작되면 '0' 상태에서 그 행동을 다시 측정하여 기록지에 옮겨 적는다.

(4) 동간 기록법 2007년 8번

① 일정한 간격 내에서 행동의 발생 여부 측정

② 전체 관찰 시간을 같은 크기와 짧은 간격으로 분할 기록, 즉 전체 관찰 시간을 똑같은 크기의 짧은 간격으로 분할하여 각 동간 내에 어떤 행동이 발생하였는지를 기록

③ 간격의 길이는 보통 6~30초의 크기

④ '10초 관찰, 5초 기록', '5초 관찰, 5초 기록', '7초 관찰, 3초 기록'으로 동간 크기 설정

⑤ 관찰자가 사건의 발생 여부를 확인하는 데 숙달될수록 관찰 간격의 크기는 감소

⑥ 동간이 너무 크면 한 동간 내에 2가지 이상의 행동 발생

⑦ 행동의 빈도와 지속 시간에 관한 정보가 동시 수집 가능한 이점

교사	김○○	학습활동	배구	관찰자	최○○	차시	5/12
관찰시작	10:00	관찰종료	10:30	관찰지속 시간	30분	날짜	9월 5일

표적행동의 정의	학습정보 수용 시간(정)	신체활동과 무관한 학습활동에 참여한 시간
	신체활동 시간(신)	신체활동이나 운동에 참여한 시간
	수업조직 및 이동 시간(이)	학습활동에 필요한 조직 구성이나 이동에 소비한 시간
	수업운영 시간(운)	학습활동과 직접 관련이 없으나 출석 점검 등 수업 운영에 필요한 시간
	대기 시간(대)	운동 차례를 기다리거나 한 과제를 완수하고 다음 과제 수행을 기다리는 시간
	과제이탈 시간(탈)	주어진 과제 외의 활동을 하거나 학습과 무관한 활동에 소비한 시간

결과

```
        1분         2분         3분         4분         5분
 운 - - - - - - 이 - - - - - - 운 - - - - 신 - - - - - - - -
        6분         7분         8분         9분        10분
 신 - - 대 - - - - 탈 - - - - 신 - - - - - - - 대 - - - 이 - -
       11분        12분        13분        14분        15분
 이 - - - - 정 - - - - 신 - - - - - - - - - - 탈 - -
       16분        17분        18분        19분        20분
 탈 - - 신 - - - - - 이 - - - - 대 - - - - - 신 - -
       21분        22분        23분        24분        25분
 신 - - - - 정 - - 신 - - - - - - - 대 - - - 탈 - -
       26분        27분        28분        29분        30분
 신 - - - - - - - 정 - - 신 - - - - - - - 이 - -
```

	표적행동별 전체 동간		각 표적행동의 발생비율
자료요약	학습정보 수용 시간	17	$17 \div 180 \times 100 = 9.4\%$
	신체활동 시간	88	$88 \div 180 \times 100 = 48.9\%$
	수업조직 및 이동 시간	26	$26 \div 180 \times 100 = 14.4\%$
	수업운영 시간	12	$12 \div 180 \times 100 = 6.7\%$
	대기 시간	21	$21 \div 180 \times 100 = 11.7\%$
	과제이탈 시간	16	$16 \div 180 \times 100 = 8.9\%$
코멘트	• 대기 시간의 증가로 과제이탈행동이 발생함 • 비언어적 지시나 격려를 잘 하고 있음 • 수업조직능력이 뛰어남		

동간 기록은 교사 행동, 학생 행동, 실제학습 시간 등을 관찰·기록하는 데 성공적으로 사용되어 왔다. 각 동간의 길이가 짧을수록 타당한 자료를 수집할 가능성이 높다. 그러나 관찰시간과 기록 시간을 별도로 정하면 한번에 많은 행동에 관한 자료를 수집할 수 있는 장점이 있다. 결국, 표적행동의 발생 빈도와 지속 시간, 자료 수집의 목적, 관찰자의 관찰 경험 등을 고려하여 단서를 결정해야 한다.

(5) 시간표집(time sampling) 2007년 추가 4번 / 2010년 3번 / 2022년 B 4번

　① 일반적으로 사용되는 동간의 길이는 1~10분

　② 동간의 크기는 전체 관찰 시간과 필요한 표집의 수에 의해서 결정

　③ 각 동간이 종료되는 순간에 자료 수집

　④ 플라책(Placheck; 집단적 시간표집)의 경우에는 전체 학습자에 대한 퍼센트 계산

　⑤ 수업 관찰 중 규칙적인 시간 간격에서 학생들을 신속하게 둘러보고 어떤 행동에 참여하는 학생 수 기록

피관찰자	김동배	관찰자	박유천	관찰지속 시간	20분
관찰시작	9:00	관찰종료	9:20	학습활동	육상

표적행동의 정의	주의 집중	교사의 시범이나 설명에 주의를 기울이는 행동
	과제 종사	운동과 무관한 학습활동에 참가하는 행동
	운동과제 종사	교사가 제시한 학업 관련 신체활동에 참가하는 행동
	과제 이탈	진행 중인 학습활동과 무관한 활동에 참가하는 행동

표적학생

◇ 김명철

(분)					5					10					15					20	계
주의 집중	✓					✓											✓	✓			4
과제 종사			✓	✓						✓	✓	✓							✓		6
운동과제 종사					✓				✓												2
과제 이탈		✓				✓	✓	✓					✓	✓			✓	✓			8

◇ 이수봉

(분)					5					10					15					20	계
주의 집중					✓				✓					✓							3
과제 종사			✓						✓	✓	✓										4
운동과제 종사				✓													✓	✓			3
과제 이탈	✓	✓	✓			✓		✓	✓				✓	✓			✓				10

◇ 박병도

(분)					5					10					15					20	계
주의 집중		✓											✓								2
과제 종사			✓			✓							✓	✓							4
운동과제 종사				✓			✓				✓										3
과제 이탈		✓		✓		✓	✓	✓		✓			✓	✓	✓	✓	✓				11

자료요약

구분	김명철	이수봉	박병도
주의 집중	$4 \div 20 \times 100 = 20\%$	$3 \div 20 \times 100 = 15\%$	$2 \div 20 \times 100 = 10\%$
과제 종사	$6 \div 20 \times 100 = 30\%$	$4 \div 20 \times 100 = 20\%$	$4 \div 20 \times 100 = 20\%$
운동과제 종사	$2 \div 20 \times 100 = 10\%$	$3 \div 20 \times 100 = 15\%$	$3 \div 20 \times 100 = 15\%$
과제 이탈	$8 \div 20 \times 100 = 40\%$	$10 \div 20 \times 100 = 50\%$	$11 \div 20 \times 100 = 55\%$

⊘ 동간 기록과 시간표집의 차이

동간 기록	관찰 활동은 동간의 시작에서부터 끝날 때까지 계속
시간표집	각 동간이 종료되는 순간에 관찰한 행동이나 사건 기록

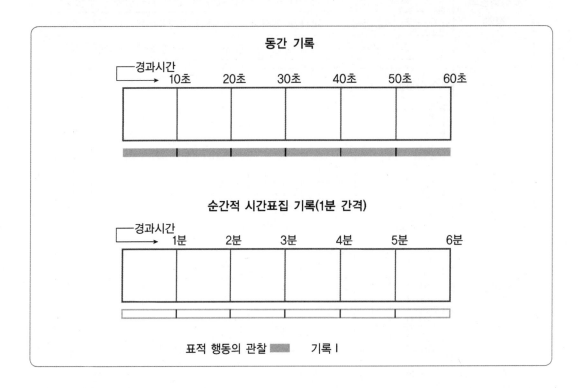

순간적 시간표집	이어폰을 통해서 단서가 주어지면 1분 동안 김명철 학생을 관찰·기록하고, 다음 단서가 주어지면 두 번째 학생인 '이수봉' 학생을 1분 동안 관찰하며, 다시 단서가 주어지면 세 번째 학생인 '박병도' 학생을 1분 동안 관찰한다. 세 번째 학생에 대한 관찰이 끝나면 다시 첫 번째 학생을 관찰하는 방식으로 관찰을 계속한다.
집단적 시간표집	과제에 열심히 참가하는 학생과 그렇지 않은 학생에 관한 자료를 수집해야 한다면 열심히 참가하지 않는 학생들보다 열심히 참가하는 학생들이 많으므로 열심히 참가하지 않는 전체 학생들을 10초 이내에 훑어보고, 표적 행동에 참가하는 인원을 세어 기록한다.

Section 15 수업 장학

01 수업 장학의 유형

장학의 유형을 분류하는 방법은 장학의 발달 과정과 학자의 관점, 활동, 그리고 내용에 따라서 다양하다. Glatthorn(1984)은 효과적인 장학의 방법을 선택하는 데 있어서 교사의 경험이나 능력을 포함한 개인적 요인에 대한 고려가 있어야 한다고 주장한다.

1. 임상장학 (clinical supervision)	① 스스로 성장하고자 하는 교사 자신의 필요에 의하여 교수기술을 향상시키고자 하여 장학담당자의 도움을 요청할 정도로 아주 건전하다는 전제하에서 출발된 것 ② Y이론의 입장에서 교사를 선하게 본다는 점 ③ 교사의 능력을 개발하여 교사를 행복하게 해 주자는 인간자원 장학의 철학을 밑바닥에 깔고 있는 교사중심장학 ④ 장학담당자는 교장, 교감, 외부장학요원과 외부전문가가 포함됨 ⑤ 임상장학은 장학담당자와 교사 간의 계획된 관계 속에서 공식적으로 이루어짐
2. 동료장학 (peer supervision)	① 두 명 이상의 교사가 서로 수업을 관찰하고, 관찰사항에 관하여 상호조언하며, 서로의 전문적 관심사에 대하여 토의함으로써 자신들의 전문적 성장을 위해 함께 연구하는 공식화된 과정으로 정의됨 ② 동학년 단위 또는 동교과 단위로 수업 연구과제의 해결이나 수업 방법의 개선을 도모하기 위한 수업연구 활동, 공동 관심사나 공동 과제, 공동 문제의 해결이나 개선을 위해 협의하는 것들이 동료장학의 전형적인 유형임 ③ 상호 간의 정보, 아이디어 또는 조언을 주고받는 공식적·비공식적 행위도 광의의 동료장학에 해당함
3. 자기장학 (self-supervision, self-directed supervision)	① 임상장학을 필요로 하지 않거나 원하지 않는 교사가 혼자 독립적으로 자신의 전문성과 성장을 위하여 스스로 체계적인 계획을 세우고 이를 실천하는 과정 ② 자기장학의 교사 자신이 스스로 장학활동을 하는 동시에 장학의 대상이 됨
4. 확인장학 (administrative monitoring)	① 교장이나 교감이 잠깐 동안 비공식적으로 학습을 순시하거나 수업을 관찰하는 불시 방문장학(drop-in supetvision)을 통하여 교사들에게 지도·조언을 제공하는 과정 ② 장학의 주체는 교장, 교감이 되며 일반교사들을 대상으로, 계획수립 단계, 실행 단계, 결과활동 단계로 구분하여 장학활동을 실천함

5. 요청장학	① 형식적이고 상투적이며 연례 행사적인 장학에 대한 반작용으로 나온 것
	② 일선 학교나 교사가 장학의 필요성을 느껴 장학자를 초청함으로써 이루어지는 장학으로 장학의 내용이나 장학방법상의 분류라기보다는 장학이 이루어지는 원인이나 형식에 의한 분류
	③ 교사주도·학교주도의 장학으로서 선진국 장학의 중심
	④ 장학은 장학담당자의 필요에 의하여 이루어지기도 하지만 적극적인 의미에서는 교사의 필요에 의하여 이루어지는 것

02 교사의 전문성 성장 유형

1. 형식적 성장	① 인정된 기관이 개설하는 교육과정을 이수하는 과정을 통해서 이루어짐
	② 교육과정을 체계적으로 이수하는 학위과정이나 자격과정
	③ 형식적 교육은 주로 대규모 기관에서 이루어지며 체육교사들이 선택하고 있는 대표적인 과정으로는 대학의 학위과정, 교육청이 주관하는 연수과정, 대학이 개설하는 교사 연수과정, 학회가 주관하는 교사연수나 워크숍 등이 있음
	④ 우리나라의 형식적 교육과정으로 여가스포츠 지도사 과정, 전문스포츠지도사 과정, 각 경기단체가 주관하는 코치자격 과정 등이 있음
2. 무형식적 성장	① 인정된 대규모 교육기관의 밖에서 제공받을 수 있는 학습 기회로 비교적 단기간에 자발적으로 참여하면서 이루어짐
	② 소수의 특정 그룹에 초점을 맞추고, 정규 수업의 형식을 취하지 않음
	③ 형식에 구애받지 않고 단기간에 고도의 기술이나 지식을 전수받을 수 있는 기회가 됨
	④ 무형식적 교육의 예로는 코칭 콘퍼런스, 세미나, 워크숍, 코칭 클리닉 등이 있음
3. 비형식적 성장	① 정해진 교육과정을 이수하지 않고 일상적인 배움의 형식으로 전문 지식을 얻게 되는 경우
	② 자신의 경험을 내관하거나, 멘토링하거나, 동료와 소통하거나, 인터넷을 검색하거나, 관련 서적을 탐구하는 등의 과정을 통해서 전문성을 신장하는 경우
	③ 자기 주도적 학습(self-directed learning)은 일종의 비형식적 성장이라고 할 수 있음
	④ 시간에 구애받지 않고 비용에 대한 부담 없이 자신이 원하는 스케줄에 따라 전문성을 키워나갈 수 있는 장점이 있음
	⑤ 스포츠과학 비디오를 시청하거나, 자신 또는 다른 사람의 코칭을 녹화하여 분석하거나, 스포츠 저널을 구독하면 비형식 교육으로도 형식적 교육 못지않은 교사 전문성 향상 효과를 기대할 수 있음

MEMO

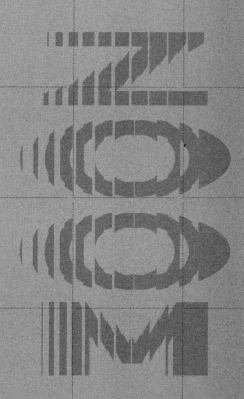

권운성 ZOOM 전공체육

스포츠교육학

PART

02

체육수업 방식

맥락 적합 수업 체제

Section 01 교수 스타일과 수업 체제의 차이

수업 체제는 교사가 학습지도를 위해 수업을 다양하게 조직하는 것을 말하며 수업 체제가 바뀌면 그에 따른 학생 역할이 달라진다. 이에 반해 교수 스타일은 학습지도 및 수업 운영 분위기를 말한다. 교수 스타일은 교사와 학생의 상호작용 행동을 보면 쉽게 파악할 수 있다. 교사의 교수 분위기는 부정적인 분위기일 수도, 긍정적인 분위기일 수도 있으며, 중립적인 분위기일 수도 있다. 교사가 학생들과 상호작용하는 수업 분위기는 경쾌할 수도 평온할 수도 있다. 교사는 매우 도전적이거나 지원적일 수 있으며, 도전적인 동시에 지원적일 수도 있다. 학생들은 교사가 학급 전체, 모둠 또는 개인과 어떻게 상호작용하느냐에 따라 다른 경험을 하게 된다. 이처럼 교사가 학생들과 다양하게 상호작용하는 특징을 종합해 보면 한 교사의 독특한 스타일을 발견할 수 있게 된다. '따뜻한', '배려하는', '사무적인', '부담스런', '냉담한' 등과 같은 용어들은 교수 스타일을 설명할 때 자주 사용하는 개념들이다.

수업 체제와 교수 스타일은 기본적으로 동일한 개념이 아니다. 우리는 과제 중심 수업 체제나 문제해결 수업 체제, 효율적인 수업 체제에서 교사가 학생들을 조용히 지원하는 평온한 교사의 모습을 볼 수 있다. 다른 수업 체제에서는 경쾌하고 역동적인 교사를 발견할 수 있다. 즉, 같은 수업 체제에서 다른 교수 스타일로 인해 따뜻한, 배려하는, 냉담한 등과 같은 다양한 수업 분위기가 연출될 수 있다.

Section 02 수업 체제의 적합성

누가 과제를 주도하느냐에 따라 수업 체제는 교사 주도 수업 체제와 학생 주도 수업 체제로 구분된다. 이 두 수업 체제 간의 관계는 위계적 관계라기보다 적합성의 여부를 결정하는 선택의 문제라고 할 수 있다. 각 수업 체제는 주어진 맥락, 수업의 목표와 결과, 학습 성취 목표, 학습내용, 학습자에 대한 기대, 교사의 전문성 등에 따라 적절하거나 적절하지 않을 수 있다. 교사는 이러한 문제들을 신중하게 고려하여 교사 주도 수업 체제나 학생 주도 수업 체제를 선택해야 한다.

체육수업 방식의 유형

Section 03 적극적 수업(active teaching)

초보 수준의 학생들을 가르칠 때 가장 효과적인 지도 방법은 능동적 교수이다. 능동적인 교사는 학생들에게 실현 가능한 것을 기대하면서 열정적으로 가르치고, 학생들에게 운동 수행에 대한 강한 책무성을 부여하는 지원적 수업 분위기를 조성하는 교사이다. 또한 학급 전체나 소모둠을 대상으로 직접 교수법으로 가르치고, 유도 연습을 통해서 중요한 오류를 수정하며, 자신의 수업 장학하에 개인 연습이 이루어지도록 한다. 능동적 교수에서는 유인물을 사용하는 대신 교사가 직접 학습과제를 전달하며, 수업 진도는 교사의 통제 아래 빠르게 진행된다. 학생들은 충분한 학습 기회를 제공받고, 높은 비율의 성공을 경험한다. 능동적인 교사는 유능한 수업 운영자로서 다양한 수업 운영 루틴으로 과제 이탈 행동과 수업 방해 행동을 예방하고, 학생들에게 최적의 학습 시간을 제공하기 위해 노력한다. 또한, 능동적 교수는 구조화된 교과를 가르치는 데 매우 효과적인 수업 체제이다. 따라서 교사는 수업 내용을 선택하고, 학습 진도를 조정하며, 수업을 작은 단계로 나누어 계열성 있게 진행한다. 이와 함께 교사는 학생들의 학습활동을 적극적으로 감독하며 피드백을 제공하거나 평가한다.

개념	동일 용어	• 상호작용 교수, 직접적 교수, 명시적 교수, 능동적 교수 체제
특징		• 교사 중심 수업전략 • 낮은 인지 수준의 질문 제기 • 학생 과제 활동 중 교사의 적극적 감독 • 집단 지도 상황에서 계열화된 과제를 교사 주도로 진행 • 학생 행동 관리 구조화 • 가장 일반화된 교수전략으로 학습경험의 상호작용 • 내용의 선택, 과제의 전달, 내용의 발달, 피드백과 평가 제공에 대한 교사 책임 • 초등학교 학생과 초보단계 학생을 대상으로 하는 수업에 효과성 발휘
장단점	장점	• 교사 주도의 효율적 수업 • 학습자의 반응에 기초하는 교사의 행동 가능 • 학습경험의 상호작용 증대 • 내용의 즉각적 확인과 조정 • 구조화가 잘 되어 있는 내용에 효과적 사용
	단점	• 교사의 철저한 계획성 요구 • 학습 진행에 능동적인 교사 참여로 전문성 부재 시 피드백 제공과 평가 곤란

Section 04 과제식 수업(task teaching)

2003년 초등 11번 / 2009년 2차 3번 / 2010년 3번 / 2021년 A 7번 / 2025년 B 3번

체육수업에서는 학생들이 1가지 이상의 과제를 동시에 연습해야 하는 경우가 발생된다. 이런 경우 과제 교수 체제로 수업을 진행하면 매우 효과적이다. 과제 교수는 학생들이 서로 다른 학습과제를 동시에 연습하도록 학습환경을 조직하는 것이다. 과제 교수는 스테이션 교수라고도 한다. 그러나 과제 교수는 스테이션 없이도 진행할 수 있으므로 스테이션 교수를 과제 교수의 하위 범주라고 주장하는 학자들도 있다.

과제 교수는 학습 장비나 공간이 부족할 때 유용하게 사용할 수 있는 수업 체제 또는 전략이다. 하지만 과제 교수를 불충분한 장비나 공간에 국한시켜 생각할 필요는 없다. 근력 향상이나 테니스 수업에서도 과제 교수 체제를 도입할 수 있다. 근력의 균형 있는 발달을 가져오기 위해서는 몇몇 중요한 근육 군에 대한 운동을 규칙적으로 해야 한다. 테니스의 경우 게임에 기본이 되는 몇 가지 핵심 기초 기능을 규칙적으로 연습해야 한다. 두 활동 모두 교사 통제하에 모든 학생들이 같은 시간에 동일한 과제를 수행하는 능동적 교수 체제로 수업을 진행할 수도 있지만, 여러 가지 근력 운동 과제와 테니스의 핵심 기초 기능을 각 스테이션을 돌면서 연습하게 할 수도 있다.

과제 교수는 교사가 각 스테이션의 수행 과제를 직접 전달하기 어려운 수업 체제이다. 그럼에도 불구하고 각 스테이션의 수행 과제를 장황하게 직접 설명하는 교사들이 있다. 그렇다고 각 스테이션의 수행 과제를 교사가 절대 설명할 수 없다는 것은 아니다. 각 스테이션의 수행 과제가 간단하고 학생들이 쉽게 기억할 수 있는 내용인 경우 교사가 직접 설명할 수도 있다. 때로는 활동의 초기에 능동적 교수 체제에서 각 스테이션의 수행 과제를 소개한 다음 수업을 진행하면서 과제 교수 체제로 전환하는 것이 더 효율적일 때도 있다. 이렇게 하면 교사가 각 스테이션을 방문하여 직접 설명하거나 시범 보일 필요 없이 학생들은 자기 스테이션에서 무엇을 어떻게 수행해야 하는지 알고 연습에 임할 수 있다.

과제 교수 수업 체제를 선택하는 대부분의 교사들은 학생들을 위한 과제 카드나 각 스테이션에 필요한 과제 포스터를 개발하여 사용한다. 과제 카드나 포스터를 사용하면 각 스테이션에서 수행할 과제를 간단하게 설명할 수 있다. 과제 카드를 나누어 주거나 포스터를 게시하면 교사의 직접적인 관여 없이 과제 카드나 포스터를 통해 필요한 학습 정보를 획득하여 연습할 수 있게 된다. 이것은 간단한 과제나 학생들에게 익숙한 과제에 적용하면 더욱 효과적이다.

과제 교수 수업 체제의 또 다른 장점은 수업 전에 학습 공간을 미리 준비할 수 있다는 점이다. 예를 들어, 학생들이 축구의 기능이나 전략을 익히는 데 도움이 되는 학습 용구·기구나 장비가 필요하면 능동적 교수 체제에서는 과제가 바뀔 때마다 학습 용구나 장비를 준비하거나 설치해야 한다. 하지만 과제 교수 체제에서는 일단 학습 장비나 용구·기구를 설치하면 수업이 끝날 때까지 해체하지 않고 활용한다. 한 스테이션에는 문전 공격에 필요한 기능과 전략을 연습할 수 있도록 가상의 방어 선수를 플라스틱 원뿔로 설치하고, 다른 스테이션에서는 미드필드에서 문전으로 쇄도하는 데 필요한 기능과 전략을 연습하기 위해 원뿔을 설치할 수 있다. 또 다른 스테이션에서는 공격 선수 5명과 방어 선수 5명이 미니 게임으로 미드필드 공격과 문전 공격 연습에서 익힌 기능과 전략을 연습할 수 있도록 작은 축구 경기장을 설치할 수 있다. 마지막 스테이션에서는 축구의 공격과 방어 전략을 분석할 수 있는 컴퓨터를 설치한 다음 각 스테이션을 차례로 로테이션 하는 수업을 전개할 수 있다.

과제 교수 수업 체제의 가장 큰 단점은 과제를 단계적으로 진행하는 것이 쉽지 않다는 것이다. 만약 과제 교수를 위해 6개의 스테이션을 준비하였다면, 6개 스테이션 모두 수업시작과 동시에 로테이션을 하는 데 따른 문제가 발생할 수 있다. 스테이션 1부터 스테이션 6까지 과제를 단계적으로 진행해야 한다면 어떤 학생들은 어쩔 수 없이 과제 수행의 마지막 단계인 스테이션 6을 마친 다음 과제 수행의 첫 단계인 스테이션 1로 이동해야 하는 문제가 발생할 수 있다. 따라서 과제 교수 체제는 단계적으로 발전하는 학습과제를 수행하는 데 적합한 교수 체제라고 할 수 없다.

과제 교수 수업 체제를 활용하는 교사들은 대개 학생들이 어떤 신호에 따라 스테이션을 로테이션하도록 하고 있다. 그러나 25회 등과 같은 연습 횟수나 5번의 성공적인 공격 등과 같은 연습의 기준을 만족시키면 로테이션을 하도록 할 수도 있다. 기준을 만족시켜야 다른 스테이션으로 이동할 수 있기 때문에 일부 스테이션에 학생들이 집중되어 장비나 용구가 부족하거나 그에 따른 적극적인 과제 참여가 어려운 상황이 발생할 수 있다는 단점도 존재한다.

과제 교수 수업 체제를 활용하기 위해서는 학생들의 자기 통제 기능이 갖추어져 있어야 한다. 교사는 다른 수업 체제에서 학생들이 개인 연습을 할 때 장학을 하는 것처럼 각 스테이션을 장학 또는 관리할 수 있다. 학생들이 자기 통제 기능을 잘 갖추고 있으면 스스로 배정된 과제를 열심히 수행하므로, 교사는 학생들을 관리·통제하는 시간을 절약하여 다른 지도활동을 위해 유익하게 사용할 수 있다.

과제 교수 체제는 과제의 수행 환경, 과제, 과제의 성공 또는 완수 기준을 명확히 제시해야 효율적으로 운영될 수 있다. 또한 과제 교수 체제에서는 교사의 적극적인 장학도 중요하지만 개인이 점수를 누적적으로 획득하여 받는 '개인 보상'이나 모둠 전체가 로테이션하면서 획득하는 점수와 같은 '집단 보상' 책무 체계를 활용하면 수업을 보다 효율적으로 운영할 수 있다.

학생들에게 일련의 농구 활동을 소개하고 연습할 기회를 제공한 다음 체육관을 다섯 구역으로 나누어 스테이션을 설치한다. 학생들은 농구 단원을 4개월 동안 학습하면서 아래와 같은 5개의 스테이션을 로테이션한다.

- 벽에 대고 바운드 패스하고 잡기
- 드리블하고 패스하기
- 파트너가 슛한 볼 리바운드 잡기
- 바스켓을 향해 슛하기
- 파트너가 패스하는 볼 받아 슛하기

개념	동일 용어	• 스테이션 교수, 코너식 수업, 과제 교수
	수업의 형태	• 둘 또는 그 이상의 과제들이 동시에 진행되도록 학습환경을 정리한 형태의 수업 • 학생들이 동시에 서로 다른 학습과제를 연습하기 위한 수업환경 조직
특징	선택 조건	• 수행 내용, 수행 조건, 수행 방법, 성공을 알려주는 척도 제시 • 독립적인 연습 기능이 사전에 학습되어야 사용 가능
	내용의 선택	• 교사가 수업 전 과제 결정 • 넓은 공간을 필요로 하는 과제와 넓은 공간을 필요로 하지 않는 과제를 혼합 운영 상황 • 능력을 고려한 학습 개별화 가능 • 유사한 과제들을 짧은 시간 동안 다양한 방법으로 연습시켜 학생 동기 유발 • 결과지향 과제 선택
	과제의 전달	• 포스터나 과제 카드를 통하여 간단하고 단순한 설명 • 각 스테이션에 고학년 학생들이나 동료 배치
	내용의 발달	• 학생들이 이미 경험한 단순한 내용 연습
장단점	장점	• 과제의 발달이 크게 강조되지 않는 결과 지향적 과제에 적합 • 학습 용구가 충분하지 않은 상황에 적합 • 여러 가지 다른 기능 연습으로 시간 절약과 동기 유발 • 관찰과 피드백 제공 증진 • 내용을 충분히 배울 수 있는 방식으로 물리적 공간을 미리 준비 • 학습에 능동적 참여
	단점	• 동일한 난이도를 유지하지 못하면 한 스테이션에 몰리는 정체현상 발생 (계열화된 과제의 경우 과제 진척 문제 발생) • 폼을 강조하는 과정 지향적 과제는 전달과 책무성 체계의 확립이 어려워 부적합 • 새로운 기능이나 복잡한 기능 학습에 부적합 • 학생 책무성(동기 유발, 평가관리체계) 기법 부재 시 수업 운영에서 문제 발생

Section 05 질문식 수업(teaching through questions)

발문 교수 체제는 학생들이 목표 성취를 위해 노력하도록 유도하는 질문을 하거나 해결해야 할 과제를 질문 형식으로 제시하는 수업 체제를 말한다. 발문 교수 수업 체제는 학생들에게 움직임 또는 움직임 개념을 가르칠 때 사용하는 수업 체제이다. 학생들에게 움직임을 가르칠 때 사용하는 발문 교수 수업 체제는 대개 교사가 전체 학생들을 대상으로 발문을 하기도 하지만, 교사가 주도적으로 수업을 이끌어가므로 일종의 능동적 교수라고도 할 수 있다. 교사의 발문은 대부분의 경우 세련과제나 확대과제와 관련하여 사용하지만, 교사의 시범이나 설명을 재현하지 않고 학생 각자가 다양하게 반응할 수 있는 과제에 대해서도 사용한다.

발문 교수 체제에서는 과제를 어떻게 제시하느냐에 따라 학생의 역할이 달라질 수 있다. 능동적 교수에서는 과제를 기술할 때 과제의 수행 조건, 과제, 수행 기준을 신중하게 결정한다. 그러나 발문 교수 수업 체제에서는 과제 수행 조건과 성공, 완수의 기준은 제시하지만 과제 수행 자체는 학생들이 탐구하거나 해석하여 결정한다. 예를 들어, 교사가 학생들에게 '자기 연습 공간에서 몸의 세 부분으로 균형을 유지하는 방법을 찾을 수 있겠니?'라는 발문을 하였다면 과제를 성공적으로 수행하기 위해 몸의 세 부분으로 균형을 유지해야 하지만, 몸의 어떤 부분을 사용하여 균형을 유지할 것인지는 학생 각자가 자유롭게 결정할 수 있다. 교사는 '다른 방법으로 균형을 유지할 수 있겠니?'라는 질문을 추가적으로 할 수 있다. 이와 같은 과제는 과제의 성격상 교사가 시범 보이거나 설명한 것을 정확하게 재현하기보다 학생들이 각기 다른 방법으로 균형을 유지하는 방법을 찾는 과제일 수밖에 없다. 학생들이 구체적인 스포츠 기능을 단계적으로 숙달하는 것을 목표로 일련의 과제를 발문으로 전달하는 수업 체제는 모스톤(Mosston & Ashworth, 1994)의 유도 발견과 유사한 수업 체제가 된다.

고학년 학생들에게 발문 교수 체제를 사용할 때에는 다른 수업 체제와 결합하여 문제−해결 요소를 추가할 수 있다. 발문 교수 수업 체제를 다른 교수 체제와 함께 사용하면 대개 문제해결 접근이 될 가능성이 높다. 대부분의 신체활동이나 스포츠는 발문 교수 수업 체제로 가르칠 수 있다.

개념	동일 용어	• 인지 교수, 문제해결, 안내적 발견, 유도발견 스타일, 질문을 통한 교수, 탐구학습
	수업의 형태	• 적극적 수업의 변형으로 전체 학생을 계열화된 질문을 통하여 수업진도 조절
특징	선택 가정	• 인지적 발달을 위한 유도질문 계획 • 적극적 수업의 변형
	인지전략	• 학습과정은 학습결과만큼 중요 • 학습자들은 학습과정에서의 역할이 증대되어 상위 내용수준 학습 • 내용의 개별화 가능 • 인지전략은 수업의 조직보다 과제의 제시방법을 중요하게 생각함. 따라서 인지전략은 어떤 전략과도 함께 사용 가능
	내용의 선택	• 체육학적 지식과 움직임의 개념 • 과학적 원리
	과제의 전달	• 교사는 질문이나 해결해야 될 문제를 제기하고 학생은 스스로 탐색과 발견 • 교사는 성취수준의 기준과 연습 조건을 제시하나, 연습을 구체적으로 어떻게 할 것인지는 학생들의 해석과 창의력에 의존
장단점	장점	• 내용의 개별화 • 고등능력 향상 • 학습과정 강조
	단점	• 다양한 운동 기능 학습에서 비효율

📍 링크(Rink) 질문의 형태 2007년 7번 / 2011년 10번, 13번

회상형	• 암기 수준의 답 요구 • 대부분의 답은 '예−아니오' 수준	• 드리블할 경우 시선은 어디에 두어야 하는가? • 오른손잡이 드리블일 경우 수비할 때 어느 손이 위로 가야 하는가? • 커팅기술을 쓸 경우 어느 쪽 발을 밀어야 하는가? • 슛을 할 때 팔꿈치를 밖으로 밀어내야 하는가?
수렴형	• 이전에 배운 내용에 대한 분석과 통합적 이해 • 논리적 사고와 문제해결력이 요구 • 일정한 범위 내에서 옳고 그른 해답 존재	• 왜 상대방과 골대의 사이에 서 있어야 하는가? • 상대방이 슛을 하고 리바운드하기 위해서 오른쪽으로 움직일 때 나는 어떻게 해야 하는가?
확산형	• 문제해결을 통하여 새로운 상황에 알맞은 해결 방안을 요구하는 질문 • 옳은 답이 여러 개 가능	• 공을 가로채는 기술에는 어떤 것들이 있는가? • 키가 큰 상대팀 수비선수에게 가로막혔을 경우 어떻게 하겠는가? • 파트너와 함께 공을 주고받을 때 어떤 패스 방법들이 가능하겠는가? • 경기종료 2분을 남겨놓고 3점을 앞서고 있을 때 어떤 전략을 사용하겠는가?
가치형	• 선택, 태도 등의 표현을 요구하는 질문 • 옳거나 틀린 대답 없음	• 상대팀 선수에게 파울을 당했는데 심판이 휘슬을 불지 않으면 어떻게 하겠는가? • 경기가 끝날 무렵 상대선수에게 고의적으로 파울을 하는 것에 대하여 어떻게 생각하는가? • 내가 좀 더 좋아하는 것은 무엇인가? 점수를 많이 내는 것인가, 아니면 승리 팀에서 플레이하는 것인가?

⊙ 베어드(Baird) 발문의 범주 2007년 추가 7번 / 2025년 A 6번

회고적 발문 (recall question)	• 기억수준의 대답만을 필요로 하는 질문 • '예', '아니오'의 형태로 대답할 수 있는 대부분의 질문	• 드리블할 때 공에 시선을 두는가? • 레인(lane)에 몇 초 동안 머물 수 있는가? • 오른손잡이의 선수를 방어할 때 어느 손을 사용하는가? • 1-3-1 지역 방어 시 가장 중요한 선수는 어디에서 움직이는가?
집중적 발문 (convergent question)	• 이전에 경험했던 제재의 분석 및 통합에 필요한 질문 • 두 가지 이상의 기억항목을 적절한 방법으로 적용하는가를 요구 • 거의 대부분 '옳다', '그르다'의 대답을 요구	• 1-2-2 지역방어와 1-3-1 지역방어는 어느 점이 비슷한가? • 당신이 상대편 선수와 농구골대 중간에 서는 이유가 무엇인가? • 상대편 선수가 슛하고 리바운드하기 위해 오른쪽으로 움직일 때 당신의 역할은 무엇인가? • 드리블하고 갈 때 당신 앞에 있는 팀 동료가 길을 열어준다면 당신은 무엇을 해야 하는가?
분산적 발문 (divergent question)	• 이전에 경험하지 않은 제재의 해결에 필요한 질문 • 대답은 창조적이며, 다양한 대답들이 모두 정답 • 그 자체의 성격상 학생들로부터 다양한 대답을 창출 • 높은 수준의 문제 해결과 추론을 요구	• 키는 크지만 빠르지 않은 상대편에 대항하여 어떻게 리바운드할 수 있는가? • 패스트 브레이크 시 어떠한 방법으로 공을 패스할 수 있는가? • 빠르지만 키가 작고 힘이 부족한 상대편 선수와의 경기에서 어떤 종류의 이동공격이 좋은가? • 게임종료 3분 전에 3점을 앞섰다면 어떤 공격전환으로 이용할 것인가?
가치적 발문 (value question)	• 취사선택, 태도, 의견 등을 표현하는 데 필요한 질문 • 대답은 옳거나 그르다는 형태로 판단될 수 없음	• 방어 시 상대편 선수의 손을 잡는 것을 어떻게 생각하는가? • 게임 종료 직전 시간을 벌기 위하여 상대편의 파울을 유도하는 불가피한 경우 당신은 어떻게 할 것인가? • 당신이 파울을 얻었을 때 주심이 호각을 불지 않았다면 어떻게 행동할 것인가? • 점수를 많이 얻는 것과 팀이 승리하는 것 중에서 하나를 선택해야 한다면 어떤 것을 선택할 것이며, 그 이유는 무엇인가?

Section 06 동료 수업(peer teaching) 2003년 4번 / 2017년 B 8번

학습집단의 규모가 작을수록 학업 성취는 높게 나타나는 경향이 있으며, 또래 교수 체제야말로 가장 효과적인 수업 체제가 될 수 있다. 보통 2~3명의 학생들로 기본적 수업 단위를 구성하여 운영하는 수업 체제를 또래 교수 또는 상호보완적 교수라고 한다. 또래 교수나 상호보완적 교수는 혼자 연습하는 능력을 기르는 데 적합한 수업 체제라고 할 수 있다. 또한, 또래 교수는 문제해결에 필요한 고등 사고 능력을 기르는 데에도 유용하게 사용할 수 있는 수업 체제이다.

또래 교수는 보통 2가지 유형으로 분류할 수 있다. 1가지 유형은 기능이 우수한 학생이 기능이 낮은 학생의 운동 수행을 도와주기 위해 개인 지도를 하는 1:1 또래 교수이다. 1:1 또래 교수는 제한된 상황에서 단기간 유용하게 사용할 수 있는 교수 체제이며, 수업에서 일상적으로 사용할 수 있는 수업 체제는 아니다. 일반적으로 자주 사용하는 또래 교수는 모든 학생들이 서로 가르치고 배우는 학급 차원의 또래 교수이다.

학급 차원 또래 교수 또는 상호보완적 또래 교수는 매우 구조화된 수업 체제이며, 교사가 개발한 유인물로 학생들이 개인 지도를 한다. 개인 교수를 하는 학생은 다른 학생들에게 기능, 지식, 전략을 가르칠 수 있는 기회를 갖게 되고, 개인 교수를 받는 학생은 개인적 관심과 피드백을 제공받는 도움을 얻는다. 또래 교수의 두 파트너는 서로에게 도움이 되도록 과제의 진행 속도를 적절히 조절해야 한다. 학급 차원 또래 교수의 성공 여부는 지도 교사 튜터가 제공하는 교육 자료, 평가, 피드백 등의 질적 수준에 의해 결정된다. 학급 차원 또래 교수로 얻을 수 있는 추가적인 이점은 중요한 상호작용 기능을 획득하고, 자신의 역할을 수행하면서 학습의 진행 과정을 파악할 수 있다는 것이다.

그렇다면 또래 교수에서 짝은 어떻게 결정해야 하는가? 우리가 알고 있는 것과는 달리 기능이 우수한 학생들도 기능이 우수하지 않은 학생들만큼 또래 교수의 혜택을 얻을 수 있다. 이는 운동 능력이 서로 다른 학생들이 서로 짝을 지어도 무방하다는 의미이다. 다만, 학생들에게 할당하는 과제가 잘 구조화되어 있을 뿐만 아니라 분명하고, 도전적이어야 한다. 일단 짝이 정해지면 각자의 역할을 분명히 정의하고, 그것을 충분히 이해시켜야 한다. 튜터의 역할을 맡은 학생은 교사이고, 튜터의 지도를 받는 학생은 학습자이다. 또래 교수 수업 체제가 제대로 운영되기 위해서는 튜터 역할을 맡은 학생이 자기 파트너의 과제 수행을 평가하고 통제할 수 있어야 한다. 짝을 이룬 학생들이 오랫동안 함께 연습해야 할 때에는 서로 존중하는 가운데 협동적 관계를 만들고 유지할 수 있어야 한다. 수업을 하는 동안 파트너를 바꿀 수 있으며, 그것은 학급의 다른 학생을 새로 사귈 수 있는 기회가 될 수 있다. 파트너 관계를 오랫동안 유지하는 것은 유지하는 대로, 파트너를 교체하는 것은 교체하는 대로 장점이 있다고 할 수 있다. 따라서 가장 좋은 방법은 파트너 관계의 유지와 교체를 적절히 조합하는 것이다. 학급 차원 또래 교수나 상호보완적 또래 교수가 잘 이루어지도록 하기 위해서는 교사의 철저한 수업 준비가 무엇보다 중요하다.

짝 짓기는 학습 공동체의 가치에 위배되지 않고 반 편견 교수의 목표에 기여하는 방법으로 이루어져야 한다. 짝은 다음과 같은 원리에 따라 정하는 것이 좋다.

- 의사소통, 협동, 배려 등을 학습하기 위해서는 자신에게 우호적이거나 협조적인 파트너를 우선적으로 선택한다.
- 코칭 기능이 중요한 경우에는 기능이 우수한 학생과 그렇지 않은 학생으로 짝을 짓는다.
- 문제 해결이나 게임 전략과 같이 적극적인 상호작용이 요구되는 과제를 수행할 때는 그에 적합한 짝을 선택한다.
- 인지적, 정의적 과제는 성별이나 운동 능력의 영향을 받지 않으므로 다른 요인을 기준으로 짝을 선택한다.
- 짝끼리 서로 경쟁해야 하는 과제는 크기, 힘, 능력이 비슷한 학생들끼리 짝을 짓는다.

개념	동일 용어	• 또래 교수, 동료 학습, 동료 수업, 모스턴의 교류식 스타일
	수업의 형태	• 2인 1조, 3인 1조, 소그룹 형태 진행 • 연습과정에서 학급성원이 적극적으로 도움을 주고받는 방식의 과제학습
특징	전반적 특징	• 1 대 1 지도 상황으로 개별화된 학습 촉진 • 교사의 학습지도 책임을 학습자에 이양 • 보조교사의 관찰과 분석력, 운동 기능, 사회적 기능 발달 • 보조교사의 책임의식과 학습과정 능력 발달 • 교사는 보조교사에게 수행 기준 제시의 책임
	과제의 전달	• **과제전달 역할 학생**: 기능에 경험이 있거나 그 기능에 능숙한 학생이 경험이 부족하거나 능숙하지 못한 학생과 짝을 구성하며, 고학년이 저학년을 가르치도록 준비하면 가장 효과적 • 교수 담당의 대리학생을 통하여 설명, 시범, 단서, 안내, 분석지도, 피드백 제공
장단점	장점	• 보조교사의 관찰, 분석력과 사회성 발달 학습 • 개별화 수업으로 성취력 증가 • 보조교사 학습과정 기술 함양
	단점	• 동료 교수 관계 형성을 위한 시간 요구 • 역할 이행의 책임감과 구체적 수행기준의 명확성 요구 • 사회성 부재 상황에서 활용 곤란

Section 07 협동학습(cooperative learning)

교육자들은 학업 성취뿐만 아니라 학생들에게 중요한 사회성을 길러 줄 수 있는 수업 체제를 찾고 있다. 협동학습과 같은 소모둠 수업 학습은 사회성을 기르는 데 매우 적합한 수업 체제로 인정받고 있다. 소모둠 교수는 다양한 수업 체제를 포괄하는 용어이며, 협동학습 체제는 소모둠 교수의 전형이라고 할 수 있다.

소모둠 학습 체제는 모든 학생들이 자신에게 부여된 분명한 역할을 가지고 함께 학습하는 수업 체제이다. 소모둠 학습에서 제시된 학습과제는 학습자 스스로 수행된다. 소모둠 교수는 학생들을 단지 능력에 따라 모둠을 구성하거나 집중 교육을 위해 특정 학생들을 모둠으로 구성하는 소모둠 활동과는 전혀 다른 의도와 특성을 갖고 있다. 소모둠 교수는 교사가 매시간 체계적인 준비를 해야 하는 수업 조직이다. 소모둠 교수에는 2가지 중요한 특징이 있다. 첫 번째 특징은 교사의 권한을 위임받은 소모둠이 교사가 제시한 과제를 성취하기 위해 노력해야 한다는 것이다. 학습과정은 최종 평가 등을 통해 교사가 통제하지만 교사가 제시한 과제를 성취하는 방법은 각 소집단의 특성에 맞게 학생들이 결정한다. 소모둠 교수의 이러한 특징 때문에 각 모둠을 누가 어떻게 가르칠 것인가를 모둠이 협의하여 결정하며, 수업을 주도하는 것도 학생이다. 소모둠 교수의 핵심은 학습은 학생들 스스로 하지만 최종 평가는 교사가 한다는 것이다. 따라서 교사는 소모둠 활동에 대한 책무 체계를 잘 확립하여 수업을 진행해야 한다.

소모둠 교수의 두 번째 특징은 과제를 완성하기 위해 모두미들이 함께 노력한다는 것이다. 즉, 어느 한 모둠원 혼자서는 과제를 완성할 수 없다. 각 모둠의 모둠원들은 교사가 할당한 과제를 어떻게 완성할 것인지 그리고 누가 무엇을 할 것인지 서로 협의하여 결정한다. 이처럼 소모둠 활동에서는 모둠원들 간에 소통과 협의가 자주 일어나므로 소모둠 교수를 하기 전에 학생들에게 의사소통 기능을 가르칠 필요가 있다.

소모둠 교수 체제로 학습하는 학생들은 서로의 의견을 청취하고, 궁금한 것을 서로 질문하고, 서로 비판하며 동의를 구하는 과정을 통해서 협의로 결정하는 법을 배우게 된다. 이러한 과정을 통해서 사고력과 협동 능력이 신장된다. 소모둠 활동은 모두미들 간의 원활한 소통이나 의도한 목표의 성취 등을 고려할 때 5명 내외로 구성하는 것이 좋다.

소모둠 활동은 상호의존적이다. 각 소모둠이 어떤 목표를 달성하기 위해서는 모두 각자 목표를 성취해야 하며, 이러한 목표를 성취하기 위해 서로 의존할 수밖에 없다. 또한, 모둠 내의 다른 모두미가 필요한 자원을 제공해야 학습이 가능하여 상호의존적이 될 수밖에 없다. 대개 소모둠 수업에서는 모둠에 대한 보상도 모든 모두미들이 함께 기여할 때 제공한다. 이처럼 모둠에 대한 인정이나 보상이 모든 모두미들의 기여로 결정되므로 각 모두미에 대해 책무성을 강하게 부여해야 한다.

소모둠 활동에서는 모두미들이 서로 협력하는 것을 보고 다른 모두미들이 협력하는 것을 배우고, 서로 평가하며 서로의 학습을 지원받으며, 소극적인 모두미를 격려하여 모둠이 좋은 평가를 받을 수 있도록 함께 노력한다. 뿐만 아니라 집단 목표를 달성하기 위해 서로 격려하며 서로에게 도움이 되는 노력을 하고, 학습내용과 방법을 이해하지 못하거나, 자원이 필요하거나, 학습 지원이 필요할 때, 아낌없이 서로 지원한다.

소모둠 활동은 참여에 필요한 기능이나 행동을 사전에 교육하면 더욱 효과적으로 진행할 수 있다. 각 모둠의 역할을 구체적으로 제시하면 보다 효과적인 진행이 가능하다. 교사는 학생들이 앞서 제시한 각각의 역할을 얼마나 잘 수행하는지 확인할 수 있는 기준을 제시하고, 시범을 보여주거나 피드백을 제공하며 사전 교육을 할 필요가 있다.

이와 같은 협동학습 체제는 학생들이 서로 동료 학생의 도움을 받거나 동료 학생들을 위해 적극적으로 학습하는 등 능동적인 학습자로 성장할 수 있는 수업 체제이다. 어떤 협동학습 체제를 사용하든 협동학습 수업 체제에서는 제시되는 과제, 문제, 목표를 학생들이 집단적으로 성취하거나 해결한다. 협동학습 수업 체제에서 제공하는 과제는 대개 학생들이 협동하는 방법을 모르거나 함께 성취할 의지가 없으면 성취할 수 없는 과제들이다. 따라서 협동학습 수업 체제를 도입하기 전에 협동 기능 또는 협동하는 방법을 가르치고 연습시킬 필요가 있다.

협동학습은 심동 목표뿐만 아니라 사회적 행동을 기르거나 정의적 목표를 달성하는 데에도 효과적인 수업 체제이다. 협동학습은 운동 능력이 다른 학생들이 서로 이해하고 수용하며 학습하므로 교우관계의 증진과 같은 사회성을 기르는 데에도 도움이 된다. 교사들은 가끔 능동적 교수 체제로 수업을 시작하여 협동학습 체제로 전환하기도 한다. 협동학습은 동료 교수로 이루어지는 과제 교수 수업 체제와 결합할 수 있으며, 스포츠교육모형의 경우 협동학습의 특성이 어느 정도 반영되어 있기도 하다.

협동학습에서는 집단의 크기가 매우 중요하다. 집단의 규모가 '2인 1조'처럼 작을수록 참여율이 높아진다. 집단의 크기가 작을수록 학생들이 서로 얘기하고, 경청하고, 함께 의사 결정할 수 있는 기회를 더 많이 가질 수 있기 때문이다. 소집단 또는 소모둠은 자기-선택, 구조화된 범주 절차, 혼합 능력 집단 등 다양한 방법으로 구성할 수 있다. 그 외에도 협동 과제의 의도, 각 모둠의 모두미, 상호작용 기술 능력 등에 따라 집단 구성 방법을 달리할 수 있다. 협동학습에서는 집단의 목표를 성취하기 위해 모든 모두미들이 서로 협력하는 상호 의존적 관계에 있을 뿐만 아니라 모두미 각자는 모둠의 구성원으로서 개인적 책무를 갖고 있기도 하다. 협동학습 수업 체제가 갖는 1가지 공통적인 특징은 학생들이 하나의 팀으로서 활동한다는 것이다. 여기서 말하는 팀이란 체육수업에서 자주 사용하는 특별한 집단을 의미한다. 팀은 위에서 언급한 소집단보다 큰 집단으로 구성되며, 잘 운영하면 소집단 학습을 통해서 얻을 수 있는 사회성 발달과 같은 이익을 상당부분 똑같이 얻을 수 있다. 뿐만 아니라 팀 활동은 팀의 구성원들로 하여금 자신의 학습에 대해서 스스로 책임지게 함으로써 자기 주도 학습 능력을 향상시키는 데에도 도움이 된다.

팀으로 활동하는 스포츠교육모형은 팀의 구성원으로 활동하는 것 자체로 사회성의 발달이라는 이득을 가져오고 더불어 같은 팀에서 오랫동안 함께 활동하면서 서로 이해하고 존중하는 마음을 갖게 되는 개인적 성장의 기회를 제공한다. 그것은 학생들이 팀의 구성원으로 활동하기 시작하면서 팀의 노력, 팀 동료에 대한 충성심, 강한 책임감을 느끼기 시작하기 때문이다. 스포츠교육모형에서는 학생들이 자신의 스포츠 경험에 대해 스스로 책임지고, 시즌 동안 그 역할을 충실히 수행해야 한다. 스포츠교육모형에서 팀은 경기를 목적으로 구성하기 때문에 학생 각자의 역할을 분명하게 규정하고 있다. 학생들은 참가선수, 코치나 주장, 주심, 기록원, 통계 전문가 홍보담당자, 매니저, 트레이너, 스포츠 위원회 등과 같은 규정된 역할을 맡게 된다. 학생들이 각자 맡은 역할은 팀에서 맡은 과제와 일치해야 하며, 스포츠 경험, 수업 맥락 등을 고려하여 결정하도록 해야 한다.

개념	동일 용어	• 협동 교수
	수업의 형태	• 2인 1조 체크 • 직소 • 팀 간의 토너먼트(TGT) • 동료점검(Pairs-Check) • 상호협조(Co-op) • 자율적 협동 방식
특징	전반적 특징	• 학습 성취와 함께 사회 정의적 영역 발달 • 협동하는 방법 학습과 학습경험의 과정과 결과에 대한 책무성 함양
	협동학습 과제	• 완성된 결과 • 완성된 결과를 얻기 위한 과정의 단계 • 학습자가 이용 가능한 자료 • 프로젝트의 완성 기간 • 프로젝트의 완성 규칙 • 그룹 내 개인이나 그룹에 대한 평가절차

Section 08 자기지도식 학습(self-instructional teaching)

자기지도 체제는 교사의 지도나 도움 없이 학생들 스스로 일련의 학습활동을 진행하는 것을 말한다. 자기지도 수업 체제로는 개별화 교수, 개별화 교수 체제, 계약 등이 있다. 자기지도 수업 체제는 교사의 학습지도 역할을 수업 자료에 포함시키고, 학생들에게 자율 학습에 대한 강한 책무성을 부여하는 수업 체제이다. 따라서 자기지도 수업 체제를 계획하는 교사들은 학생들의 수행 능력 등을 파악하여 수업 자료를 개발하는 데 상당한 시간을 투자해야 한다. 자기지도 수업 체제는 교사가 수업 자료를 철저히 준비하고, 학생이 교수학습의 중심이 되는 수업 체제이다.

자기지도 수업 체제는 일반 체육수업에서뿐만 아니라 수영, 테니스, 스케이트 등 지역사회 시설을 이용하는 수업에도 도입하여 사용할 수 있는 유용한 수업 체제이다. 체육은 교과의 특성상 두 명이 짝을 짓거나 세 명 또는 소집단이 함께 과제를 완수해야 하는 경우가 많다. 자기지도 수업 체제는 그런 상황이 되었을 때에도 유용하게 사용할 수 있다. 그래서 자기지도 수업 체제는 동료 교수 체제와 함께 사용하기도 한다. 또한, 자기지도 수업 체제는 학습 자료를 충실히 개발해야 한다는 측면에서 과제 교수 체제와도 비슷한 특성을 갖고 있다.

자기지도 수업 체제의 장점은 학생들에게 학습에 대한 자율권을 상당부분 허용한다는 점과 학생들이 자신의 능력에 맞는 학습과제를 선택할 수 있다는 점이다. 즉, 자기지도 수업 체제는 교사가 준비한 학습 자료를 학생 각자의 진도에 맞게 선택하여 완수할 수 있는 융통성 있는 수업 체제라고 할 수 있다.

자기지도 수업 체제의 성공 여부는 교사가 학습 자료를 얼마나 충실하게 개발하는지와 학생들에게 과제 수행에 대한 책무성을 얼마나 강하게 부여하는지에 달렸다. 또한, 학습 자료는 학생들이 필요로 하는 학습 정보를 적절한 시점에 구체적으로 제공할 수 있어야 한다.

개념	동일 용어		• 자기지도 교수
	수업의 형태	개별화 수업	• 모든 교수 활동을 자료물에 제시 • 형식화된 평가 관리 시스템 포함 • 수업을 준비하는 교사역할을 강조하며 교사는 자료물 개발·보완, 학생의 수행정도 평가를 기록하는 등 계속적 관리능력 배양 필요
		계약 학습	• 학생이 기준에 따라 일련의 학습과제를 완수하겠다는 학습 계약 체결 • 개별화된 수업 방식

02

개념	수업의 형태	계약 학습	계약은 학생들이 미리 결정된 기준에 따라 일련의 학습과제를 완수하겠다는 학습 계약을 맺는 일종의 개별화 수업이라고 할 수 있다. 계약은 학교 밖에서 이루어지는 수업과 체육교사가 아닌 다른 사람의 소관으로 이루어지는 수업에 주로 사용하는 자기지도 수업 체제이다. 예를 들어 교사의 직접적인 장학 없이 학생들 스스로 지역 스포츠센터나 야외 경기장에서 수영이나 농구와 같은 경기를 할 때 사용할 수 있는 수업 체제이다. 계약은 완수해야 할 학습과제, 필요한 연습 시간, 수행 기준 등을 구체적으로 명시해야 한다.
		• 개인화 수업 체계(PSI) 개별화 교수 체제는 학습내용을 소단위로 세분하여 한 단위를 숙달하고 다음 단위로 이동하는 자기지도 수업 체제이다. 개별화 교수 체제에서는 구체적인 수업 과제와 분명한 숙달 기준이 제시되어야 한다. 학생들은 기준을 성취할 때까지 연습해야 하며, 그 후 다음 과제로 이동한다. 개별화 교수 체제에서는 학생 각자가 스스로 일련의 학습과제를 수행하며 진행한다. 개별화 교수 체제에서 학업 성취는 '얼마나 잘하는지'보다 '얼마나 학습했는지'로 평가한다. 성적도 주어진 시간에 얼마나 많은 과제를 완수하였는지 사정하여 결정한다. 개별화 교수 체제는 체육 시간의 제약에서 벗어나 사용할 수도 있다. 그렇게 되면 시간 내에 완수할 수 없었던 과제를 완수할 수 있게 된다.	
특징	• 개인지도 또는 학생이 학습을 스스로 운영 • 교사의 명확하고 세밀한 자료 준비 • 유인물과 매체 평가적 절차 의존 • 학생들의 높은 동기 수준 요구 • 교사는 과제의 진행 방법, 과제의 수행 방법, 연습 방법, 평가도구 등에 대한 정보를 학생에게 제공 • 준거지향의 점진적 과제를 수업 전 확립 • 운동 수행 기준이 학습지도 내용이나 평가내용에 반드시 포함 • **피드백과 평가**: 비디오테이프나 동료 피드백 의존 • 평가시스템의 중요성 강조		
장단점	장점	• 자신의 학습지도 지시력 획득 • 학생의 교재 이용력 증진 • 미리 계획된 학습내용 진행으로 과제 참여 증가 • 학습자에 적절한 수준에서 과제를 시작, 진행, 종결로 수업 진행	
	단점	• 교사는 수업 자료 사용 방법을 가르치고 학습 진행을 평가하는 데 교수 시간의 대부분 소비 • 수업 매체의 준비, 평가 자료 준비에 긴 시간 요구	

Section 09 팀 교수(협력교수) 2003년 4번 / 2019년 B 8번

협력교수(team teaching)는 두 명 이상이 협력하여 학생들을 가르치는 교수전략이다. 체육수업이 혼성학급으로 바뀌면서 남학생과 여학생의 필요를 충족시키기 위해 남녀교사가 함께 지도하는 협력교수의 필요성이 더욱 강조되고 있다. 협력교수는 혼성학급의 지도에 적합할 뿐만 아니라 효과적인 학습지도 전략임에도 불구하고 그 잠재력이 충분히 발휘되지 않고 있다. 교사들이 협력교수에 대해서 잘 알지 못하고, 협력교수의 수행에 필요한 협동관계를 개발하는 데에도 익숙하지 않기 때문이다. 대부분의 경우 협력교수는 전환교수(turn teaching) 정도에 그치고 있다. 두 교사가 40명의 학생들을 가르치는 것이 아니라 한 교사씩 교대로 40명의 학생들을 가르치고 있다. 협력교수는 운동장이나 체육관에서 여러 교사가 함께 수업하거나 여러 집단으로 나누어 수업하는 과정에서 불가피하게 발생하는 학습지도상의 문제 해결에도 도움이 될 수 있다. 협력교수를 적절히 사용하면 체육수업을 방해하거나 어렵게 하는 상황을 쉽게 해결할 수 있다. 교사들은 협력교수의 다음과 같은 장점들을 신중히 고려해야 한다.

탄력적인 집단 분류　　협력교수의 가장 큰 장점은 학습 집단을 탄력적으로 편성할 수 있다는 것이다. 협력교수는 다른 교수전략과도 함께 사용할 수 있다. 협력교수는 각 수업이나 수업의 일부를 기능, 흥미, 욕구, 그 밖에 교사가 중요하다고 정한 기준에 따라 집단을 분류하여 개별화 지도를 할 수 있는 장점이 있다. 보통 한 교사가 인도교사(lead teacher)의 역할을 맡으면 다른 교사는 지원교사(support teacher)의 역할을 맡는다. 집단의 크기는 탄력적으로 구성할 수 있다. 학습 속도가 빠르거나 느린 소규모 학생들을 특별 지도하는 데 적합한 집단 크기로 다양한 구성이 가능하다. 교사의 역할도 같은 교사가 항상 인도교사나 지원교사의 역할을 맡을 필요는 없다. 수업영역의 전문성과 흥미를 고려하여 협력교수의 역할을 달리할 수 있다.

개별 지원　　지원교사는 수업에 대한 일차적인 책임을 면제받은 가운데 별도의 학습지원을 필요로 하는 학생들을 가르칠 수 있다. 한 교사가 다인수 학급을 가르칠 때에는 학생들을 평가하고 그에 따른 피드백을 제공하는 것이 쉽지 않지만, 협력교수에서는 지원교사가 그 역할을 맡아 수행할 수 있다. 협력교수에서 지원교사는 자유롭게 학생들을 도와주는 기능을 할 수 있다.

협력교수의 장단점　　협력교수를 효과적으로 사용하기 위해서는 다른 교사와 친밀한 관계를 유지할 수 있어야 한다. 다른 교사 앞에서 학생들을 가르치는 것이 불편하지 않을 정도의 친밀한 관계 유지가 선결되어야 한다. 그러나 그것은 도전할 만한 가치가 있다. 어떤 경우에는 각 교사의 성격적 특성이나 각자의 다른 교육철학 등으로 인해 함께 가르치는 것이 쉽지 않을 수 있다. 모든 인간관계가 그러하듯이 약간의 타협이 필요하다.

협력교수 관계의 유지 과정을 통해서 많은 것을 배우거나 얻을 수 있다는 의미이다. 다른 교사와 생산적인 관계를 유지하는 것은 교사의 전문성을 신장하거나 체육교사로 성장하는 데에도 반드시 필요하다. 같은 목표를 서로 다른 방법으로 달성할 수 있다는 것을 인정하고 수용하면 보다 쉽게 생산적인 관계를 형성할 수 있다. 한 교사가 다른 교사보다 우수할 수 있지만 서로에게 도움이 되는 관계형성을 위해 노력하면 두 교사 모두 성장할 수 있다.

김영철 교사와 홍성택 교사가 6학년 학생들에게 테니스를 함께 가르치기로 했다. 함께 단원을 계획하고 4명당 작은 코트를 1개씩을 배정하는 공간 조정을 하였다. 기초기능을 가르칠 때에는 교대로 학습과제를 제시하였다. 수업을 인도하지 않는 교사는 학생들을 개별적으로 가르치면서 운동기능의 수행에 관련된 피드백을 제공하였다. 일부 학생들은 공을 컨트롤하며 파트너와 공을 주고받는 연습을 계속해야 하고, 일부 학생들은 파트너가 코트의 왼쪽 끝에서 오른쪽 끝을 오가는 전략을 연습할 필요가 있다. 기초기능을 충분히 익힌 학생들은 왼쪽 사이드−오른쪽 사이드, 전진−후진과 같은 전략을 연습을 할 수 있도록 여러 개의 코트에 배치한다. 며칠 후 기능이 우수한 학생과 그렇지 않은 학생들을 혼합하여 또래 교수 집단을 편성한다. 기능 수준이 다른 6명의 학생들로 팀을 구성하고, 기능이 우수한 학생이 그렇지 않은 학생들에게 기초기능을 가르치면서 운동능력이 비슷한 각 팀의 선수들끼리 경기한다.

개념		교사 그룹으로 학습자 지도
장단점	장점	• 다른 교사와 협동적인 상호 관계 형성으로 수업동기 증진 • 그룹의 인원수를 유연하게 조절 • 수업마다 학습자 요구에 따른 개별적 배치 • 그룹에 따른 개별 진행
	단점	• 교사들의 성격 차이와 학습목표 상이함에 대한 의견 조율

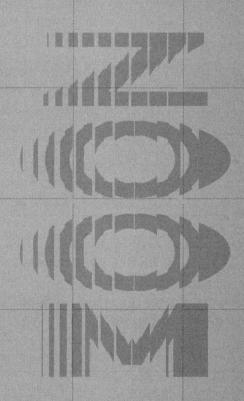

권온성 ZOOM 전공체육

스포츠교육학

체육수업 스타일

Section 01 교수 스펙트럼 형성과정

01 패러다임의 전환

1. 대비적 접근(versus approach) ⇨ **비대비적 접근**(non-versus approach)

① 대비적 접근의 제한성에 대해 새로운 아이디어를 시스템으로 수용하여 연결시키는 통일된 틀

② 비대비적 시스템은 모든 교육학적인 아이디어를 포괄

2. 개인적인 지식 체계 ⇨ **보편적인 지식 체계**

① 개인적인 주장은 주관적인 해석과 편견을 가져오기 때문에 교육적 실천에 제한

② 개인적인 선호도와 행동을 뛰어넘는 교수 행동의 지식 체계 추구

3. 일관성 없는 용어 활용 ⇨ **일관성 있는 용어 활용**

① 교사가 수업의 구조와 선택사항을 배울 수 있는 기회 제공

② 논리적이며 계열적인 수업 틀에 대한 지식 체계 제시

02 스펙트럼

1. 교수 행동은 일련의 의사결정 2003년 3번

모든 교수학습 상황에서 '누가, 언제, 어떤 결정을 하는가?'에 따른 특정한 의사결정이 내려질 때, 상호배타적인 학습목표 양산

2. 스펙트럼은 교수학습의 선택 묘사 2006년 6번

① 스펙트럼의 구조는 모든 교수 스타일의 장점 강조

② 어떤 스타일도 다른 스타일보다 중요하거나 우월하지 않다.

③ 수업 활용능력 : 학습자의 요구, 내용 초점, 시간 제한, 교육목표에 따른 행동 전환능력

Section 02 　스펙트럼 개관

01) 교수학습의 틀 : 스펙트럼은 보편적이면서 통합된 틀

1. 보편성

① 비대비적 접근

② 교육적 활동에서 인간발달에 독특한 단일 아이디어나 개념은 존재하지 않는다.

③ 비대비적 접근은 모든 발달영역, 지도 요소, 3가지 기본 사고과정, 모든 교수 행동의 중요성 인정

2. 교수학습 구조의 통합된 틀

① 의사결정의 선택에 대한 합리적인 근거 제시

② 연령, 성별, 내용, 학년 및 능력 수준과 무관

02) 스펙트럼의 개요 : 스펙트럼의 6가지 가정 2007년 추가 5번

1. 대전제

① 교수(teaching)는 연속되는 의사결정의 과정

② 모든 의도적인 교수 행위는 사전에 이루어진 의사결정 선택사항의 결과

③ 의사결정 : 학생 및 교과내용 조직, 시간, 공간, 기구 관리, 학생과의 상호작용, 언어행동 선택, 사회정서적 분위기 조성, 학습자의 모든 인지적 연관성 발견

2. 교수 스타일의 구조

과제활동 전 결정군	교수학습이 진행되기 전에 반드시 이루어져야 하는 결정사항
과제활동 중 결정군	실제 교수학습 상황에서 이루어지는 결정사항
과제활동 후 결정군	교수학습의 평가와 관련된 결정사항

3. 의사결정자

교사와 학생, 학생 간 의사결정의 권한 정도 : 최대－최소

4. 스펙트럼

5. 교수 스타일군 2009년 5번 / 2020년 A 6번 / 2024년 B 3번

① 인간의 2가지 기본 능력 반영

② 모방(reproduction), 창조(production)

A~E 교수 스타일군	• 기존 지식의 재생산 • 기초 기능의 습득, 절차와 모형의 모방, 전통문화의 유지 • 암기, 회상, 파악, 분류 등과 같은 주된 인지활동 • 사실적 자료, 사건, 날짜, 순서, 이벤트, 계산 도구, 기구의 활용, 절차, 규칙과 같은 지식 • 음악, 무용, 스포츠 등을 하기 위해 필요한 지식
발견의 역치	• A~E 교수 스타일군과 F~K 교수 스타일군을 나누는 비가시적 구분선
F~K 교수 스타일군	• 새로운 지식을 생산하는 능력 강조 • 학생의 문제해결, 합리적인 사고, 창조 등의 활동 안내 • 기존에 주어진 자료로 새로운 것 창안
F와 G 교수 스타일	• 1가지 정확한 개념의 발견
H~K 교수 스타일군	• 창의성 개발과 새로운 개념과 대안적인 발견

6. 발달 효과

① 내용과 함께 목표에 대한 기대는 인지적·사회적·신체적·정서적·윤리적 발달경로에 미치는
학생 특성과 관련
② 모든 수업 이벤트는 학습자들에게 1가지 이상 발달경로의 참여와 구체적인 학습 발달의 기회
제공
③ 비록 1가지 발달경로가 다른 경로보다 강하게 작용할지라도 모든 발달경로는 항상 동시에
기능

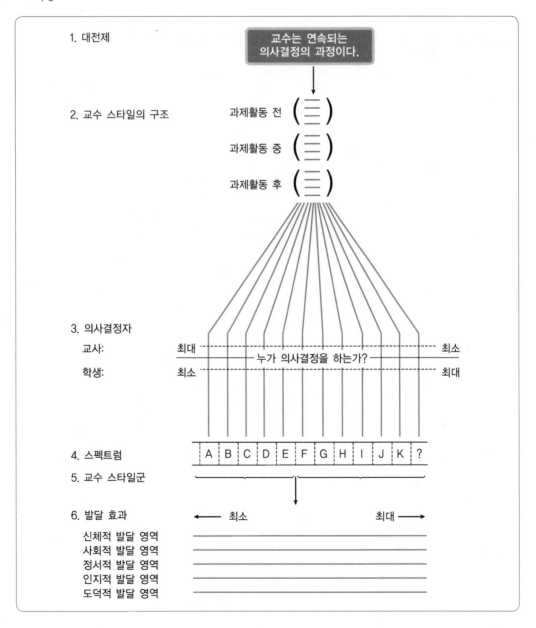

03 O-T-L-O 관계

1. 교사와 학습자 상호작용은 특정 교수 행동과 학습자 행동 및 성취 목표 반영

2. 각 스타일은 독특한 T-L-O 관계 구조 포함

3. 교사와 학생의 상호작용 : 교과내용목표, 행동목표

4. 논리적으로 성공적인 교수학생 에피소드에서 학습 결과는 목표와 일치

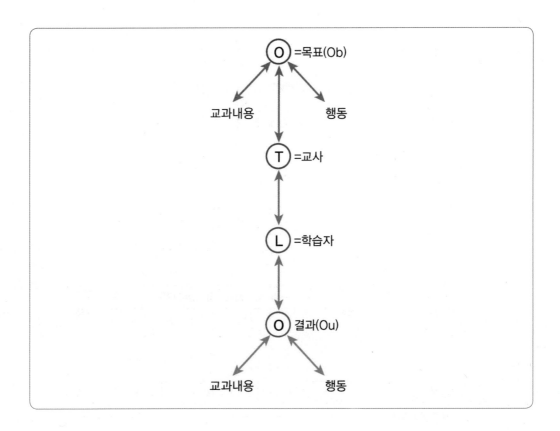

04 스펙트럼의 필요성 2009년 5번 / 2015년 B 논술 1번

1. 개인 스타일의 주장

2. 학생 집단의 다양성 반영

3. 복합적인 교육목표 달성

① 학교 교육과정은 광범위한 인간의 능력 범위 총괄 ⇨ 정확한 동작 수행에서 개별화된 동작까지
② 광범위한 목표의 범위는 다양한 교수 스타일을 요구

4. 통합적인 수업 구조의 필요성

① 어느 스타일도 다른 스타일보다 우월하지 않으며 오히려 어떤 스타일은 특정 에피소드의 목표를 달성하는 데 적절하다.
② 모든 스타일은 교수학습의 복합적인 상황에 따라 좌우되며, 어느 스타일도 완벽하지 않다.

05 스타일의 사용 목적 2007년 6번

지시형	정확한 개별 움직임 수행이나 통일성 있는 단체 움직임을 에피소드 목표로 설정했을 때 ① 빠른 시일 내에 신체 움직임을 모방할 필요가 있을 때 ② 스포츠에 있는 문화적 전통과 의례를 그대로 보존할 필요가 있을 때 ③ 단체정신이나 일체감 또는 소속감 등을 강화할 필요가 있을 때
연습형	교사가 학습자 개개인에게 과제를 스스로 연습할 수 있는 시간을 제공하고 개별적인 피드백을 제공할 필요가 있을 때 ① 과제 수행에 필요한 기억과 관련된 인지 활동을 활성화할 필요가 있을 때 ② 과제의 지속적인 반복 학습으로 운동 과제를 숙련할 필요가 있을 때
상호학습형	동료 학생과 함께 상호관계 속에서 학습하여 교사가 제공한 수행 기준에 준하여 동료학생에게 상호 피드백을 주고받을 필요가 있을 때 ① 교사의 역할을 대신할 수 있는 학생 간의 즉각적인 피드백이 필요할 때 ② 운동 수행의 비교, 대조, 평가를 학습할 필요가 있을 때 ③ 사회성 및 상호 작용 기술을 보다 확장시킬 필요가 있을 때 ④ 인내심 또는 타인 배려 등의 사회적인 매너 학습이 필요할 때

자기점검형	학습자가 책임감을 가지고 스스로 과제를 수행하고 평가할 필요가 있을 때 ① 과제를 독립적으로 수행할 필요가 있을 때 ② 학생의 내적 동기와 독립심을 발달시킬 필요가 있을 때
포괄형	다양한 기술 수준이 있는 학습자가 자신들이 수행할 수 있는 난이도를 선택하여 동일한 과제에 참여할 필요가 있을 때 ① 모든 학생들에게 성공적인 참여 기회를 제공할 필요가 있을 때 ② 타인과의 경쟁이 아닌, 자신과의 경쟁을 학습시킬 필요가 있을 때
유도발견형	일련의 계열적이고 논리적인 질문을 활용하여 미리 예정되어 있는 1가지 해답을 학습자가 발견하도록 유도할 필요가 있을 때 ① 과제의 개념, 원리, 아이디어 등을 이해할 필요가 있을 때 ② 학생들에게 새로운 학습 주제를 소개할 때
수렴발견형	미리 결정되어 있는 정확한 반응을 다양한 수렴적 과정을 통해 발견할 필요가 있을 때 ① 학생들의 다양한 사고 유형을 개발할 필요가 있을 때 ② 학생들의 논리적, 이성적, 연속적인 문제해결 기술을 개발할 필요가 있을 때
확산발견형	구체적인 인지 작용을 통해 다양한 해답들을 발견할 필요가 있을 때 ① 하나의 질문 혹은 문제에 대해 다양한 반응을 생성하고 발견할 필요가 있을 때 ② 학생들이 알고 있는 것 이상으로 창조하는 능력과 사고하는 능력을 개발할 필요가 있을 때 ③ 특정한 문제와 쟁점들은 하나의 해답과 견해를 가질 수 있음을 이해할 필요가 있을 때
자기설계형	어떤 문제나 쟁점의 해결을 위한 학습구조의 발견에 대한 독립성 확보가 필요할 때 ① 학습자 고유의 아이디어를 발견하고 창조적으로 조직할 필요가 있을 때 ② 학습자들에게 과제 관련 쟁점을 관찰하고 탐색하는 체계적인 진행 과정에 적극적으로 참여시킬 필요가 있을 때 ③ 과제 수행에 대한 인내와 끈기를 위한 자발적인 훈련이 필요할 때
자기주도형	학습의 설계에 대한 책임과 학습 경험 등에 대한 학습자의 주도가 필요할 때 ① 학습자 스스로 경험한 다양한 학습 경험 중에서 선택하여 시도할 필요가 있을 때 ② 학습자들의 학습 욕구에 자율권을 부여할 필요가 있을 때
자기학습형	학습 계획 또는 목표를 학습자 개개인이 스스로 성취할 필요가 있을 때 사용한다. 이 스타일은 학교 현장에서 실제로 존재하지 않는 스타일이므로, 학생들이 세운 목표도 교육과정 내에 존재하지 않는다.

Section 03 교수 스타일의 구조

의사결정군(3가지 군)	전체 목적	특징
과제활동 전 결정군	의도−목표	의도규정과 계획 및 준비에 관한 의사결정
과제활동 중 결정군	행위−실행	행위규정과 과제활동 전 결정군의 실행
과제활동 후 결정군	평가−피드백	평가규정과 과제활동 중 결정군에 대한 일치 확인

01 과제활동 전 결정군

1. 에피소드의 목표

2. 교수 스타일의 선정

3. 학습 스타일의 예측: 교수 스타일 선정, 학생의 요구 고려

4. 지도 대상

5. 교과내용: 교과내용의 주제/내용/초점, 과제의 양, 과제활동의 질, 과제활동 순서

6. 지도 시기

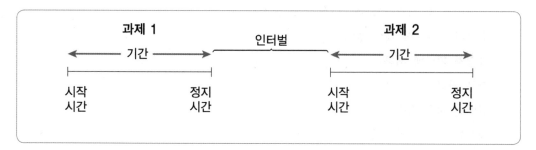

① 특정 과제의 시작 시간

② 과제활동의 속도와 리듬(과제수행 속도)

③ 기간(과제당 소요 시간 길이)

④ 과제당 정지 시간

⑤ 인터벌(과제 사이의 시기, 과제 내 여러 부분들 또는 수업 에피소드 사이의 거리)

⑥ 전체 수업 또는 1차시 수업 에피소드의 종료

⑦ 의사소통 방식(청각, 시각, 촉각)

⑧ 질문의 처리

⑨ 수업 운영(교재, 공간, 시간, 수업관리 등 조직)

⑩ 수업 장소

⑪ 자세

⑫ 복장

⑬ 제한점

⑭ 수업 분위기

⑮ 평가 절차와 자료

⑯ 기타 사항

02) 과제활동 중 결정군

03) 과제활동 후 결정군

① 과제활동 중 결정군에서의 수행 정보 수집

② 평가기준 정보에 대한 평가

③ 학습자 피드백 제공

④ 질문 처리

⑤ 선택한 교수 스타일 평가

⑥ 예측한 학습 스타일 평가

⑦ 수정사항

Section 04 피드백

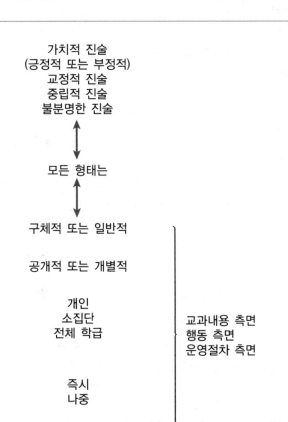

가치적 진술
(긍정적 또는 부정적)
교정적 진술
중립적 진술
불분명한 진술

↕

모든 형태는

↕

구체적 또는 일반적

공개적 또는 개별적

개인
소집단
전체 학급

교과내용 측면
행동 측면
운영절차 측면

즉시
나중

과제수행 동안 또는 과제수행 후

🌐 피드백의 4가지 형태

---

01 **4가지 형태의 피드백** 2004년 2번 / 2006년 초등 14번 / 공청회 4번

1. 가치적 피드백

① 긍정과 부정적 판단어로 표현

② 비구체적인 피드백은 잘못된 해석에 대한 가능성 내포

③ 교사의 가치 체계에 기초하는 판단과 표출

④ 가치적 피드백은 상호의존성을 발달시키는 단점

⑤ 적절한 가치적 피드백 진술은 개인적 목표를 수립하고 개별적인 가치 체계 형성

⑥ 피드백 판단 기준: 긍정이나 부정

비구체적 가치 피드백의 예	• 아주 좋은 샷이야. • 나쁘지 않아. • 훨씬 낫다. • 훌륭해.	• 아주 좋았어. • 시도가 좋았어. • 틀렸어. • 아주 안 좋아.
구체적 가치 피드백의 예	• 배구 언더핸드 서브를 할 때 손바닥을 마주 잡으면서 주먹을 아주 잘 쥐고 있구나. • 포크댄스에서 스텝과 팔 동작을 아주 훌륭하게 해 냈다. • 상대팀이 모욕감을 느끼게 했을 때 아주 잘 참아냈다. 잘했어. • 진환아! 기구 회수 장소를 아주 잘 기억했구나. • 손가락에 공을 세워 균형을 잘 잡았다. • 공을 친 후 야구배트를 던지는 것은 잘못이야.	

2. 교정적 피드백

① 가치 판단 없이 실책에 초점: 실수를 규정하고 수정을 제공하거나 수정사항만 규정
② 과다 사용은 실책에 대한 선입견 유도
③ 과다 사용은 학생에게 새로운 시도 방해
④ 과다 사용은 사회로부터의 이탈 초래

실수 관련의 예	• 자유형을 할 때 양쪽으로 호흡하지 말아라. • 몸 앞으로 글러브를 위치시켜라. • 그것은 올바른 자세가 아냐.
실책과 수정 포함의 예	• 머리를 올렸구나, 턱을 아래로 해라. • 다음에는 공에서 눈을 떼지 말고 팔로-스로를 해라. • 측전을 할 때 왼발을 똑바로 펴라.

3. 중립적 피드백

① 학습자에 의한 최종 결론(의미) 도출: 초점은 학습자
② 갈등 상황, 정서적 충격, 논쟁 사항 토의에 필요
   ㉠ 팽팽하고 무의미하며 상호 논쟁적인 순간 회피
   ㉡ 타협 기술의 지지
③ 인지적·정서적 발달 인정과 사회 활동에서 자신의 행동 모니터를 위해 사용
④ 독단적 활용은 개별적인 이탈 경험 제공

⑤ 적절한 중립적 피드백은 평가 기술 개발, 다양한 반응 및 행위의 수용, 독립, 자기의존, 자신감 발달과 학습자 자아정체성 개발

⑥ 과도한 사용은 이탈과 소외의 감정 증폭

중립적 피드백의 예	• 너는 상규적 활동을 확장하고 있다. • 사실이다. • 네가 많이 화난 것을 알 수 있다. • 너는 모든 스테이션 과제를 완수했구나. • 그래, 가능한 움직임 구성이다. • 천천히 해. 듣고 있어.

4. 불분명한 피드백(=모호한 피드백)

① 일반적으로 잘못된 해석의 가능성 부여

② 빈번한 사용은 교사의 전문성 부족(과제에 대한 지식 부족, 평가기준 명확성 부재, 수정방법 미흡)으로 인식하게 만드는 원인

③ 많은 비구체적인 가치 피드백은 불분명한 피드백으로 분류

④ 교사에게는 안전한 상태, 학습자에게는 애매한 상태 제공

⑤ 가치 표출과 수정이 어려운 사회적 상황에서 바람직하지 않지만 실제적으로 사용

⑥ 과도한 불분명한 피드백은 신뢰감 저하, 자기실망, 좌절감 형성

⑦ 어떠한 종류의 피드백도 보편적으로 바람직하지 않다.

불분명한 피드백의 예	• 다시 실시! • 다시 한번 시도해 보도록! • 아마도… • 미안한데… • 좋아, 그렇지만 다른 방식으로 할 수 있었을 텐데… • 옳다고 확신하니? • 다음번에는 더 열심히 하렴. • ○○ 하지마!

5. 피드백의 대상

개인, 1개 이상의 소집단, 전체 학급

Section 05 인지

01 인지의 개요

① 체육교과는 모든 영역의 발달 도모
② 모든 교과의 모든 활동은 인지적 대상 초점
③ 체육교과의 독특성은 인지 과정의 신체적(가시적) 표현

02 인지 대전제 : 기억, 발견, 창조의 3가지 기본 사고과정

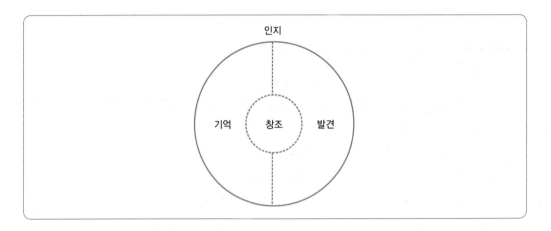

1. 기억(memory) 과정

① 학습의 모사 이전 지식 회상과 재생
② 사실, 날짜, 이름, 사건, 일상행동, 절차, 규칙, 사전 모델 포함
③ 스포츠와 신체 움직임의 재생은 기억 과정에 의존

2. 발견(discovery) 과정

① 이전에 알지 못했던 정보 인식
② 개념, 실체, 원리, 이론 사이의 관계
③ 신체 움직임, 게임, 전략, 안무, 움직임 해석

3. 창조(creative) 과정

① 새롭고 독특하거나 고유한 것으로 인식되는 반응
② 창의성

03) 의식적 사고과정의 일반적인 모형

1. 사고과정

단계	특징
자극(S)	• 여러 종류의 자극(수행 과제, 사회적 상황, 정서적 문제, 게임, 창의적인 노력)은 사고과정 유인
인지적 불일치(D)	• 자극(질문)이 흥미, 욕구, 지식수준과 관련이 있을 때 인지적 불일치 상태 도달 • 질문과 학습자 의식 수준의 적절성 요구
사색(M)	• 구체적인 인지기능의 탐색
반응(R)	• 중심적인 인지기능과 보조적인 인지기능 사이의 상호작용으로 반응 유도 • 기억, 발견, 창조의 반응결과 • 반응의 속도, 양, 질은 주어진 인지기능에 대한 학습자의 경험, 특정한 교과내용 영역의 사전 지식, 학생들의 독특한 능력, 재능에 따른 차이 발생

사색(M) 내 표:

사색의 예	명명하기	분석하기	모델링하기
	구성하기	비교하기	가설세우기
	대조하기	범주화하기	

2. 인지기능의 2가지 역할

① 모든 자극(질문)은 중심적인 인지기능
② 중심적인 인지기능은 보조적인 인지기능에 의존

04 수렴형 사고와 확산형 사고 2022년 A 6번

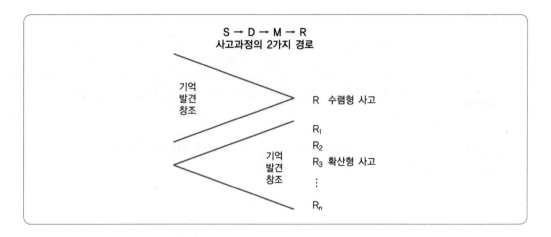

1. 수렴형 사고

① 학습자에게 1가지 질문에 대한 1가지 정확한 해답을 기억하도록 요구

② 모델화된 움직임 연습

③ 수렴형 사고는 모사 사고과정과 관련

④ 단일 개념 발견과 유도에 수렴형 통로 수반

수렴식 사고과정의 예	• 다음 하계 올림픽 개최 장소의 이름을 말해 보아라. • 팔꿈치를 펴는 데 사용되는 근육을 말해 보아라. • 배구의 오버핸드 서브의 첫 번째 단서를 말해 보아라.

2. 확산형 사고

① 1가지 자극(질문)에 몇 가지 정확한 해답 기억하도록 요구

② 동일한 문제에 대해 복합적인 해결책 발견

③ 새로운 반응 양산에 확산형 통로 수반

④ 확산형 사고는 창조 사고과정과 관련

확산형 사고과정의 예	• 올림픽경기에서 5가지 팀 스포츠의 이름을 기억하라. • 3가지 농구 패스를 수행하라. • 배드민턴에서 활용될 수 있는 5가지 스트로크를 열거하라. • 민첩성을 요구하는 체조 움직임의 예를 제공하라. • 수비자들이 사용하는 4가지 게임 전략들을 회상하라. • 농구에서 중심을 낮추어야 하는 3가지 이유를 진술하라.

05 발견 역치

1. 인지 초점에 따른 군집

(1) 스타일 A~E

① 모사(기억)에 대한 인간 능력

② 교사의 역할은 지식, 기술 전달

③ 학습자 역할은 지정된 인지기능에서 지식, 기술 재생산

(2) 스타일 F~K

① 학습자 행동은 움직임 설계, 의도된 인지기능을 적극적으로 발견, 적극적인 창조로 이동

② 학습자는 창조적인 과정을 자극하기 위해 스스로에게 질문 사용

2. 발견 역치 : 이론적이며 비가시적인 구분선

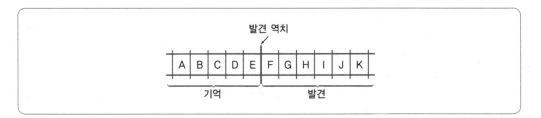

06 인지기능의 역할

구체적 질문이 적절한 상황	• 새로운 인지기능과 경험 소개 • 교사가 사전에 결정된 사고 기대 • 학습자 사이에 경쟁이 존재 • 해답이 점수로 매겨질 때 • 제한된 시간에서 해답이 예측되는 반응이나 바람직한 사고과정을 필요로 할 때 • 임의적인 반응의 창출이 학습목표나 내용 습득을 보조하지 못할 때
불분명한 질문이 적절한 상황	• 해답이 구체적이고 정확한 반응이나 사고과정과 무관할 때 • 학습자들이 인지적 선호도를 추구할 때 • 교사가 의견을 수렴하려고 할 때 • 상호작용이 우연이나 단기적으로 이루어질 때(종종 사회적 상황에서 적절하다.) • 질문, 문제 또는 쟁점에 도달하기 위해 새로운 방향을 탐색할 때 • 방법에 문제가 있거나 재분류가 필요할 때 • 학습목표가 임의적이고 관계가 없는 반응을 추구할 때

07 인지와 답변대기 시간

① 일반적으로 기억질문은 발견질문보다 답변 시간이 짧다.
② 보조적인 인지기능이 많아질수록 긴 답변대기 시간이 필요하다.
③ 대체로 즉각적인 기억에 의존하는 반응은 최소한의 답변 시간을, 발견에 의존하는 반응은 긴 답변대기 시간을 요구한다.

08 교과내용 설계

1. 과제활동지

① 1가지 이상의 과제참여 포함
② 과제 설명, 인지적 강조점, 학습자의 기대행동(의사결정 구조) 제시
③ 과제활동지는 정보의 근원
④ 과제 이해와 수행하는 학습자 평가 기능
⑤ 발견 중심 과제활동지는 구체적인 발견구조 포함

과제활동지의 목적 (모사 중심)	• 교사에 대한 학습자 의존성 축소로 스스로 과제에 참여할 수 있는 기회 제공 • 과제를 제시하고 수행할 과제 기억 수단 • 과제참여 시간의 효용성과 학습자 간의 의사소통 발전 통로 • 교사에 의한 반복적인 설명 감소 • 교사의 초기 기대 내용 전달 • 학습 진도 기록(선택적)
모사 중심 스타일의 과제 특성	• 내용 구성과 수행에 단일 기준, 확산적·수렴적인 기억 요구에는 1가지의 정확한 사실적 반응 존재 • 기억과 회상 과정 안에 포함된 인지적 기능 도출 • 내용에 대한 구체적인 설명 제시 • 수행 방법에 대한 구체적인 설명 포함(수행기준) • 교수 행동의 의사결정 구조 준수·촉진 • 양(quantity) 지정

2. 인지적 포맷 구성

Section **06** **지시형 스타일(A)** 1997년 1번 / 2006년 7번 / 2009년 6번 / 2025년 A 6번

◈ 지시형 스타일을 대표하는 활동

01 개요

① **지시형 스타일의 특징**: '정확한 수행'을 위해 교사가 지시하는 대로 학생은 운동을 수행
② **교사의 역할**: 과제활동 전·중·후의 모든 사항 결정
③ **학습자의 역할**: 교사가 내린 결정 사항들에 대하여 교사가 지시하는 대로 따르는 것

교과내용목표	행동목표
1. 제시된 모델을 빠르게 모방할 수 있다.	1. 그룹의 기준에 맞추어 개개인을 사회화한다.
2. 정확하고 정밀하게 수행할 수 있다.	2. 모두 일체가 되도록 한다.
3. 결과를 즉각적으로 성취할 수 있다.	3. 모두 획일적이 되도록 한다.
4. 동시에 수행을 성취할 수 있다.	4. 그룹 정체성과 자부심 세우기—소속감을 느끼게 한다.
5. 사전에 결정된 모델을 유지할 수 있다.	5. 단체정신을 강화한다.
6. 교과내용상의 기술을 숙달할 수 있다.	6. 신호에 따른다.
7. 문화적 전통들과 의식들을 보존할 수 있다.	7. 구체적인 미적 기준에 도달한다.
8. 시간을 효과적으로 사용할 수 있다.	8. 습관과 일상적인 일들을 보다 발전시킨다.
9. 더 많은 수업자료를 활용할 수 있다.	9. 문화적 전통, 관례, 의식들을 보존한다.
10. 기타	10. 그룹 또는 개인들을 통제한다.
	11. 안전에 따르는 절차를 가르친다.
	12. 특정 종류의 훈련을 한다. (지시형 스타일 훈련: 각각의 훈련은 고유한 훈련 방식을 가지고 있음)
	13. 기타

02 지시형 스타일의 구조

> 과제활동 전(T)
> 과제활동 중(T)
> 과제활동 후(T)

① 교사 최대, 학습자 최소
② 직접적이고 즉각적인 교사의 자극과 학습자의 반응
③ **교사결정**: 교과내용 선정, 지도 장소, 자세, 시작 시간, 속도와 리듬, 정지 시간, 지속 시간, 막간, 피드백 등

03 지시형 스타일의 실제

1. 에피소드의 이해

① 교사가 모든 결정을 하고, 학습자는 결정사항에 반응
② 지시 신호와 리듬 제공

2. 지시형 스타일의 실행

(1) 과제활동 전 결정군

① 계획
② 교수·학습행동이 일치하도록 하는 의사결정

(2) 과제활동 중 결정군

① 교사는 모든 에피소드에서 기대행동 제시	• 교과−내용 • 교사와 학습자의 역할/의사결정 • 세부 운영절차−수업 시 필요한 용기구, 수업 시간, 수업 장소 외의 고려사항
② 교과내용 소개(기대행동)	• 교사는 과제 전체, 과제의 부분, 전문 용어 등 설명 • 비디오테이프, 사진, 과제용지, 학습자 대리 시범 • 안전 • 과제의 성격에 따라 시범과 설명의 비율을 달리 시행
③ 역할/행동 소개(기대행동)	• 교사와 학습자 직접 대면 설명 • 모델 모방 • 정확하게 수행하여 일련의 기대행동 성취
④ 운영절차 소개(기대행동)	• 교사 준비 및 명령 신호 지정 • 시간, 장소, 휴식 시간, 장비 반납 장소, 복장 등의 운영 절차 수립

(3) 과제활동 후 결정군

① 피드백
② 적극적인 학습 참여
③ 과제참여 시간 증대를 통한 효율적 수업

04 지시형 스타일의 함축적 의미

1. 교사

① 전 학급 동시 수행 경험 계획
② 효과적인 자극-반응 경험 계획
③ 안전성, 숙련성, 정확성 인식
④ 학급 학생 결속력 유도

2. 학습자

① 자극-반응 관계 내 신체적 운동 기술 발달
② 자신의 역할 및 친구와의 협력관계 인식
③ 교사의 전문성 인정과 수용

05 교과내용 선정 시 고려사항

1. 움직임의 자동화

① 내용의 정확한 연습
② 신체 및 움직임의 정확한 자세
③ 펜싱, 양궁, 수영, 야구 등과 같은 운동을 비롯하여 라켓·클럽·공·후프 등을 정확하게 잡는 법, 기본 스텝의 반복 및 상규적 운동 수행

2. 과잉학습에 의한 자동성 생산

3. 교과내용 선정 관련 지침

① 단일 기준 설정
② 즉각적인 회상과 반복

06 지시형 스타일의 특징

1. 지시형 스타일에 사용되는 내용의 유형

개인 발달 관련	• 에어로빅댄스 • 높은 과제참여 시간, 반복 학습, 높은 일치도 및 정확성, 안전성
하위 문화 · 문화적 의식 참여	• 참여 의식 • 훈련의 측면이 강한 태권도 수업
위험성이 높은 스포츠	• 안전 최우선 • 패러슈팅, 등산, 스쿠버다이빙 등 특별한 신체적 반응 및 적절한 장비의 활용 • 스트레스와 공포 대처 능력
문화적/미학적 경험	• 발레, 현대무용 및 포크댄스 • 정확한 동작 수행과 제시된 모델을 그대로 모방 • 미학적 가치와 문화적 기준 유지
스포츠 중의 경쟁적인 경험	• 수중발레는 고도의 정확성, 동시성, 미학적 가치 투사 • 체조 경기에서의 규정 종목, 조정 경기

2. 교사 인식 요인

① 교과내용의 선정, 과제학습 시간, 수업의 절차, 적합한 피드백, 학습자와 적절한 정의적 관계
② 시간을 효율적으로 활용하는 스타일

Section 07 연습형 스타일(B) 2007년 6번 / 2009년 6번 / 2010년 10번 / 2012년 7번 / 2023년 B 5번

01 개요

교과내용목표	행동목표
1. 과제를 스스로 연습할 수 있다. 2. 과제수행에 필요한 기억과 관련된 인지활동을 활성화할 수 있다. 3. 개별적인 연습을 통하여 내용을 학습하고 이를 내재화할 수 있다. 4. 숙련된 운동수행은 과제의 반복 학습과 관련 있음을 이해할 수 있다. 5. 숙련된 운동수행은 피드백 관련 지식과 관련 있음을 이해할 수 있다.	1. 9가지 의사결정을 실시해 봄으로써 학습자의 독자성을 초보적 수준에서 경험한다. 2. 9가지 의사결정 내에서 운동 기술을 발전시킨다. 3. 자신의 의사결정을 연습형 스타일에 적용하여 실현한다. 4. 각 의사결정의 결과에 대하여 책임지는 자세를 학습한다. 　① 시간과 과제와의 관계 　② 개인의 속도와 리듬 조절 　③ 시간활용의 결과 5. 9가지 범주 내에서 의사결정을 하는 타인의 권리를 존중해야 함을 학습한다. 6. 교사와 학습자 사이에 개인적이며 사적인 관계를 시작한다. 7. 9가지 의사결정 및 결정의 주체 이전에 대한 신뢰를 발전시킨다.

1. 연습형 스타일의 특징

① 피드백이 주어진 기억/모방 과제를 학습자가 개별적으로 연습

② 목적: 교사가 학습자 개인에게 과제를 스스로 연습할 수 있는 시간과 피드백의 개별적 제공

2. 교사의 역할

모든 교과내용, 세부 운영절차 결정, 개별적 피드백 제공

3. 학습자의 역할

9가지 특정 의사결정과 기억·모방 과제를 개별적으로 수행

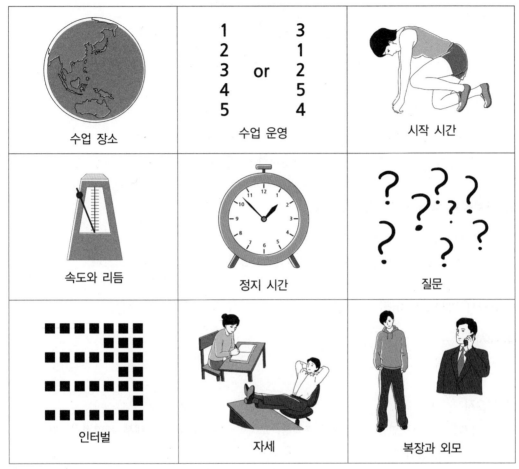

⊕ 9가지 의사결정사항

4. O-T-L-O 관계

특정한 의사결정사항이 교사로부터 학습자에게 이전

02 연습형 스타일의 구조

> 과제활동 전(T)
> 과제활동 중(L)
> 과제활동 후(T)

1. 의사결정의 변화

① 과제활동 중 9가지 의사결정사항이 교사로부터 학습자에게 이전

② 과제활동 전과 과제활동 후 의사결정사항은 변화되지 않고 교사가 모두 결정

2. 과제활동 후 교사의 피드백

① 과제와 관련된 학습자 수행에 대한 피드백

② 9가지 의사결정 범주 안에서 내리게 된 학습자 의사결정에 대한 피드백

3. 9가지 의사결정 이전 : 교사와 학습자 모두에게 개별화 과정의 시작

(1) 교사

학습자를 개별 수행자로 인식

(2) 학습자

① 과제를 스스로 연습, 교사와 상호작용, 교사에 의하여 결정된 세부 운영절차 내에서 9가지 의사결정 방법 학습

② 과제 연습과 관련된 시간 관리 결정 학습

4. 명칭의 변화

① 과제형 스타일(Mosston, 1986)

② 개인 연습형 스타일(individual practice style)

03 연습형 스타일의 실제

1. 에피소드의 이해

① 교사 : 교과내용, 설명/시범, 수업 운영절차 설명
② 학습자 : 과제수행에 필요한 용구, 과제수행 장소, 과제활동 정착, 과제습득에 필요한 시간의 중요성 자각

2. 연습형 스타일의 실행

(1) 과제활동 전 결정군

지시형 스타일에서처럼 교사는 과제활동 전 모든 사항 결정

(2) 과제활동 중 결정군

교사와 학습자 개인별 상호작용

(3) 과제활동 후 결정군

수업 회고, 평가, 반성

04 연습형 스타일의 함축적 의미

1. 역할의 이해

(1) 교사

학습자의 9가지 의사결정 신뢰

(2) 학습자

① 과제 연습과 9가지 의사결정
② 개별화 과정의 참여자
③ 학생 자신이 내린 의사결정 결과에 대한 책임
④ 학습자는 스타일 최초로 에피소드 중 의사결정에 대한 독립성 경험

2. 유도연습(guided practice)

① 지시형 : 내용에 대한 교사의 단계적 '유도' 학습
② 연습형 : '너 스스로(on your own)'로 개인 연습

05 교과내용 선정 시 고려사항(과제 종류, 연습과제 조직과 계획 측면)

1. 과제의 종류

(1) 변하지 않고 어떠한 틀에 고정된 과제

   ① 단거리 달리기 스타팅 블록에서 스타트 자세

   ② 테니스에서 포핸드 스트로크 시범

   ③ 다이빙에서 한 바퀴 반 앞돌기

(2) 움직임 혹은 반응이 '정확한가' 또는 '정확하지 않은가'

   ① 운동 과학적, 운동 역학적 원리 : 과학적 분석에 기초된 정확한 자세

   ② 교사나 코치의 과거 경험 : 정확한 일련의 움직임

   ③ 심미적 기준 : 문화적 일체감, 전통 의식 및 관습의 보존과 전승, 유형화된 움직임

2. 과제활동지

(1) 과제활동지/과제카드의 목적

   ① 과제참여 시간의 효율성과 교사와 학습자 간 효율적 의사소통 수단

   ② 체육관 또는 운동장에서 시각적 매체 활용

   ③ 연습하는 시간 동안 과제활동지는 정보의 근원

   ④ 과제활동 9가지 의사결정사항에 대한 학습자 책무성에 공헌

과제활동지(과제카드)의 목적	• 학습자 과제 기억 : '무엇을 할 것인가? 어떻게 할 것인가?' • 교사 반복 설명 감소 • 학습자 주의 집중 • 정확한 운동수행 단서 • 학습자 발달 사항 기록

(2) 과제활동지의 설계

   ① 무엇을, 어떻게 수행해야 할 것인가에 대한 정보

   ② 과제의 설명

   ③ 과제의 양 확인(특정 운동 반복횟수, 거리, 시간 양 등)

   ④ 학습자의 운동수행 발전 내용, 피드백에 대한 내용, 적절한 정보 등 기록

06 연습형 스타일의 특징

1. 학습자에게 9가지 의사결정의 이전

참고 **학습자에게 이전되지 못하는 결정사항**

1. 복장(보호장비, 안전장비)
2. 체육교과내용의 일부인 자세

2. 소환기법의 사용

① 학습자 과제수행과 의사결정 과정(역할 오류) 오류 조정
② 학급 활동 중지 ⇨ 교사 주위로 학습자 집합, 시범·설명(단체로 피드백) 반복 ⇨ 학습자 다시 연습장소로 이동

3. 개별 연습

4. 과제 수준별 제시 가능

5. 완전 학습 지향

07 발달경로

1. 연습형 스타일의 변형

(1) 학생 초대 전략

    ① 과제참여 시간 증가

    ② 학습자의 정서적 좌절감 경험하지 않도록 하는 기능

(2) 적극적 교수(Siedentop, 1991), 상호교수(Rink, 1993), 완전 학습

2. 연습형 스타일을 위한 과제활동지의 예

(1) 적절한 기준

    ① 움직임 전반에 걸친 개관

    ② 특정 자세

    ③ 독자적 연습 지침

(2) 부적절한 기준

    ① 상세한 설명과 과제의 세부 부분이 제시되지 못한 경우

    ② 시도 횟수 등이 기재되지 않은 경우

    ③ 평가에 대한 결정(할 수 있다/할 수 없다)이 학습자에게 이전되어 있는 경우

Section 08 상호학습형 스타일(C)

2001년 2번 / 2007년 추가 6번 / 2009년 6번 / 2010년 10번 / 2013년 8번 / 2017년 B 8번 / 2019년 B 7번 / 2023년 B 5번

01 개요

교과내용목표	행동목표
1. 지정된 관찰자와 연습할 기회를 계속 반복함으로써 특정 교과내용을 자기 것으로 소화해 낼 수 있다. 2. 주어진 과제와 관련된 단계, 계열성, 구체적인 것들을 가시화(visualize)할 수 있다. 3. 달성해야 할 과제의 기준을 활용하여 운동수행을 비교, 대조, 평가하는 방법들을 학습할 수 있다. 4. 실수를 확인하고 즉각적으로 수정하는 방법을 연습할 수 있다. 5. 교사 없이도 과제를 수행할 수 있다.	1. 사회성 및 상호작용 기술을 보다 확장시킨다. 2. 상호작용 관계를 증진시킬 수 있는 대화기술(특히 언어적)을 연습한다. 3. 동료와 함께 피드백을 주고받는 방법을 학습한다. 4. 운동을 수행함에 있어서 인내하고 참으며, 타인과의 차이점을 받아들인다. 5. 감정이입을 개발한다. 6. 사회적인 매너를 학습한다. 7. 과제를 넘어서는 사회적 유대감을 개발한다. 8. 타인과 상호작용/사회화하는 것을 신뢰한다. 9. 동료가 성공하는 것을 보면서 보상(감정)을 경험해 본다.

1. 상호학습형 스타일의 특징

특정 기준에 의하여 주어진 피드백과 사회적 상호작용

2. 교사의 역할

① 모든 교과내용 및 기준 ② 세부 운영절차와 관련된 결정 ③ 관찰자에게 피드백 제공

3. 학습자의 역할

① 자기 동료와 함께 두 명이 짝을 이루며 움직임 수행

    ㉠ 학습자는 주어진 과제수행과 9가지의 의사결정

    ㉡ 관찰자는 기준용지를 사용하여 즉각적이고, 지속적인 피드백을 수행자에게 제공

② 역할 교대

4. O-T-L-O 관계

동료 간 사회적 관계 구축과 즉각적 피드백을 제공하기 위한 환경 강조

02 상호학습형 스타일의 구조

> 과제활동 전   (T)
> 과제활동 중   (d)
> 과제활동 후 → (o)

1. 과제활동 후 상황에서 즉각적 피드백 제공을 위한 의사결정 이전

2. 1:1 상황 조직

① 수행자 대 관찰자

② 삼각관계 형성

   ㉠ 수행자와 관찰자의 의사소통 외에는 연습형 스타일과 동일

   ㉡ 관찰자는 수행자에게 계속적인 피드백을 제공하고 교사와 의견을 교환

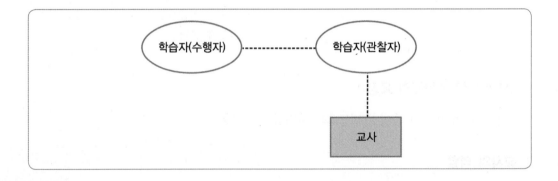

3. 의사결정

① 교사

   ㉠ 과제활동 전 모든 사항에 대한 결정

   ㉡ 관찰자 역할 간섭 금지

   ㉢ 과제활동 후 결정군에서 관찰자에게 평가 관련 의사결정사항 이전

② **수행자**: 수업상황에서 9가지 의사결정

③ 관찰자

4. 과제활동 후 피드백 제공 단계

① 기준을 아는 것과 과제에 대한 기대행동

② 수행자 운동수행 관찰

③ 수행자의 운동수행을 과제 기준에 비추어서 비교 및 대조

④ 결론 도출

⑤ 운동수행의 결과를 수행자에게 보고

03 상호학습형 스타일의 실제 : 에피소드의 이해 및 실행

1. 과제활동 전 결정군

① 교사는 교과내용 선정 및 계획

② 교사는 관찰자를 위한 기준용지/기준카드의 계획

③ 교사는 에피소드에 필요한 적합한 운영절차 결정

2. 과제활동 중 결정군

① 교사는 도입부분에서 상호 관계의 필요성에 대한 설명

② 학습자 역할 참여

③ 긍정적인 사회적 특성과 피드백 기술 개발

3. 과제활동 후 결정군

① 교사는 관찰자에게 계속적인 피드백 제공

② 교사기능 수행 관찰

04 교과내용과 기준용지의 선정 및 계획

1. 기준용지

① 에피소드의 성공과 실패 좌우
② 교사와 관찰자의 상호작용을 위한 구체적 토대
③ 설명 시간 절약

기준용지에 포함되는 사항	• 명확한 과제 설명 : 과제 세분화, 계열성 • 운동수행 중에 발생할 수 있는 특정 문제 • 과제를 보여주는 그림, 스케치 • 피드백으로 사용되는 언어적 행동의 예 • 관찰자의 역할 환기

2. 고려사항

① 상호학습형 스타일은 수행의 정확성 강조와 학습자 사회화, 상호작용 하는 방법에 초점
② 기준용지에 의하여 사회적 의사소통 발달
③ 짝 구성의 방법
　㉠ 짝을 이루는 목적은 사회적 발달이며, 다른 사람들과 함께 상호작용을 하는 동안에 관용, 참을성, 공감대 형성 등의 개발이 상호학습형 스타일에서의 주요 목표
　㉡ 상호학습형 스타일의 목적에 가장 잘 부합하는 짝 선택 요령은 학습자가 스스로 자기 짝을 선택하는 것
　㉢ 몇 개의 에피소드가 진행된 후 교사는 모든 참가자들이 수행자와 관찰자로서 자신의 역할을 잘 수행하는지 확인이 되면, 교사는 '자, 이제 여러분이 상호학습형 스타일의 역할과 의사결정사항들을 모두 알았으니, 오늘의 에피소드에서는 새로운 짝을 선택하도록 합시다.'라고 언급하고, 이러한 새로운 짝과의 협력관계는 하나 혹은 둘 이상의 에피소드까지 지속시키며 사회적 차원의 폭 증진
　㉣ 학급이 홀수인 경우 짝이 없는 학습자에게 연습형 스타일로 연습시키거나 다른 학습자들과 교대로 순환시키는 방법 적용
　㉤ 이미 구성된 짝이 서로 사회 정서적으로 맞지 않을 경우 짝의 재구성 요구

05 상호학습형 스타일의 특징

1. 상황 파악

① 교사의 지속적 관찰을 학습자가 인식해야 할 필요

② 무작위 순회, 질문을 위한 신호 절차 마련

2. 잘못된 인식

① 수준차를 고려하지 않고 설계

    ㉠ 짝: 역할 안에서 동등한 환경 제공

    ㉡ 사회적 맥락 내 능력 활용 기회

② 교사 할 일 없는 스타일

    ㉠ 사회화 기술

    ㉡ 관찰자의 대리교사 기술

> 각 학습자들은 전체 시간 가운데 절반 정도의 시간 연습
> ⇨ 과제참여 시간(time-on task) 및 실제학습 시간(ALT)의 효율성

06 발달경로

1. 인지적

피드백을 본질적으로 부여하는 과정

2. 사회적

사회적 의사소통을 증가시키는 피드백 기술

3. 정서적

피드백을 주고받을 때 지켜야 할 인내심과 참을성

4. 신체적 및 인지적

과제수행의 정확성

Section 09 자기점검형 스타일(D)

2001년 2번 / 2007년 6번 / 2009년 6번 / 2014년 A 기입 2번 / 2016년 B 6번 / 2023년 B 5번

01 개요

교과내용목표	행동목표
1. 과제를 독립적으로 수행할 수 있다. 2. 개별적으로 과제를 연습하고 평가하면서 신체활동의 운동 감각에 대한 자각력을 개발할 수 있다. 3. 평가와 피드백 기술 연습에 함축되어 있는 결과를 연습할 수 있다. 4. 자신의 과제수행에 대한 오류를 수정할 수 있다. 5. 과제참여 시간을 증가시킬 수 있다. 6. 자동적인 과제수행이 되도록 수업내용을 숙달할 수 있다.	1. 교사와 파트너에게 덜 의존하게 되며 자신의 피드백과 내용 숙달에 의존하기 시작한다. 2. 자신의 과제수행을 확인할 수 있는 평가기준을 사용한다. 3. 자신의 과제수행에 대한 정직성을 유지한다. 4. 자신의 한계에 도전한다. 5. 과제수행에서 자신의 유능감에 대한 자기-인식을 얻을 수 있다. 6. 개인 동기와 독립심을 발달한다. 7. 내적 동기를 수용할 수 있도록 피드백 기술을 개발한다. 8. 과제활동 중 결정군과 과제활동 후 결정군에서 의사결정권이 학습자에게로 이동하여 개별화 과정을 유지한다.

1. 특징

학습자가 과제를 수행하고 스스로 평가

2. 교사의 역할

교과내용, 평가기준, 수업 운영절차 등을 모두 결정

3. 학습자의 역할

과제를 독립적으로 수행하고 교사가 마련한 평가기준에 따라 자신의 과제수행을 스스로 점검

4. O-T-L-O 구조

개인연습과 자기평가 두 측면 강조

5. 과제수행의 시각화를 통한 최종결과 확인

자신의 과제수행 결과에 대한 내재적 피드백 제공

6. 과제수행의 정확한 기준 제공

7. 인지적 참여 강조

인지적 발달경로	• 운동 감각에 대한 자각 능력 향상과 정확한 신체 위치에 대한 평가 • 독립적 수행 • 과제(동작)오류 수정 능력 향상

02 자기점검형 스타일의 구조

> 과제활동 전　　(T)
> 과제활동 중　　(L)
> 과제활동 후 → (L)

1. 연습형 스타일과 상호학습형 스타일로부터 발전

① 연습형 스타일 : 과제수행 방법
② 상호학습형 스타일 : 평가기준 사용과 동료에게 피드백을 제공하는 방법

2. 의사결정권 이동

① 교사 : 과제활동 전 결정군에서 교과내용, 평가기준, 수업 운영절차에 대한 결정
② 학습자 : 과제활동 중 연습, 과제활동 후 자신의 과제수행 평가

03 교과내용과 평가기준용지 선정과 설계

① 학습자가 과제활동 후 자기평가에 참여하기 전 일부 과제에 능숙한 수행력 요구
② 초보자에게 불가능
③ 운동감각이 주된 초점으로 이루어진 과제 사용 불가능
④ 움직임 자체보다 움직임 결과로 최종 결과를 얻는 과제에 적합
⑤ 결과 지식 제공을 위한 과제수행 기록 : 비디오 녹화, 거울 사용

04 자기점검형 스타일의 특징

1. 언어적 행동

① 학습자는 교사가 제시한 평가기준에 기초하여 자신의 운동수행을 비교 대조할 수 있다는 것 확인
② 교사는 질문을 통하여 학습자가 자신의 과제수행과 평가기준 사이의 차이를 인식하도록 유도

2. 평가기준용지

① 복잡한 과제에 부적합
② 상호학습형 스타일에 맞게 설계된 평가기준 사용

05 발달경로(스타일의 변형)

① 개별화 교수(PSI)
② 과제 연습과 평가에 대한 독립성
③ 운동감각에 대한 자각과 기대행동에 대한 이해 요구

Section 10 포괄형 스타일(T)

2005년 4번 / 2006년 초등 14번 / 2007년 6번 / 공청회 5번 / 2009년 6번 / 2011년 8번 / 2016년 B 6번 /
2020년 A 6번 / 2024년 B 3번

01 개요

교과내용목표	행동목표
1. 학습자의 개별적인 과제수행능력을 인정할 수 있다. 2. 동일한 과제에서 학습자가 다양한 내용 시작점을 선택할 수 있도록 여러 옵션을 제공한다. 3. 연속적인 참여 기회를 제공하여 학습자의 내용 습득을 증가시킬 수 있다. 4. 내용을 수정하는 데 필요한 의사결정기회를 제공할 수 있다. 5. 질 높은 과제참여 시간을 증가시킬 수 있다. 6. 평가 과정을 강화시킬 수 있다.	1. 초기 과제수행 수준을 선택하여 과제의 시작점에 필요한 의사결정을 경험한다. 2. 수행기준안을 사용하여 자기평가 기술을 연습한다. 3. 연속적인 내용 참여를 유지할 수 있는 내용 수정 의사결정을 경험한다. 4. 과제수행능력에 대한 개인의 차이를 인정한다. 5. 자신이 생각하는 이상적인 기술 수준과 현재 자신의 과제수행능력 사이의 차이 또는 일치를 수용하는 능력을 배운다. 6. 자기 신뢰감을 내면화하는 기술을 연습한다. 7. 정직하게 자기평가를 실시하고 적절한 수준을 선택할 수 있도록 연습한다.

1. 특징

다양한 기술 수준에 있는 학습자가 동일한 과제에서 자신들이 수행할 수 있는 난이도를 선택하여 학생들의 연속적인 참여 보장

2. 교사의 역할

과제의 난이도 선정과 교과내용, 수업 운영절차에 대한 모든 의사결정

3. 학습자의 역할

학생 자신이 성취 가능한 수준을 조사하고 이에 따른 시작점을 선택하여 과제 연습 후 교사가 제시한 평가기준에 맞추어 자신의 수행 점검

4. 포괄의 개념

◈ 경사지게 줄 잡기

02 포괄형 스타일의 구조

과제활동 전　 (T)
과제활동 중 → (L)
과제활동 후 → (L)

1. 과제활동 전 결정군

교사는 과제수행 전 결정군에 대한 의사결정과 과제수행 중 학습자 역할 이동 예상

2. 과제활동 중 결정군

학습자 자신의 과제수행 수준을 선택하는 교과내용 시작점 결정에 대한 의사결정

3. 과제활동 후 결정군

학습자 자신의 과제수행 평가와 다음 연습과제 수준에 대한 의사결정

03 포괄형 스타일의 실제

① 선택의 개념을 강조하는 과제 수정을 통하여 포괄 발생
② 학습자는 교사가 제공한 여러 과제의 난이도를 조사한 후 자신에게 맞는 개별 출발점 결정
③ 학습자에게 시작 시간과 초기 난이도 선택(의사결정) 기회 제공
④ 교사는 연습 중 학생에게 개별 피드백 제공
⑤ 교사는 학습자가 선택한 수준에 가치가 담긴 피드백 제공을 피하고 가치중립적인 피드백 제공
⑥ 학습자는 자신에게 적절한 교과내용 수준을 선택하여 정의적 영역 발달 도모

04 포괄형 스타일의 함축적 의미

① 다양한 출발점은 모든 학생에게 성공적인 참여 제공
② 비대비 개념 확장
③ '다른 사람이 무엇을 할 수 있는가?'가 아닌 '나는 무엇을 할 수 있다'가 중요
④ 경쟁은 다른 사람과의 비교에 의해서 이루어지는 것이 아니라 자기 자신의 평가기준, 능력, 이상과 비교
⑤ **체육에서 개인차** : 능력, 체력, 체격, 동기 수준

05 교과내용의 선정과 설계

1. 개별화 프로그램 : 독립적인 연습 시간 연장

① 학생이 활동에서 배제되면 실패감 경험
② 출발점에서 성공할 수 있는 정당한 기회와 과제에 대한 연속적인 향상은 끊임없는 참여 보장

2. 난이도 개념 조정

(1) 과제 분석 : 3개의 설계방법

전통적 설계방법	• 연속적인 난이도 : 경사지게 줄 잡기 • 내적 요소 : 경사지게 줄 잡기의 경우에 줄의 높이 • 역학적인 원리가 포함된 과제 성공적으로 과제수행 ──── ✕ ─x 학습자는 이전 수준의 과제를 성공적으로 수행할 수 있는 능력이 있다.
반전통적 설계방법	• 연속적이지 아니한 선의 증가로 단계들 사이 예외적인 차이 존재 • 내적요소 난이도 : 배트로 치기 성공적으로 과제수행 ──── ✕ ─x 학습자는 이전 수준의 과제를 모두 성공적으로 수행하지는 않았다.
누적 설계방법	• 일정하지 아니한 선의 증가 • 외적 요소 난이도 : 팔굽혀펴기 기록 • 제공된 수준에 참여하기 위해 학습자는 이전 수준을 성공적으로 모두 수행 성공적으로 과제수행 ──── ✕ ─x 학습자는 이전 수준의 과제를 모두 성공적으로 수행했다.

(2) 점검목록표

① 점검목록표는 전통적인 설계와 누적 설계방법에 적합

② 내적요소와 외적요소 확인

점검목록표는 아래와 같을 것이다.

과제명: 팔굽혀펴기

	외적 요소	**범위**
_____	반복 수: 3	
_____	시간	

내재적 요소

_____ 거리
_____ 높이
_____ 장비 무게
_____ 목표물 크기
_____ 속도
____1___ 팔과 몸 사이의 각도

◉ 점검목록표-팔굽혀펴기

A   B   C

◉ 난이도의 요소

---

06 포괄형 스타일의 특징

① 끊임없는 참여와 발달

② 배제되었던 학생의 성공과 참여 보장

③ 장애 학생들에게 적합

④ 출발점에 대한 조사와 선택에 대한 학습자 권리 존중

⑤ 단일 평가기준에 따라 다른 사람과 경쟁하는 대신 다양한 평가기준으로 자기와의 경쟁

Section 11 모방 중심 스타일(A~E)의 공통점

01 과제식 교수, 학습 중심, 스테이션 교수 : 여러 학생들이 동시에 과제 연습

① 과제용지, 과제카드, 포스터
② 한 스테이션에서 다양한 과제
③ 과제에 대한 학생 선택권
④ 학습 진도 카드
⑤ 학생의 스테이션 이동 결정
⑥ 장비 부족 시 사용
⑦ 교사 신호에 따른 다른 스테이션으로 학생 이동
⑧ 학생의 다양한 능력 수준 고려

02 시범

1. 모사형 스타일과 시범

① **지시형 스타일** : 다른 스타일에 비해 시범에 가장 많이 의존
② **포괄형 스타일** : 모사형 스타일 중 시범에 가장 적게 의존
③ **모사형 스타일** : 창조형 스타일에 비해 상대적으로 시범의 중요성 부각

2. 정확한 기준 제공

03 수업조직의 주의사항

1. 효율성

변인	활용	전략과 효율적 장점
공간	• 여러 과제를 이용한 공간 조직 • 장비와 공간 효율	• 서킷 트레이닝 • 빈 공간과 벽 사용
과제 설명	• 공간과 기구 배치도 • 과제카드와 포스터 활용	• 시간 절약, 반복설명 불필요 • 교사 관찰·피드백 증가

2. 수업조직(사람, 시간, 공간) 방법 2009년 3번

(1) 단일 스테이션-단일 과제	• 학습자가 한 장소(스테이션)를 선택하고 선택한 스테이션에서 1가지 과제수행, 교사가 계획한 시간으로 과제수행(양 결정)	
(2) 단일 스테이션-다 과제	• 한 장소(스테이션)에서 연속적으로 1가지 이상의 과제수행	
	과제 1	교사의 시범과 같이, 한 지점에서 오른손으로 50번 드리블한다.
	과제 2	교사의 시범과 같이, 한 지점에서 왼손으로 50번 드리블한다.
	과제 3	교사의 시범과 같이, 한 지점에서 60번 드리블한다. 이때 10번씩 손을 바꾸어 가면서 한다.
(3) 다 스테이션-단일 과제	• 각 학습자가 제공된 장소(스테이션)에서 과제를 완수하면 다른 스테이션으로 이동하여 새로운 장소에서 1가지 과제수행 • 학생에게 제공할 용기구가 부족할 때 매우 효율적 • 웨이트 트레이닝	

<table>
<tr>
<td>(4) 다 스테이션-다 과제</td>
<td>
• 학습자가 각 스테이션에서 1가지 이상의 과제수행
• 각 스테이션마다 다른 과제 제시
<table>
<tr><td rowspan="2">스테이션 1</td><td>과제 1</td><td>20번 셋 슛하기</td></tr>
<tr><td>과제 2</td><td>20번 후크 슛하기</td></tr>
<tr><td rowspan="2">스테이션 2</td><td>과제 1</td><td>벽에 있는 목표물에 25번 연달아 체스트 패스하기</td></tr>
<tr><td>과제 2</td><td>벽을 향해 25번 연달아 바운드 패스하기</td></tr>
<tr><td rowspan="3">스테이션 3</td><td>과제 1</td><td>파란색 선에서 정해진 길을 따라 앞으로 드리블</td></tr>
<tr><td>과제 2</td><td>파란색 선에서 정해진 길을 따라 뒤로 드리블</td></tr>
<tr><td>과제 3</td><td>위와 같은 방법으로 옆으로 드리블</td></tr>
</table>
</td>
</tr>
<tr>
<td>(5) 동일 스타일에서
다른 난이도의 과제</td>
<td>
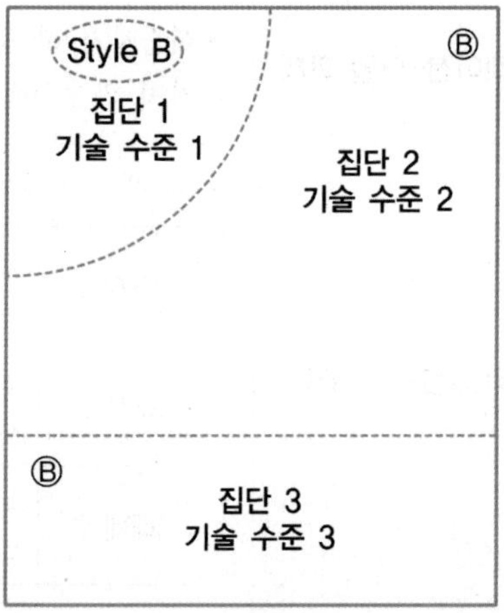
Style B
Ⓑ
집단 1
기술 수준 1
집단 2
기술 수준 2
Ⓑ
집단 3
기술 수준 3
</td>
</tr>
<tr>
<td>(6) 여러 스타일의 동시 운영</td>
<td>
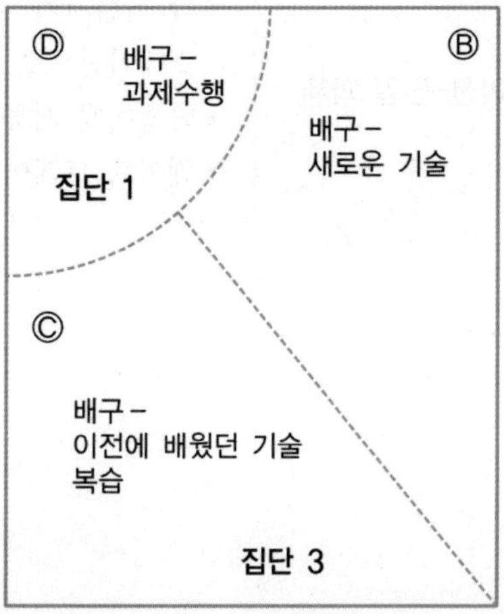
Ⓓ
배구 -
과제수행
Ⓑ
배구 -
새로운 기술
집단 1
Ⓒ
배구 -
이전에 배웠던 기술
복습
집단 3
</td>
</tr>
</table>

Section **12** 유도발견형 스타일(F)

2003년 3번 / 2007년 추가 6번 / 2008년 5번 / 2010년 10번 / 2011년 9번 / 2012년 7번 / 2019년 B 7번 / 2025년 A 6번

01 개요

교과내용목표	행동목표
1. 주어진 질문 간의 상호 연관성을 발견할 수 있다. 2. 목표의 개념, 원리, 아이디어를 발견할 수 있다. 3. 보다 논리적인 광의의 개념으로 유도하는 단계적인 과정을 거치면서 목표개념과 원리를 발견할 수 있다.	1. 발견 역치를 뛰어넘는다. 2. 학습자가 수렴적인 사고를 나타내는 원리를 발견하도록 유도한다. 3. 학습자가 교사에 의해 주어진 질문과 본인이 발견한 해답 사이의 정확한 인지적 관계를 인식한다. 4. 목표에 도달하는 단계가 정확하고, 논리적이고, 최소한의 단위로 이루어진다. 5. 발견의 과정이 효율적이고 생산적이며, 정서적인 분위기 속에서 이루어지도록 한다. 6. 학습자에게 '발견의 희열(Eureka!)'을 경험토록 한다.

1. 특징

교사는 미리 예정되어 있는 해답을 학습자가 유도 발견하도록 계열적이며 논리적인 질문 제공

2. 교사의 역할

계열적인 질문 설계와 교과와 관련된 모든 의사결정

3. 학습자의 역할

교사에 의해 주어진 질문에 대한 해답 발견, 즉 학생이 해답을 발견하는 동안 교사가 정해준 과제 내용의 일부분에 대한 의사결정

4. 연속적인 과정으로 수렴 과정의 누적적 효과

① 질문은 학습자를 미리 예정된 목표로 인도하는 수렴적 과정 요구
② 교사와 학습자의 1:1 상황 제공

02 스타일의 구조

<blockquote>

과제활동 전   (T)

과제활동 중 → (T/L)

과제활동 후 → (T/L)

</blockquote>

1. 과제활동 전 결정군

① 교사의 모든 결정권 유지

② 교사는 발견 유도하는 논리적이며 계열적인 질문 설계

③ 교사는 모든 운영 절차 결정

2. 과제활동 중 결정군

① 교사에 의해 선택된 교과 주제 내에서 학습자가 교과내용의 부분적인 요소에 대하여 의사결정을 하며 해답 발견

② 교사와 학습자의 지속적 상호작용

3. 과제활동 후 결정군

① 교사는 질문(단서)에 대한 학습자 해답(반응) 검토

② 학습자와 교사의 지속적 상호작용

03 유도발견형 스타일의 실제

1. 에피소드의 이해

(1) 유도발견 단계 설계

① 학생이 최종 결과(개념, 특정한 움직임)를 발견할 수 있도록 점진적으로 유도하는 질문의 순서(혹은 단서) 결정

② 각 단계별 내용 사이 내적 연관성

③ 1가지 단서에 오직 1가지 반응이 나오도록 구성

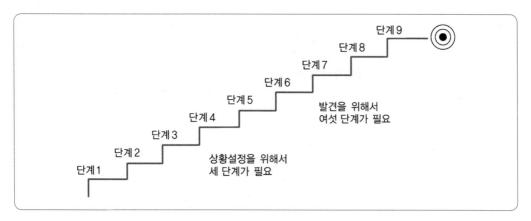

(2) 유도발견의 과정

각 단계에서 S-D-M-R 관계 구현

(3) 유도발견형 스타일 운영 규칙

① 해답을 결코 말하지 말 것

② 항상 학습자의 반응을 기다릴 것(충분한 탐색과 답변대기 시간)

③ 피드백을 자주 제공할 것(정확한 경로의 해답 발견 과정 확인)

④ 수용적이며 인내하는 분위기 조성과 유지

(4) 과제활동 중 결정군에서 교사 인식 요인

① 목표 또는 표적

② 단계 계열의 방향

③ 각 단계의 크기

④ 단계 간의 상호관계

⑤ 순서진행의 속도

⑥ 학습자의 정서

(5) 유도발견형 스타일에서의 피드백

① 피드백은 목표성취에 대한 평가의 한 형식

② 지속적인 동기 부여

2. 유도발견형 스타일의 실행

(1) 과제활동 전 결정군에서 교사 역할

① 수업 에피소드의 구체적인 표적(학습자에 의해 발견될 개념) 설정

② 학습자에게 발견을 유도한 질문의 단계와 순서

③ 각 단계의 크기

④ 유도발견의 과정으로 학습자가 참여하게 될 에피소드 선정

(2) 과제활동 중 결정군

① 교사와 학습자 간의 지속적인 상호작용

② 수업에서 성취해야 할 행동기대에 대한 교사 진술 금지

04 유도발견형 스타일의 함축적 의미

1. 발견 역치

2. 학생의 논리적이고 수렴적인 발견을 위한 교사의 교육목표 설정

3. 교사의 계열적 질문 설계

05 교과내용 선정과 설계

1. 발견 범주

① 개념
② 규칙을 지배하는 원리
③ 존재 사이의 관계
④ 원인과 결과 관계

2. 학습자가 알지 못하고 있는 내용

3. 사실, 날짜, 특정 단어, 이름, 전문용어 제외

4. 종교적 이슈, 성교육, 정치학 등 인문사회과학 분야에 사용될 때 주의

5. 운동역학, 움직임의 과학적 원리, 움직임 위치에 따른 변화

06 유도발견형 스타일의 특징

1. 인지적 경제성

① 효율적 목표 도달
② 스스로 발견하고자 할 때 기억과 참여 기회 최대
③ 실패에 대한 두려움 극복과정

2. 집단 또는 개별적 유도발견 실행

① 1 대 1 상황에서 최고의 결과 성취
  ㉠ 개별적 단계를 통과하고 참여할 때 최대 실현
  ㉡ 개별적 학습자 발견 속도
② 교수 운영 절차: 1 대 1 과정을 위한 조건
③ 유도발견은 새로운 주제 소개에 유용: 흥미 조성

07 발달경로

1. 스타일 전개와 설계 변화과정 변수의 조작 요인

① 제공되는 단서의 수, 교과내용의 양
② 발견질문과 기억질문의 비율

2. 탐구수업

예시 유도발견형 스타일(축구)

학습목표	길게 뜨는 볼 차기에서 발가락 끝으로−차기(toekick)에 대한 발견
대화의 예	질문 1: 멀리 떨어진 사람에게 공을 패스하고 싶을 때 어느 정도의 거리로 차야 할까? 대답 1: 길게 차기! (맞았어!) 질문 2: 너와 네 팀 동료 사이에 상대 팀 선수가 있고, 그 근처에 또 다른 팀 동료는 아무도 없다고 가정해 보자. 너는 네 팀 동료에게 어떻게 하면 공을 안전하게 찰 수 있을까? 대답 2: 공이 높이 뜨도록 차야 해요! (맞아?) 질문 3: 공을 높게 뜨도록 차기 위해서는 공의 어느 부분을 차야 할까? 대답 3: 가능한 한 낮은 부분요. (그렇지.) 질문 4: 달리고 있을 때, 발의 어느 부분이 공의 가장 낮은 부분에 편안하게 닿을까? 대답 4: 발가락이요! (훌륭한 대답이야. 우리 한번 움직임으로 시도해 보자!)

Section 13 수렴발견형 스타일(G) 2010년 10번 / 2024년 A 9번 / 2025년 A 6번

03

01 개요

교과내용목표	행동목표
1. 1개의 질문에 대한 1개의 정답 혹은 1개의 문제에 대한 1개의 해답을 탐색할 수 있다. 2. 논리적으로 최종 반응으로 수렴되는 내용의 연계성을 발견할 수 있다. 3. 다양한 사고의 유형을 개발할 수 있다.	1. 수렴적인 발견을 통해 1가지의 바른 반응을 도출한다. 2. 논리적·이성적·연속적인 문제해결 기술을 활성화한다. 3. 인지적 작용을 동원하여 내용 간의 위계를 형성하고 구체적인 순서를 구성하여 문제를 해결한다. 4. 극적인 발견 경험에 수반되는 인지적·정서적 발산을 경험한다.

1. 특징

미리 결정되어 있는 정확한 반응을 수렴적 과정으로 발견, 기대되는 반응에 이르도록 하는 논리적 추론 질문의 구성과 연결을 통해서 문제의 해결 방법 발견

2. 교사의 역할

탐색되어야 할 목표 개념을 포함한 교과내용 결정과 학습자에게 단일 질문 계획·구성, 문제 혹은 질문을 제시하고 학습자가 해답을 찾아가는 과정을 관찰하여 해답을 가르쳐 주는 것이 아니라 피드백이나 단서 제공

3. 학습자의 역할

추리력, 호기심, 논리적 사고를 동원해 문제에 대한 논리적으로 연결된 해답 발견, 학습자가 스스로 질문을 만들고 논리적 연결을 구성하여 반응 발견, 학습자는 문제 혹은 질문을 검토한 후 인지작용 사용으로 해결 절차를 전개함. 따라서 과정과 해결 방법을 적절한 내용 기준과 비교 확인으로 질문에 대한 해답과 목표에 반응

02 수렴발견형 스타일의 구조

> 과제활동 전　　　(T)
> 과제활동 중 →　(L)
> 과제활동 후 → (L/T)

1. 과제활동 전 결정군

① 교사의 단일 질문 계획
② 교사는 과제활동 전 결정과 문제 설계·배열

2. 과제활동 중 결정군

① 발견할 반응(해답)으로 수렴되기 위하여 학습자는 인지기능을 선택
② 학습자 발견과정에 대한 교사 관찰
③ 학습자가 해답을 발견할 때까지 교사의 인내심 요구(간섭 금지)

3. 과제활동 후 결정군

① 학습자는 추리과정, 시행착오, 혹은 자신이 선택한 해법이 문제해결에 도움을 주었는지 확인
② 탐구·시행착오 검토에 대한 학습자와 교사의 상호작용
③ 학생 해답 확인을 위한 교사의 질문

03 수렴발견형 스타일의 실제

1. 수렴발견형 스타일에서는 행동기대 진술(유도발견과의 차이)

① 학습자의 인지능력에 초점
② 정확한 1가지 해답 발견
③ 교과내용은 학습자에 의해 구성
④ 학습자는 과제에 대한 해답을 논리적 단계를 통해 스스로 발견

2. 학습자 요구 능력

① 질문 만들기

② 계열성에 맞는 정보 탐색

③ 내용 결합과 연결

④ 정보 수렴

⑤ 올바른 반응 발견

♡ 에피소드 이벤트

행동	교사 : 1. 논리적, 수렴적, 이성적 인지 기술을 사용해 문제에 대한 해답을 발견하도록 (혹은 논점을 명확히 하거나 결론에 이르도록) 하기 위해 본 에피소드의 주요 목표를 말해 준다. 2. 본 에피소드에서 학습자가 해야 할 역할에 대한 기대를 설명해 준다. 3. 본 에피소드에서의 교사의 역할 기대를 설명해 준다.
과제 제시	교사는 상황을 설정하고 질문, 상황, 혹은 문제를 제시한다.
세부 운영절차	수업 운영절차상의 기대 : 교사는 수업장면에 필요한 변수만을 설정해 준다. 본 스타일에서의 변수 결정은 다음의 범주 중 하나 혹은 모두에 적용될 수 있다. • 수업 자료 ⠀⠀⠀⠀ • 시간 • 인터벌 ⠀⠀⠀⠀⠀⠀ • 자세 • 수업 장소 ⠀⠀⠀⠀ • 복장과 외모
이해를 위한 질문	행동 전에 기대행동에 대한 이해를 확인한다.
활동, 과제참여, 과제수행	학습자 : 1. 문제에 대해 인지적 접근을 시작하며 논리적인 해답으로의 수렴발견을 시작한다. 2. 최종적으로 '발견한 목표(discovered target)'를 진술한다.
피드백	교사는 … 학습자는 …
정리	교사는 발견될 목표(discovered content target)로 수렴해 가는 학습자의 학습 성취를 승인한다.

04 교과내용의 선정과 설계

1. 과제기준

① 질문 혹은 상황이 오직 1가지 정확한 반응을 유도

② 과제는 수렴적 사고 유도

③ 학습자의 발견과정 확인

④ 움직임 역학적 분석의 과제

⑤ 움직임의 계열성을 발견하도록 유도하는 과제

2. 수렴발견을 위한 인지작용

① 정보 비교

② 비교된 정보 범주화

③ 각 범주에 대한 결론

④ 탐색에 사용된 원리와 단일 법칙 간 관계 확인

05 수렴발견형 스타일의 함축적 의미

1. 학습자 스스로 교과내용 구성

2. 학습자의 수렴적 사고

3. 학습자는 위계적인 인지작용으로 수행능력 발달

4. 수렴발견과정을 통한 학습자 문제해결방법 학습

예시 -1 **수렴발견형 스타일** : 자세와 움직임 속도가 심박수에 미치는 영향

과제	아래에 나와 있는 각 동작을 하고 끝나는 즉시 심박수를 측정한다. 각 동작 사이에는 2~3분씩 굽힌 자세로 휴식을 취한다.	
활동	**내용**	**심박수**
	1. 2분간 누워 있기(침묵, 이완)	
	2. 1분간 앉아 있기	
	3. 2분간 차렷 자세를 취한다.	
	4. 체육관을 천천히 한 바퀴 걷는다.	
	5. 체육관을 빠르게 한 바퀴 걷는다.	
	6. 체육관을 조깅으로 한 바퀴 돈다.	
	7. 체육관을 중간 속도로 한 바퀴 뛴다.	
	8. 체육관을 전력으로 한 바퀴 뛴다.	
	9. 1분간 줄넘기를 한다.	
	10. 거수도약, 앉았다 일어서기, 팔굽혀펴기를 각각 20초씩 연속적으로 한다.	
질문	1. 자세에 따라 심박수가 어떻게 변했는가? 2. 3번(차렷 자세)에서 4번(천천히 걷기)으로 바꿈에 따라 심박수가 어떻게 변했는가? 3. 위에서 얻은 정보에 근거하여 심박수와 운동 형태의 관계에 대해 결론지어 보시오.	

예시-2 수렴발견형 스타일: 균형에 관련된 법칙

과제	교사는 학생들에게 다음의 요구를 함으로써 본 에피소드를 시작하도록 한다. "바닥에 가까운 자세를 취하시오."
활동	• 바닥에 닿는 신체 부위가 여섯 군데가 되도록 한다. • 바닥에 닿는 신체 부위가 네 군데가 되도록 한다. • 바닥에 닿는 신체 부위가 두 군데가 되도록 한다.
질문	1. 각 자세에서 수 초간 균형을 잡고 균형 능력에 어떠한 변화가 있는지 주시합시다. 2. 이번에는 두 부위로 바닥을 딛고 몸을 최대한 높이 뻗어 수직 균형 자세를 취해 봅시다. 3. 다음은 한 부위로 바닥을 딛고 비수직 자세를 취해 봅시다. 4. 위의 각 설계에서 자신의 균형에 대한 정보를 사용하여 균형 자세에 영향을 미치는 법칙을 말해 봅시다.

예시-3 수렴발견형 스타일: 심폐지구력 증진방법

과제	여러분의 목표 심박수를 계산하는 방법이 아래에 제시되어 있다. 자신의 목표 심박수를 계산하시오.
활동	• 최대 심박수 × 70% = 목표 심박수 • 최대 심박수 = 220 − 나이 • 220 − 나이 = (최대 심박수) • 최대 심박수 × 0.7 = (목표 심박수)
질문	1. 45세의 목표 심박수를 계산하시오. 2. 자신의 목표 심박수와 평균 목표 심박수인 140을 비교하시오. 자신의 수치가 그보다 높은지, 낮은지, 같은지 기술하시오. 3. 45세의 목표 심박수와 평균 목표 심박수를 비교하시오. 4. 목표 심박수와 나이의 관계에 대한 결론을 서술하시오. 5. 심박수만 놓고 봤을 때, 위에 제시된 활동 중 어느 것이 심폐지구력 향상에 도움을 줄 수 있는가? 6. 결론적으로 어떤 행동이 여러분의 심폐지구력 향상에 도움이 될 것으로 생각하는가? 7. 위에 언급되지 않은 것 중 심폐지구력을 증진시킬 것이라고 생각되는 스포츠나 활동을 3가지 이상 기술하시오.

Section 14 확산발견형 스타일(H) 2003년 3번 / 2009년 5번 / 2010년 10번 / 2010년 12번 / 2020년 A 6번

01 개요

교과내용목표	행동목표
1. 하나의 질문 혹은 문제에 대해 다양한 반응을 생성하고 발견할 수 있다. 2. 구체적인 인지작용을 통해 확산적인 생산의 경험을 체험할 수 있다. 3. 교과내용영역에 존재하는 대안적인 가능성을 발견함으로써 내용영역을 확장할 수 있다. 4. 고정된 사고의 틀 속에서 벗어나 열린 마음으로 문제와 이슈에 대해 사고하고 관망할 수 있다. 5. 해결책을 찾아내고 특정 목적을 위해 그것들을 조직하는 능력을 개발할 수 있다.	1. 질문을 만족시키는 다양한 반응의 생성, 즉 확산적 발견에 참여한다. 2. 인지적 문제해결을 통해 확산적 사고를 활성화 한다. 3. 대안적인 사고를 정서적·인지적·사회적으로 충분히 수용한다. 4. 1가지 문제나 이슈에 대해 다양한 방식으로 접근이 가능하다는 사실을 수용한다. 5. 다른 사람의 아이디어를 수용한다. 6. 아이디어를 생산함으로써 인지적·정서적 충만감을 느낀다. 7. 적절할 때 감환과정에 참여한다. 8. **감환과정(P−F−D 과정)** : 다양하게 제시된 해결책 중 가능한(Possible)−실행 가능한(Feasible)−바람직한(Desirable) 해결책으로 검토해 가는 과정

1. 특징

① 구체적인 인지작용을 통해 문제 상황에서 확산적 반응 발견

② 학습자가 최초로 교과내용에 관한 선택

③ 약간의 한계 내 학습자가 주어진 교과내용과 관련된 세부과제 결정

④ 확산적인 사고 능력 개발

⑤ 댄스 분야 발견, 설계, 새로운 것 창조, 움직임의 다양한 조합, 공을 패스하는 여러 가지 방법, 다양한 전략, 댄스 안무, 부가적인 도구의 사용 등의 능력 개발

⑥ 발견적 인지작용의 활성화

⑦ 학습자 수준에 맞는 신체적 활동을 할 수 있도록 한 개별화된 경험 제공

⑧ 목적은 구체적인 인지작용을 통한 다양한 해답 발견

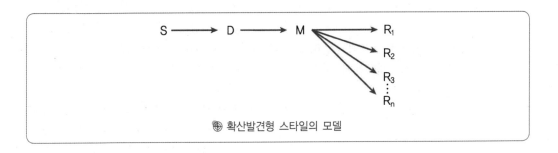

⊛ 확산발견형 스타일의 모델

2. 교사의 역할

학습자에게 전달해야 할 교과에 대한 특정 문제와 주제 결정(질문할 문제 결정, 학생 반응의 수용, 특정 과제에 대한 검증 자료 제공)

3. 학습자의 역할

① 특정 문제에 대한 다양한 설계/해답/반응 발견

② 연습형 스타일의 9가지 과제활동 중 결정군 실행

③ 확산적인 반응 생성(같은 질문에 대한 다양한 해답)

④ 반응들의 타당성 확인과 특정 과제 내에서 반응 평가 및 확인

02 확산발견형 스타일의 구조

> 과제활동 전　　(T)
> 과제활동 중　→　(L)
> 과제활동 후 (→) (L/T)

1. 과제활동 전 결정군

① 과제활동 전 결정군 교사는 모든 의사결정
② 교사 질문(S)은 학습자의 논리적인 해답 발견과정 촉발

2. 과제활동 중 결정군

① 교사 질문과 감환 과정을 위한 준거 제시
② 학습자는 다양한 움직임 설계/해결/아이디어 발견에 대한 결정

3. 과제활동 후 결정군

① 학습자는 교사로부터 다양한 반응에 중립적 피드백, 확산 과정 참여에 관해서는 가치 관련 피드백을 제공받음
② 학습자는 선택한 과제와 감환준거에 기초하여 과제에 대한 평가 수행

03 확산발견형 스타일의 실제

1. 에피소드의 이해

(1) 질문은 학습자의 인지적 발달영역 자극

    ① 질문은 구술, 기록 형식, 조직적인 형식을 사용하여 제시

    ② 수업 운영 차원에서 주의사항 전달

(2) 학습자 반응에 대한 교사의 중립적(반응수용의 의미로) 피드백

    ① 확산적 발견 분위기 조성

    ② 교사는 학습자 개별 반응에 교정적, 가치 관련 피드백 제공 삼가

(3) 정리 시 확산발견 과정 참여에 관한 피드백(가치적 피드백) 제공

2. 확산발견형 스타일의 실행

(1) 과제활동 전 결정군

    ① 일반적인 단원 내용에 관한 결정(텀블링, 골프, 현대무용 등)

    ② 에피소드의 중심이 되는 구체적인 과제에 관한 결정(백핸드스프링, 펏, 회전)

    ③ 다양하고 확산적인 해결책을 이끌어 낼 구체적인 문제/상황/질문의 설계에 관한 결정

(2) 과제활동 중 결정군

    스타일이 실행되는 방식은 매우 다양함

04 확산발견형 스타일의 함축적 의미

    ① 창조의 단계

    ② 교사는 과제 내 학습자가 창조해 내는 새로운 설계의 가능성 수용

    ③ 교사는 학습자 발견 과정을 위해 충분한 시간 제공

    ④ 학습자는 인지적 창조와 신체적 수행 사이의 관계 학습

    ⑤ 동료 학생 아이디어와 해결책 수용

05 교과내용 선정과 설계

1. 교과내용 선정 요소

① 움직임 원리
② 다양한 움직임의 연결, 유형, 운동, 루틴, 댄스, 전술, 전략 등 발견

2. 설계

① 설계하기는 학습자의 대안적인 반응 산출에 초점
② 구르기와 재주넘기의 과정에서 구르기의 방향, 자세, 리듬, 움직임의 연결 등에 초점하여 다양한 구르기 가능
③ 대부분의 학습자가 기억하고 있는 반응 기억이 모두 소멸되면 발견의 역치를 지나 익숙하지 않은 반응 산출

3. 참여 시간과 연습량의 차이

① 확산발견형 스타일은 정답이 마련되어 있지 않은 해결책 발견
② 발견에 필요한 시간은 학습자 개인의 능력에 따라 소요

06 확산발견형 스타일 특징

1. 정의적 영역

① 발견 과정의 기쁨
② 주체성
③ 정서적 개인차에 따라 적절한 스트레스 대처능력 개발

2. 집단

① 집단 상호작용 기회 제공(개인적 발견에 초점하나 사회적 상호작용 필수)
② 집단 참여는 사회적 · 정서적 · 인지적 영역의 균형적인 상호작용

07 질문 구성

1. 확산발견형 스타일에서 학습자 경험

① 이미 알고 있는 것 이상의 인지적인 반응 생산

② 질문/상황에서 다양한 확산적 발견

③ 적절한 시기 P−F−D 과정 사용으로 반응 검토

2. 확산적 발견의 적절치 못한 예

(1) 하나의 단일 반응

① 오늘 네가 할 활동을 구성해 보아라.

② 네 자신의 고유한 움직임을 표현해 보아라.

③ 기구 하나를 선택하고 그것으로 무엇을 할 수 있을지 해 보아라.

(2) 정확한 기억에 근접한 반응

예시 **확산발견형 스타일** : 3가지 다른 연속적인 균형 잡기 동작 설계 순서와 움직임 변화

필요조건 (요소의 순서)	• 한 발로 선 높은 자세 • 두 발로, 혹은 발가락 끝으로 낮은 자세 • 한 발로 선채 상체를 앞으로 숙인 상태 유지(A front scale) • 점프 턴, 한 발로 착지(무릎 관절을 구부리며) • 상체를 아래로 향하게 한 자세
해결책	

08 P-F-D 과정 : 해답(반응)의 처리

1. 감환과정(reduction)

(1) 단계

① 가능한 해결책	• 교사 준거 설정(실행 가능한 해결책) • 준거는 반응의 수용과 거부 기준	P (가능한 해결책)
② 실행 가능한 해결책	• 선택의 과정은 기준에 의거한 감환과정의 결과 • '가능한'으로부터 '실행 가능한'으로 단계의 진전은 '감환의 과정' 혹은 '여과(filtering)'로 명명	F (실행 가능한 해결책)
③ 바람직한 해결책		D (바람직한 해결책)

(2) 수업에서 P-F-D의 사용

① 기준에 따른 해결책을 검토하면서 학습자는 인내심과 다른 학습자에 대한 의견을 존중하는 능력 향상

② P-F-D 과정은 경쟁적 반응을 감소시키는 기준으로 해결책 선정의 합리적 과정

2. 언어행동

① 해답에 대한 교사의 중립적 수용 자세는 학습자의 인지적 창조 촉진

② 교사의 역할은 질문과 관계되는 학습자 반응의 수용과 관찰

Section 15 자기설계형 스타일(I) 2007년 추가 6번 / 2010년 10번 / 2014년 A 2번 / 2024년 B 3번

01 개요

교과내용목표	행동목표
1. 학습자 고유의 아이디어를 발견하고 창조하며 조작할 수 있다. 2. 교과내용을 수업의 연장 상황에서 다양한 쟁점으로 활용할 수 있다. 3. 학습쟁점을 관찰하고 탐색하는 체계적인 진행과정에 적극적으로 참여한다. 4. 학습자 고유의 운동수행 및 평가의 준거를 세울 수 있다.	1. 운동수행 및 생각에 대한 개인차를 수용한다. 2. 학습자는 관련 학습 시간에 독자적인 경험을 더 많이 갖게 된다. 3. 과제수행에 대한 인내심과 과제 집착력 훈련이 된다. 4. 학습자의 자발성을 유도하는 기회를 제공한다.

1. 특징

① 문제쟁점 해결을 위한 학습구조 발견에 대한 독립성 확립
② 학습자들 각자가 학습 프로그램 설계·개발, 학습 프로그램을 조직화하여 학습자 개개인에게 적합한 일련의 에피소드별 수업 과제 제시의 목적 내포

2. 교사의 역할: 학습자가 학습주제를 결정할 수 있도록 세부적인 공통교과내용 선정

① 학습자들이 학습목표를 선택할 수 있도록 공통 학습주제 범위 선정
② 학습자의 학습 진행상황 관찰
③ 학습자들의 주기적인 학습질문과 해답 경청

3. 학습자의 역할: 공통 교과내용에 따른 학습과정 결정

(1) 공통 교과내용 안에서 학습자 고유 초점에 따른 질문 만들기
① 해당 학습의 중심이 되는 학습목표 선정
② 학습목표에 적합한 질문과 쟁점 규정

(2) 학습 진행방법 및 학습 진행절차를 확인할 수 있는 질문 만들기
① 질문 구성, 학습과제 체계화, 자기설계형 스타일로 설계하는 일련의 학습행동
② 학습목표와 관련된 자료 수집, 질문에 답, 지적 구조물로 조직화

(3) 해답/움직임 발견하기

해당 학습 문제의 해답 및 학습 결과에 대한 증명

(4) 학습을 위한 운동수행범위 설정하기

4. 자기설계형 스타일의 고유 측면

(1) 학습자 자율적 결정권 확대
① 교사는 교과내용 분야(특정 운동, 스포츠, 발달학습, 게임, 시설 사용 제한, 스케이트보드, 스키, 평균대 등)에 대해서만 결정
② 학습자는 결정된 교과내용 범위 내에서 질문 구성, 문제 발견, 해결방안 모색
③ 학습자 자신이 일련의 학습을 설계, 순서 결정, 학습과 학습을 연결하는 책임
④ 학습자 개개인 인지적 능력과 창조적인 능력을 극대하기 위한 동기 유발 교수

(2) 체계적 모델
① 쟁점의 구성요소 발견, 구성요소 간의 관계 발견, 학습쟁점 실험·탐색
② 일정 기간 이상의 수업 시간을 포함한 상황에서 학습자 개개인에 의해 개별적으로 구조화되는 과정 필수
③ 이전의 스타일을 모두 연습할 수 있는 기회 제공

02 자기설계형 스타일의 구조

과제활동 전　　(T)
과제활동 중 → (L)
과제활동 후 → (L)

1. 과제활동 전 결정군

① 교사는 공통학습주제 선정(공통 교과내용 결정)
② 교사는 새로운 학습목표에 대한 설명 준비
③ 교사는 학습자의 학습 시간 배정
④ 교사는 학습자의 독립성 확보가 보장된 스타일로써 학습활동에 참여할 수 있도록 유도하는 방법 결정

2. 과제활동 중 결정군

① 학습자는 스스로 선택한 교과내용들과 관련된 모든 형태의 행동과 이에 따른 논리적인 결정
② 학습자는 교과내용에 따른 학습목표 선택, 학습 프로그램 설계에 필요한 질문과 수업 진행방식 선택, 학습평가의 범주 결정, 수업과정 결정
③ 학습자 성취감, 자신감, 자존감 획득

3. 과제활동 후 결정군

① 교사는 학습자를 돕고, 경청, 학습활동 참여에 대한 피드백 제공
② 학습자는 그들이 선정한 학습 범주에 따라서 얻어진 자신들의 결론 증명, 수정, 결과에 대한 교사와 의견 교환, 학습활동에 대한 최종 평가

03 교과내용 선정 고려사항

① 학습에 대한 기초 정보만 제공하고 전반적인 자료는 제공 금지
② 교과내용은 학습 요소 간 연결, 결합, 비교될 수 있는 다양성 유지
③ 해당내용의 경험과 창조형 스타일 경험 요구
④ 대단원 학습 단위의 수업 시간 확보
⑤ 지시나 설명보다는 질문법 사용
⑥ 학습 진행과정, 학습 결과, 최종 평가 등에 대해서 교사와 충분한 의사소통
⑦ 가치적 피드백의 적절한 제공
⑧ 교사는 학습자가 스타일 적용과정에서 학습자 인도와 과정 재확인을 위한 자원

04 자기설계형 스타일의 함축적 의미

① 학습자 자율성
② 교사와 학습자 모두 의사결정 이동 과정에 함께 참여

05 자기설계형 스타일의 특징

1. 학습내용 및 학습 시간 배분의 다양성

① 각 교수학습경험은 수업에 대한 수준, 특성, 학습자가 추측 가능한 범위 내 기대 발달경로 강조
② 학습자는 사전에 기대되는 학습효과(목표)를 파악하고 수행 시 스스로 학습 기술 개발, 과제 집착력, 학습 동기 유발

2. 에피소드의 계획

① 학습자는 일련의 형태로 정렬한 에피소드들을 다시 재정렬하기 위해서 다양하게 생각, 계획, 설계
② 교사는 다양한 학습목표를 위해 다양한 학습행동 허용·개발에 격려, 정보 제공

3. 자기설계형 스타일의 2가지 제한점

(1) 시간

① 개별 프로그램 인식하고 교사와 학습자 간의 의사소통에 필요한 시간 확보

② 학습자 개인의 수업결과를 위한 적절한 지원 및 피드백 제공 시간 확보

(2) 인지적 영역에서 개인차 및 평가

① 개별학습자들은 시간별 수업 평가 및 단원 평가 범주 결정

② 교사의 준거를 고정하고 지나치게 구체적인 피드백 지양

③ 수업 중에서 각각의 결정에 대한 충분한 대화

♡ 에피소드 이벤트

상황 설정	선택사항
학습행동	교사 : 1. 해당 에피소드의 학습목표 제공 '학습목표 설계, 개발, 및 자기설계형 스타일로 적용될 수 있는 일련의 학습과제 수행' 2. 바람직한 학습자 역할 제공 3. 바람직한 교사 역할 제공
교과내용 제시	교사 : 자기설계형 스타일에 따른 학습자 개인에게 주어지는 공통 교과내용 제시
세부 운영절차	바람직한 세부 운영절차 • 교사는 단지 보조자로서의 역할을 담당한다. 학습행동 보조자 • 결정들은 아래 사항들 중의 일부나 전체에 한정되도록 한다. • 수업 교재 준비 및 철수 • 수업 시간 • 수업 간격 • 학습자의 자세 • 학습자의 위치 • 학습자의 복장 및 외모
설명을 위한 질문	학습활동 이전에 기대되는 학습 결과들에 대한 이해도 증명 • '학습범위 결정에 도움이 되는 질문이 있습니까?'

학습행동, 학습과제수행, 운동수행	학습자는 개별 학습목표에 합당한 수업에 참여하기 시작한다. 학습자들은 수업 시작 시점부터 다양한 방법으로 참여한다. • 학습목표 설정 및 학습에 도움이 되는 일련의 질문들을 설정하기 • 수업 대안에 대해 탐색하고, 실험하고, 검색하기 • 학습자 자신의 개별 프로그램 설계하기 • 학습자의 아이디어들을 연습해 보기 • 프로그램 적용해 보기, 새로운 연구과제들을 시도해 보기, 연계 프로그램 찾기, 대안 프로그램 마련하기 • 학습평가 범주 선별하기 • 교사는 학습자들의 질문들과 요구들의 조력자이다. • 학습자들이 개발한 학습 수행/문제해결들이 점차적으로 성장할 수 있도록 관찰하기 • 학습자들의 학습 진행과정 관찰하기 • 학습자가 직접적인 답을 요구하는 질문에만 해답 제공하기 • 학습자가 계획했던 것과 실제 행동과의 불일치가 발견되면 학습자들에게 경고해 주기
피드백	학습자들은 학습평가에 참여한다. • 매 수업마다 자신들의 학습범주에 위반되는 아이디어나 해답에 대해서 증명하기 • 아이디어나 해답의 자료를 축적하거나 기록할 때 • 아이디어나 해답을 수정할 필요가 있을 때 • 자신들의 수업 진행과정이나 수업활동 결과에 대해서 교사와 상의할 때 교사는 경청하고, 질문하며, 학습자들이 수업을 계획·실천·평가하는 과정에서 다양한 참고자료들을 제공해줌으로써 학습자들의 피드백을 도와준다.
결론	교사는 학습자들이 자기설계형 스타일을 설계하고 실천하면서 성취한 것들에 대해 충분히 이해한다.

Section 16 자기주도형 스타일(J)

01 개념

교과내용목표	행동목표
1. 학습자 개인에게 허용되는 권위 2. 학습자가 선택한 학습경험 과정의 초기 단계부터 학습자들이 발견하고, 창조하고, 개발한 아이디어들 중에서 교과내용을 선택할 권리 3. 이미 경험한 다양한 학습경험 중에서 선택하여 시도할 수 있는 권리	1. 학습자 개인에게 허용되는 권위 2. 자율적 선택권 3. 학습자 자신의 학습경험을 창조하는 데 책임감 있는 도전을 선택할 권리 4. 다른 학습자들에게 이미 제시되었던 학습행동의 한계를 뛰어넘고자 하는 욕구를 가질 권리

1. 특징

학습설계에 대한 책임과 학습경험에 대한 학습자 주도 스타일로 학습자 자신의 학습경험을 시도해 볼 수 있는 기회 제공의 목적

2. 학습자의 역할

학습 초기부터 자율적, 학습자들이 과제활동 전 상황에서 모든 결정, 과제활동 중 교수학습활동 과제활동 후 상황에서 학습평가기준 결정

① 교수 스타일 주도

② 학습자 자신을 위한 학습 프로그램 설계

③ 자기주도형 스타일로 과제활동 수행

3. 교사의 역할

학습자가 결정한 사항을 가능한 한 최대로 수용, 학습자 지원, 학습자들의 요청이 있을 때에만 교수학습활동에 참여

① 학습자 학습경험 주도와 의사결정 인정

② 필요한 공통 학습조건 제공

③ 학습 진행과정과 학습결과 인정

④ 계획과 실제 학습활동과의 모순점 경고

4. 학습목표

학습자들의 학습욕구에 자율권 부여

02 자기주도형 스타일의 구조

> 과제활동 전 → (L)
> 과제활동 중 → (L)
> 과제활동 후 → (L)

1. 과제활동 전 결정군

① 학습행동이 시작되는 시점에서부터 학습자 개별적으로 교수 행동을 주도하는 첫 번째 스타일
② 학습자 준비성과 능력에 따라 교수학습과정의 도입 부분에 학습자의 최대 책무성 부여
③ 학습자의 수업계획과 개별적인 수업계획
④ 학습자는 교과내용 결정
⑤ 학습자의 교수 스타일 선택
⑥ 학습자는 학습활동의 보조 자원으로 교사 도움 시기와 방법 결정

2. 과제활동 중 결정군

① 교사는 학습이 진행되는 동안에 학습자가 실제로 모든 의사결정을 할 준비가 되어있다는 현실 수용
② 교사는 수업에 필요한 자료 제공, 즉 학습자 안내와 조언
③ 교사는 학습 행동에서 학습자가 학습계획과 불일치하는 부분을 발견하게 되면 질문

3. 과제활동 후 결정군

① 학습자 자신의 학습 행동 결과에 따른 과제활동 후 상황에 대한 의사결정
② 교사는 학습자가 설계한 결정사항 인정과 수용
③ 교사는 학습자 학습계획과 실제 수업상황 차이점 발생에 대한 경각심 제공

03 교과내용 선정 고려사항

① 학습자 요청에만 교사 지원
② 교사는 학습자 지원

Section 17 자기학습형 스타일(K)

1. 특징

학습에 대한 학습자의 개인적 열망 및 개별적인 학습 집착력

2. 스타일의 구조

교수학습활동에 교사나 학습자로 참여하여 모든 의사결정 과정인 과제활동 전 상황, 과제활동 중 상황, 과제활동 후 상황에 참여

> 과제활동 전 → (L)
> 과제활동 중 → (L)
> 과제활동 후 → (L)

3. 학교 현장에서는 존재할 수 없는 교수 스타일

4. 호기심, 정의심, 새로운 발견 과정에 필요한 인내심 요구

○ 수업스타일 의사결정 이전

	지시형 (A)	연습형 (B)	상호 학습형 (C)	자기 점검형 (D)	포괄형 (E)	유도 발견형 (F)	수렴 발견형 (G)	확산 발견형 (H)	자기 설계형 (I)	자기 주도형 (J)	자기 학습형 (K)
과제활동 전	(T)	(T)	(T)	(T)	(T)	(T)	(T)	(T)	(T) → (L)		→ (L)
과제활동 중	(T) → (L)	(L_d)	(L) → (L) → (T_L) → (L) → (L) → (L) → $\genfrac{}{}{0pt}{}{(-)}{\genfrac{}{}{0pt}{}{(-)}{(-)}}$ → (L)								
과제활동 후	(T)	(T) → (L_O) → (L)		(L) → (T_L) → (L_T)		(L_T) → (L)		(L) → (L)			

권은성 ZOOM 전공체육
스포츠교육학

체육수업모형

Chapter 01 모형 중심 체육수업 개관

Section 01 현대 체육 프로그램과 수업

01 체육지도방법의 변화과정 : 방법에서 모형에 이르기까지

1. 직접적 교수 및 형식적 교수

(1) 신체훈련 프로그램의 교수방법

① **직접적(direct) 교수** : 수업에서 모든 결정을 교사가 하고 학생은 단지 교사의 지시에 따르는 교수방법

② **형식적(formal) 교수** : 일련의 처방된 단계나 절차에 따라 교사의 행동이 이루어지는 수업

(2) 직접적 교수의 대표적 예

① 얀(Jahn)의 독일 체조

② 스웨덴 체조

2. 교수전략(teaching strategies) : 체육수업 구조화 방식

> 교수전략들은 체육수업을 구조화하고, 교사와 학생이 학급에서 수행해야 하는 역할을 제시하는 방식을 나타낸다. 이러한 교수전략들은 단기간에 성취될 수 있는 교육성과를 위해 일시적으로 사용될 수 있고, 적절히 선택된다면, 수업의 목표를 실현하는 데 매우 효과적으로 사용될 수 있다.

① 과제/스테이션 교수(task/station teaching)

② 반성적 교수(reflective teaching)

③ 파트너 교수(partner teaching)

④ 팀 티칭(team teaching)

⑤ 탐구 중심 교수(inquiry-based teaching)

3. 교수 스타일

모스턴은 수업 전·중·후 의사결정이 누구에게 이양되느냐에 따라 교사 중심(직접적) 지도 스타일과 학생 중심의 지도 스타일로 구분하고, 다양하며 통합적인 지도 스타일을 개념화하였다. 1가지 스타일이 몇 개 수업에 걸쳐 또는 전체 단원 동안 사용될 수 있으며, 단기 수업 목표를 달성하기 위해 지도 스타일의 전환이 가능하다. 또한, 2가지 이상의 지도 스타일이 1시간의 수업 동안 이용될 수도 있고, 몇 개의 지도 스타일이 한 단원에서 사용되기도 한다.

4. 교수기술

5. 수업모형

수업모형은 학습이론, 장기 학습목표, 교육맥락, 내용, 수업 관리, 교수전략, 학습과정의 검증 및 평가를 포함하는 지도 관점에 근거한다. 어느 1가지 방법(methods)·전략(strategies)·스타일(style)은 소수의 단기간 학습활동이나 교육성과를 위해 활용되고, 모형(models)은 한 단원의 모든 수업을 위해 사용된다. 실제로 모형(models)은 한 단원 안에서 다양한 지도 방법(methods)·전략(strategies)·스타일(style)을 포함시킬 수 있다. 수업모형은 다양한 학교 체육 프로그램 내 균형 있는 학습목표에 도달할 수 있는 가장 효과적인 방법이다.

02 지도방법 : 완벽한 1가지 지도방법은 없다. 2008년 5번

체육 프로그램이 3가지 학습영역을 망라한 다양한 학습결과를 성취하고자 한다면, 학생의 능력 차를 고려하고, 다양한 프로그램 내용이 포함되어야 한다. 바람직한 목적으로 좋은 모형을 선정하고 활용하게 되면, 수업내용이나 수업상황에 상관없이 항상 효율적인 수업지도를 할 수 있게 된다.

03 수업모형 : 교수와 학습을 위한 설계도 2016년 B 8번

수업모형은 포괄적이며 일관성 있는 지도계획으로서 여기에는 이론적 근거, 기대하는 학습결과의 진술, 교사의 내용지식, 학생의 발달단계에 맞게 적절히 계열화된 학습활동, 예상되는 교사와 학생의 행동, 과제 구조, 학습결과의 평가, 모형 그 자체의 적용 가능성을 검증할 수 있는 방법 등이 포함된다. 즉, 모든 수업모형은 학습에 관한 기본 가정, 학생의 발달단계 요구, 지도상황의 관리, 학습경험·활동의 내용을 포함하는 통합된 개념틀로 구성되어 있다. 교사가 이러한 가정들을 인식하고 각 모형의 개념틀 내에서 수업을 실행하게 되면 바람직한 학습이 이루어질 가능성이 훨씬 커진다. 따라서 수업모형은 학생이 학습내용을 가장 효과적으로 학습할 수 있도록 교사가 선택하고, 활용할 수 있는 '도구'로 볼 수 있다.

Section 02 체육수업 의미와 구성

01 수업모형 : 체육수업의 설계도

> 맥락(context)은 모든 모형의 설계 및 실행에 있어 중요한 영향으로 교사는 모형 중심 체육수업을 위해 특정한 학교 상황, 학년, 내용, 학급에 적합하도록 수업모형을 변형할 수 있는 방법을 숙지해야 한다.

02 체육수업모형의 개념틀

이론적 기초 + 교수·학습의 특징 + 실행 요구 및 변용 ⇨ 모형			
• 이론적 배경 및 근거 • 교수·학습 가정 • 모형의 주제 • 학습영역의 우선 순위와 영역 간 상호작용 • 학생의 발달 요구 사항 • 타당성	• 수업의 주도성 및 포괄성 • 학습과제 • 참여 형태 • 교사와 학생의 역할과 책임 • 지도과정의 검증 • 학습평가	• 교사 전문성 • 교수기술 • 상황적 요구조건 • 상황적 변용	• 직접교수 • 개별화 지도 • 협동학습 • 스포츠교육 • 동료교수 • 탐구수업 • 전술게임 • 개인적·사회적 책임감

03 이론적 기초

1. 이론적 배경 및 근거

2. 교수·학습에 관한 가정

3. 모형의 주제

4. 학습영역의 우선순위와 영역 간 상호작용

5. 학생의 발달 요구 사항

(1) 학습에 대한 준비도

(2) 라이히만과 그라샤(Reichmann & Grasha)의 학습선호도 2015년 B 논술 1번 / 2020년 B 5번

분류기준	학습 선호도	선호상황
교사나 동료에 대한 시각(관점)	협력적 (collaborative)	학생은 소집단 활동, 학생 자신이 설계한 활동, 그룹 프로젝트, 동료평가 및 교사와 상호작용 선호
	경쟁적 (competitive)	학생은 직접교수전략, 수업에서 질문 기회 및 교사 인정 선호
학습에 대한 태도	참여적 (participant)	학생은 토의, 대안평가, 개별학습 활동, 분석과 종합의 기회와 열정적인 과제 제시 선호
	회피적 (avoidant)	학생은 필수 과제가 없는 것, 교사와 다른 학생과의 상호작용이 거의 없는 것, 자기 평가 및 무시험 선호
수업절차에 대한 반응	독립적 (independent)	학생은 자기주도학습, 독자적 학습기회, 학생 자신이 설계한 활동 및 간접적 교수전략 선호
	의존적 (dependent)	학생은 직접교수전략, 교사 주도 평가, 수업활동과 부가 과제의 명확한 시작과 끝 선호

준비도 영역	학생의 발달에 적절한 체육수업의 실제
정보 이해	• 교사는 학생과 이야기할 때 그들에게 익숙한 단어와 용어를 사용한다. • 과제 카드는 간결하며, 그림과 사진이 포함되어 있다. • 교사는 동료학생에게 전체 학생들의 연령 및 능력에서 수행할 수 있는 과제를 시범 보이도록 요청한다.
의사결정 및 책임감	• 교사는 수업 전에 팀을 선정한다. • 교사는 정기적으로 학생의 참여를 관찰한다. • 교사는 간단하면서 충분한 지시사항을 주고 학생의 이해를 점검한다.
사회적/ 정서적 성숙	• 교사는 학생에게 준수할 규칙을 제공하고 학생의 발전 상태를 관찰한다. • 교사는 프로젝트 수행 방법을 상기시켜 주는 점검표를 학생에게 제공한다. • 교사는 동료교사의 역할을 담당하는 학생에게 건설적이고 도움이 되는 피드백을 제공할 수 있는 방법을 보여준다.
선행 지식 및 신체 능력	• 교사는 다음 단계로 이동하기 전에 학생의 숙달 정도를 점검한다. • 교사는 단원을 시작하기 전에 학생들의 요구 평가를 실시한다. • 교사는 과제 내 변형(intratask variation)과 학생 초대(teaching by invitation)를 활용한다.

6. 모형의 타당성

(1) 연구

(2) 실천적 지식

(3) 직관적 지식

04 교수 · 학습의 특징

1. 수업통제

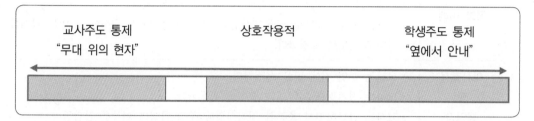

교사주도 통제 : '무대 위의 현자'	상호작용교수	학생주도 통제 : '안내자'
• 교사는 수업통제의 중심에 위치하며 수업관리와 수업내용의 권위자 • 수업관리의 권위자로서 교사는 수업조직, 연습의 시작과 종료, 학습과제 변환, 수업규칙의 효과에 대한 의사결정 • 교사와 학생 간의 일방적인 의사소통 • 학생의 참여 수준을 높이고 반복적인 기능 연습 증가에 효과	• 교사 중심, 학생 중심 교수 사이 균형 • 교사와 학생은 의사결정이나 수업 운영에 있어 동등한 책임	• 교사의 의사결정과 수업과정에 대한 통제 최소 • 개방형 학습과제와 학생 주도의 학습과제 포함 • 교사는 권위자가 아닌 학생의 학습을 유도하는 촉진자 • 교수(teaching)의 주요 기능은 학습환경 조성 • 질문과 문제를 부여함으로써 학생의 사고력과 창의적인 움직임 탐색 기회 증진

♡ 모형의 주도성 프로파일 결정의 7가지 주요 지침

내용 선정	누가 학습할 단원내용을 결정하는가?
수업 운영	수업 운영의 책임은 누구에게 있는가?
과제 제시	학생은 어떻게 과제 제시 정보를 얻는가?
참여 형태	어떻게 학생의 참여 형태(공간, 모둠, 구조 등)가 결정되는가?
교수적 상호작용	학습과제 중 누가 먼저 의사소통을 시작하는가?
학습 진도	누가 연습과정의 시작과 종료를 통제하는가?
과제 전개	누가 학습과제의 변경을 결정하는가?

2. 학습과제

(1) 과제 제시

(2) 과제 구조

    ① 학습과제 조직

    ② 모둠조직

    ③ 지속 시간과 수행 기준

    ④ 학생에게 기대되는 행동

(3) 내용 전개

3. 학습 참여 형태

4. 교사와 학생의 역할 및 책임

05 교수과정의 검증

1. 수업 중 교수와 학습행동의 체계적 분석

    ① 사건기록

    ② 구간기록

    ③ 순간시간표집

2. 기준 점검표

3. 기준의 서열척도

4. 학생의 평가기록지

06 학습평가

07 모형 실행의 요구조건 및 맥락적 변형

1. 교사 전문성

2. 핵심적인 교수기술

3. 상황적 요구조건

4. 맥락적 변형

> 수업모형은 의사결정, 관리 계획, 수업전략, 교수기능, 수업 운영, 학습활동 및 평가에 있어 일관성 있는 패턴을 가지고 있다. 모든 모형은 기본적으로 명시된 학습결과에 대한 학생의 학습을 향상시키는 데 목적을 두고 있다. 모형 설계자는 교사들이 모형의 개념틀과 설계에 맞게 의사결정하고 수업을 진행하게 되면 학생은 의도된 대로 학습할 가능성이 크다고 한다. 많은 교사와 학생의 수업행동은 관찰하여 측정할 수 있고, 명시된 학습결과도 마찬가지이다. 이것은 주어진 적용 상황에서 각 모형의 효과성을 검증할 수 있는 유용한 방법일 수 있고, 차후 모형이 이용될 때 체계적인 기초 자료로 활용될 수 있다.

Section **03** 모형 중심 체육수업에 필요한 교사 지식

01 체육수업을 위한 지식 기반

1. 슐만(Shulman)의 7가지 교사 지식 2006년 9번 / 2010년 4번 / 2011년 12번 / 2013년 9번 / 2015년 A 서술 1번 / 2018년 B 8번 / 2020년 B 3번 / 2022년 B 3번

① 내용 지식	가르칠 교과내용에 대한 지식
② 지도방법 지식	모든 교과에 적용되는 지도법에 대한 지식
③ 내용교수법 지식	특정 학생에게 어느 교과나 주제를 특정한 상황에서 지도할 수 있는 방법에 대한 지식
④ 교육과정 지식	각 학년의 발달단계에 적합한 내용과 프로그램에 대한 지식
⑤ 교육환경 지식	수업환경에 영향을 미치는 지식
⑥ 학습자와 학습자 특성 지식	수업에 영향을 미치는 학습자 지식
⑦ 교육목적 지식	목적, 목표 및 교육시스템의 구조에 관한 지식

04

메츨러(M. Metzler) 3가지 수준의 교사 지식 2015년 A 서술 1번

명제적 지식	교사가 구두나 문서로 표현할 수 있는 지식으로 체육수업에 필요한 여러 가지 내용을 '아는 것' • 발달단계에 적합한 교육과정 및 수업의 개념 지식 • 단체 및 개인 스포츠 경기의 규칙 지식 • 특정한 움직임 형태가 운동수행을 향상시키는 근거 지식
절차적 지식	교사가 실제로 수업 전·중·후에 적용할 수 있는 지식, 즉 수업관리와 학생의 학습을 촉진할 수 있는 방법으로 명제적 지식을 활용할 수 있는 능력 • 발달단계에 적합한 교수전략을 활용한 교수·학습과정안 작성 • 학생이 연습하는 동안 관찰하고 정확한 피드백을 제공할 수 있는 지식 • 학생에게 반복적인 움직임 형태를 연습할 수 있도록 하는 리드업 게임을 만들어 적용할 수 있는 지식
상황적 지식	교사가 특수한 상황에서 적절한 의사결정을 언제, 왜(시기와 이유) 해야 되는지에 관한 지식 • 학생의 발달단계에 부적합한 학습활동을 변형할 수 있는 방법에 관한 지식 • 규칙을 설명할 때 초등학생 4학년과 고등학생 1학년에게 다른 용어와 언어를 사용할 수 있는 지식 • 학습하기를 꺼리는 학생에게 학습동기를 부여할 수 있는 방법에 관한 지식 • 리드업 게임에서 정식 게임으로 수업과제를 전환해야 할 시기를 아는 지식

2. 체육수업모형의 기초 지식

(1) 학습환경

① 체육 프로그램의 학습내용과 방법에 영향을 줄 수 있는 모든 요인의 총체

② 학교의 위치, 학생 정보, 학교행정, 체육교사, 수업교재

(2) 학습자

① 성장 및 발달 단계

㉠ 피아제(Piaget)의 인지발달

인지단계와 연령범위	학습자의 특성	움직임 개념 학습의 적용
감각운동기 (생후 2년)	• 움직임과 인지 사이에 초기 관계 형성 • 직관적 움직임 패턴 발달(잡기, 들기, 다루기)	
원시적 조작기 (2~7년)	• '구체적'인 것을 계속 배움 • 추상적 경험이 형성되거나 습득되지 못함	• 간단하고 명료한 지도 아래 '촉각적 경험/실제로 피부로 느낄 수 있는 경험'(끌어안기, 느끼기, 공간에서 신체이동) 필요
구체적 조작기 (7~11년)	• 추상적 경험으로 배우는 능력 • 겉으로 드러나는 명백한 것에 의존	• 문제 해결하기 시작 • 사고와 움직임 사이의 관계성 탐색 • 논리적 학습이 가능
형식적 조작기 (11~14년)	• 개념학습의 숙달 • 사전지식과 경험을 새로운 구조로 변형	• 복합적 문제해결 • 새로운 지식 개발

ⓛ 겔라휴(Gallahue)의 운동발달

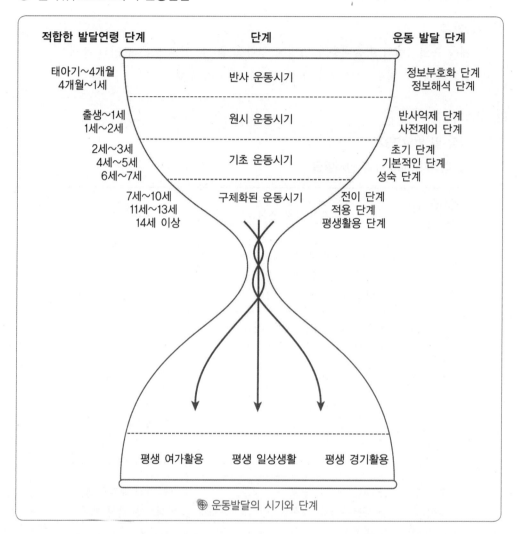

＊ 운동발달의 시기와 단계

시기(phases)	출생에서부터 성인기까지의 주요한 발달형태 기술
단계(stage)	매 시기 학습된 움직임 패턴의 차이
수준(level)	각 단계 학습자의 숙련 정도

ⓒ 정의적 발달

② 학습동기

♡ 켈러(Keller)의 학습동기 개념

흥미(A)	학습자의 호기심 발현과 유지 정도
관련성(R)	내용과 지도가 학습자 개인의 목표와 요구에 부합하는 정도
기대(C)	학습자가 인식한 과제에 대한 성공
만족(S)	학습자의 내적 동기, 외적 보상

♡ 브로피(Brophy)의 동기 유발 전략 개념틀 2013년 9번

첫 번째 수준 (4가지 기본 선행조건)		• 지원환경 • 적절한 도전의식 • 의미 있는 학습목표 • 적절한 교수전략의 사용
두 번째 수준 (3가지 원리)	학생의 성공 기대감 유지	• 목표 설정, 성과의 평가, 자기강화 지도 • 학습의욕이 저조한 학생을 위한 '치료 차원의 사회화' 제공
	외적 보상 제공	• 향상된 성과에 대한 인센티브 차원의 보상제공 • 적절한 경쟁 상황 조성 • 학업활동의 유효한 가치 강조
	내적 동기 이용	• 학생이 흥미를 가지는 내용이나 재미를 느끼는 활동 적용 • 여러 가지 학습과제 선택의 기회 제공 • 학생의 의견 제시와 질문 유도 • 학생 자신의 견해 표현기회 제공 • 모의실험 • 게임 활용 • 동료학생과의 상호작용 기회 증진
세 번째 수준 (학습동기 유발의 구체적 전략)		• 과제의 흥미나 평가 유발 • 학생의 학습동기에 대한 바람직한 기대감과 속성 전달 • 추상적인 학습내용을 개인적이고 구체적이며 친숙하게 만들기 • 학생이 스스로 학습동기를 유발하도록 촉진

③ 학습유형

◇ 위트킨(Witkin)의 학습자 특성

환경 의존형	• 환경에 매우 민감하게 반응하고, 총체적으로 정보 인지하며 경험 • 개념의 일반적인 특징과 특징들의 관계성 발견 • 전체적인 개념에서 출발 후 부분으로 지각 • 충동적, 비심사숙고적 • 주위에 대한 관심 • 자신의 경험과 관련이 있는 교재 사용 • 타인들이 설정한 목적과 강화방법 추구 • 사회적 강화(예 교사의 칭찬 등)와 비판에 노출 • 혼자보다는 사람들과 같이 공부하는 것 선호
환경 독립형	• 분석적인 인지와 경험 • 개념의 세부 특징 발견과 독립적인 개념으로 인지 • 부분적인 개념으로 출발한 후 전체를 보는 경향 • 자주, 공정, 목표지향적 • 주위와 세상에 대한 냉철한 관점 • 새로운 개념에 흥미 • 스스로 설정한 목적과 강화방법 소유 • 혼자서 공부하는 것 선호

◇ 바비(Barbe)와 스와싱(Swassing)의 학습 스타일 2015년 B 서술 1번

정보를 조직화하고 환경과 상호작용하기 위해 사용되는 감각양식(시각, 청각 등)에 따른 학습 스타일 분류

시각형	학습자는 매체 또는 그림 등을 읽어 보면서 가장 효율적으로 학습
청각형	학습자는 설명을 듣거나 타인과 이야기하면서 학습
신체운동형	학습자는 학습 교재를 직접 체험하면서 또는 타인과 상호작용하면서 가장 효율적으로 학습

♡ 던(Dunn), 프라이스(Price)의 학습 유형

환경적 자극	소리, 밝기, 온도, 실내디자인
사회적 자극	혼자서 공부하기, 짝이나 친구와 함께 공부하기, 어른과 함께 공부하기, 다양하게 공부하기
정서적 자극	학습동기, 끈기, 책임감, 정서구조
신체적 자극	(음악 등에 대한) 지각력, 간식, 시간(낮과 밤), 신체가동성
심리적 자극	분석적인 것, 총체적인 것, 충동성, 사려분별, 뇌반구 영역

⑶ 학습이론

⑷ 발달단계에 적합한 체육수업의 실제

(5) 학습영역과 학습목표

① 인지적 영역(Bloom) 2006년 8번 / 2009년 2차 2번

지식	사전에 학습된 정보 회상 • 학생은 테니스 라켓의 각 부분을 말할 수 있다. • 학생은 골프 스윙의 5가지 부분을 회상할 수 있다.
이해	정보의 의미 이해 • 학생은 풋워크의 중요성을 설명할 수 있다. • 학생은 웨이트 트레이닝에서 지레의 힘이 사용되는 방법을 설명할 수 있다.
적용	정보를 새롭고 구체적으로 적용 • 학생은 보다 공정한 시합을 위해 게임 규칙을 적용할 수 있다. • 학생은 동일한 음악을 활용하여 2가지 춤을 창작할 수 있다.
분석	자료를 구성요소로 분류하고 이 요소들 간의 상호관계 이해 • 학생은 동료의 수행을 관찰하고 실수를 찾아낼 수 있다. • 학생은 경기상황에 적합한 전략을 세울 수 있다.
종합	부분을 전체로 통합 • 학생은 테니스 스윙과 라켓볼 스윙 간의 유사점과 차이점을 인식할 수 있다. • 학생은 플래그 풋볼에서 공격적인 경기를 계획할 수 있다.
평가	상반되는 의견이 있는 상황에서 가치 판단 • 학생은 체조 시합을 판정할 수 있다. • 학생은 2가지 춤 동작을 비교할 수 있다.

② 심동적 영역(Harlow)

반사	자극에 반응하여 일어나는 무의식적인 행위 • 학생은 잠재적으로 위험한 상황을 알고 피할 수 있다. • 학생은 스스로 올바른 자세를 취할 수 있다.
기초 기능	반사적 움직임의 결합에 의해 형성된 선천적인 움직임 패턴 • 학생은 달리고, 걷고, 뛰고, 도약할 수 있다.
지각 능력	감각을 통한 자극의 해석으로 나타나는 행위 또는 자극의 전이로 인한 행동 • 학생은 던져진 공을 향해 쫓아갈 수 있다. • 학생은 2개의 다른 도구로 공을 칠 수 있다.
신체 능력	기초 기능과 지각 능력을 결합시켜 단순 기술 움직임 생성 • 학생은 체조를 할 수 있다. • 학생은 음악에 따라 스퀘어 댄스를 따라할 수 있다.
복합 기술	효율성, 체력, 신체능력의 결합을 요구하는 상위 기술 • 학생은 스포츠를 행하는 데 필요한 기술을 배울 수 있다. • 학생은 장애물 통과 훈련을 완수할 수 있다.
운동해석 능력	신체 움직임을 통한 의사소통으로 행위를 통해 감정, 사고, 의미 표현능력 • 학생은 '화창한 날 활짝 핀 꽃처럼' 움직일 수 있다. • 학생은 관중들에게 행복을 나타내는 춤을 창작할 수 있다.

③ 정의적 영역(Krathwohl) 2009년 10번

수용화	정보를 얻기 위해 관심을 기울이고, 보고, 듣는 능력 • 학생은 미국의 여성 스포츠 역사를 읽을 수 있다. • 학생은 자신이 가장 좋아하는 춤에 대해 다른 학생이 설명하는 것을 들을 수 있다.
반응화	학습자가 보고 들은 것에 대해 논쟁, 토론, 또는 동의(비동의) • 학생은 자신이 체육을 왜 좋아하는지 5가지 이유를 나열할 수 있다. • 학생은 스포츠에서의 경쟁에 대해 찬성과 반대 의견을 토론할 수 있다.
가치화	행위 또는 행사의 중요도 결정 • 학생은 사람들이 정기적으로 운동해야 하는 이유를 이해한다. • 학생은 공정한 경기를 위해 규칙을 준수해야 하는 필요성을 설명한다.
조직화	가치들을 비교하여 결정하고, 판단과 선택을 위한 조직화 • 학생은 건강 체력 활동의 중요성을 말할 수 있다. • 학생은 기술과 운동수행의 향상을 위해 목표를 설정하고 노력할 수 있다.
인격화	가치들을 내면화하여 학생이 일상생활에서 실천 • 학생은 수업 시간 이외 활동에서 게임 규칙과 예절을 지킬 수 있다. • 학생은 건강식이 아닌 음식이 있을 때 건강을 위해 적절한 선택을 한다.

④ 학습영역의 우선순위와 상호작용

⑤ 학습목표

인지적 영역 (적용 단계)	농구의 2:3 지역방어 설명을 듣고 주요 지점에 공을 위치시킨 상태에서(조건), 학생은 5명 모든 선수들의 정확한 포지션(기준)을 도식화할 수 있다(지식).
인지적 영역 (평가 단계)	3m 다이빙의 2가지 동작을 보여주면(조건), 학생은 각 선수의 점수를 채점할 수 있고(지식) 정확하게 두 선수 간에 좋은 동작을 판단할 수 있다(기준).
심동적 영역 (지각 단계)	학생은 제자리 줄넘기를 혼자서(조건), 멈추지 않고(기준) 10번을 반복할 수 있다(행동).
심동적 영역 (기술 단계)	깃발 미식축구 경기에서 쿼터백을 담당하면서(조건), 학생은 40퍼센트의 성공률(기준)을 가지고 공격 측이 달려가는 방향으로 전진 패스를 할 수 있다(행동).
정의적 영역 (가치화 단계)	멀티미디어 콜라주에서(조건) 학생은 올해도 체육수업에서 5가지 좋아하는 활동을 표현할 수 있다(태도 및 기준).
정의적 영역 (인격화 단계)	식당에서 식사를 한 후(조건) 학생은 자신이 먹은 음식의 리스트를 만들고(태도), 그 음식들이 얼마나 건강에 좋은지를 판단할 수 있다(기준).

(6) 체육수업 내용

① 체육교과의 내용 지식

수업방법 지식	Pedagogical Content Knowledge : PCK
그로스만 (Grossman)의 PCK 발달	• 광의적 목표와 협의적 목표를 모두 고려 • '학생이 무엇을 알고 있고 무엇을 할 수 있는가?'에 대한 고려 • 교육과정 내용 • 다양한 지도전략

② 2가지 내용 지식 유형

움직임 기능의 분류 2017년 초등 6번	비이동 운동 기능 (Nonlocomotor skills)	공간 이동이 없고 물체 또는 도구를 사용하지 않는 운동 기능을 말한다. 서기, 앉기 또는 정지 동작이 포함된다. 그 예로 정적 균형, 구부리기, 뻗기, 비틀기, 돌기가 있다.
	이동 운동 기능 (Locomotor skills)	물체 또는 도구를 사용하지 않고 공간 이동을 포함한 신체 운동을 말한다. 걷기, 달리기, 두발 뛰기, 한발 뛰기, 피하기는 이동 운동 기능의 예이다.

움직임 기능의 분류 2017년 초등 6번	물체 조작 기능 (Object manipulation skills)	손이나 몸에 고정시키지 않은 상태에서 도구를 조작하는 운동을 말한다. 체육 수업에서 사용되는 일반적인 물체는 공, 훌라후프, 바통, 플라스틱 원반, 셔틀콕 등이다. 이 물체들은 손이나 발에 의해 던지기, 토스하기, 차기, 잡기, 튀기기 등의 움직임으로 활용된다.
	도구 조작 기능 (Implement manipulation skills)	물체를 통제하기 위한 목적으로 용·기구를 한 손 또는 두 손으로 다루는 운동을 포함한다. 도구는 일반적으로 기구로 사용되어 왔다. 일반적인 도구는 배트, 라켓, 글러브, 클럽 등이다. 이것들은 치기, 배팅하기, 튀기기, 드리블하기, 잡기와 같은 여러 가지 방법으로 물체를 통제하는 데 사용된다. 도구 조작 기능은 도구와 물체를 동시에 통제할 수 있는 능력이 요구되기 때문에 손과 눈의 협응력과 시각 추적 능력이 요구된다.
	전략적 움직임과 기능 (Strategic movement and skill)	역동적인 상황(일반적으로 게임)에 적용되는 움직임 형태이다. 이것은 핸드볼에서 수비를 하고, 야구에서 도루를 하고, 미식축구에서 패스 패턴을 따라 달리고, 그룹 프로젝트를 해결하는 활동과 같은 어떤 특정한 결과를 산출하는 데 필요한 운동기능과 상황적 의사결정이 결합된 형태이다.
	움직임 주제 (Skill themes)	복잡한 운동 패턴을 점진적으로 발달시키기 위해 기본 운동 기능과 움직임 개념을 결합한 것이다(Gallahue, 1996 ; Graham, Holt/Hale, & Parker, 1998). 기본 운동 기능은 비이동 운동, 이동 운동, 물체 조작 운동, 도구 조작 운동을 말한다. 움직임 개념은 공간인지(몸을 어디로 움직이는가?), 노력(어떻게 몸을 움직이는가?), 관계(신체 일부, 다른 사람, 물체, 도구)를 설명한다. 이러한 학습 개념은 전체 체육 교육과정에 기초가 되면서 전형적으로 초등학교 체육을 지도하는 데 적합하다(Graham, Holt/Hale, Parker, 1998).
	표현 및 해석적 움직임 (Expressive and interpretive movement)	능숙한 기술을 습득하나 어떤 성과를 거두기 위한 운동이 아니다. 주로 느낌, 개념, 생각, 주제를 표현하기 위해 움직임이 이루어진다. 다양한 종류의 춤은 발레, 모던댄스, 재즈와 같은 움직임 표현에 근거하고 있다. 움직임 표현을 가르치기 위해서는 교사의 전문성과, 움직이는 사람과 관객에게 움직임의 의미를 전달해 주는 '신체 언어(language of the body)'에 대한 지식이 필요하다.
움직임 패턴과 기술 분석		

⑺ 과제 분석과 내용 전개

① 내용 전개(Rink)

정보	새로운 기술 학습을 위한 초기 과제
	• 학생은 교사의 시범을 본 후 5분 동안 공을 드리블한다.
세련	운동수행의 질을 향상시키는 과제
	• 교사가 학생에게 공을 자유롭게 다룰 수 있는 3가지 요소를 알려주고 학생은 그 요소들을 10분 동안 연습한다.
확장	이전(또는 유사) 과제보다 조금 더 복잡하고 어려운 과제
	• 학생은 5분 동안 지그재그 드리블 훈련을 한다.
적용	진술된 운동수행 기준에 따라 수행하거나 반대 위치 또는 표준에서 수행
	• 학생이 동일한 지그재그 코스를 통과하면서 드리블할 때 타이밍을 맞춘다.
반복	이전 과제들을 복습하거나 숙달시킨다.

② 시간 지향 또는 완전학습 지향 과제전개 2020년 B 3번

시간 지향 과제전개	• 과제완수 시간추정에 인한 계획 • 계열적 진도 조절
완전학습 지향 과제전개	• 과제수행 기준과 학생집단수용 비율에 의한 과제전개 • 학습 성취력 향상 • 시간낭비 가능성 내포

⑻ 평가

⑼ 사회 · 정서적 분위기

(10) 체육수업에서의 평등 2019년 B 8번

Napper-Owen(1994) 체육수업에서 발생할 수 있는 6가지 불평등 요소

1. 상위 수준의 기능을 가진 학생을 중심으로 수업 조직(예 팀을 주장으로 만들기)
2. 성에 따른 학생집단 조직(예 남학생은 게임을 한다. 여학생은 옆에서 구경하거나 연습한다.)
3. 학생의 다양한 학습유형을 반영하지 않는 교수법 사용
4. 특정 집단의 학생을 선호하는 교사와 그 학생들과의 상호작용
5. 선입견(예 여학생용 팔굽혀펴기)이나 편견(예 너는 여학생같이 던진다)이 있는 언어 사용
6. 교사에 의한 부적절한 역할 모델

(11) 체육과 교육과정 모형

02 전문성 있는 체육교사로 성장하기

Section 04 | 모형 중심 체육수업을 위한 교수전략

01 수업관리 전략

1. 예방적 관리 전략	① 도입 단계 　㉠ 수업계획 게시 　㉡ 특별수업 공고 또는 게시 　㉢ 예비활동 ② 일관성 있는 수업관리 　㉠ 좋은 행동 게임(good behavior game) 　㉡ 교사-학생 사이의 계약 　㉢ 토큰 수집(token economies) 　㉣ 타임아웃(time out) ③ 엄격한 규율 ④ 교칙에 관한 계획 ⑤ 학생이 선택한 계획 ⑥ 동료 및 집단 갈등 해결 계획
2. 상호작용적 관리 전략	① 용기구의 배분과 회수를 학생이 돕게 하라. ② 현재 활동이 진행되는 동안 다음 활동을 예비하라. ③ 수업 중 발생하는 응급상황을 사전에 대비하라. ④ 비상 계획을 수립하라. ⑤ 학생의 부상 발생 상황 계획을 세워라. ⑥ 주의를 끌고자 하는 학생의 행동을 단절하라. ⑦ 학급의 전반적인 사태를 통찰하는 방법을 배워라.
3. 집단 편성 전략	① 무작위 조 편성 ② 능력 수준을 고려하여 연습 집단 편성 ③ 게임을 위한 조 편성

02 수업지도 전략

1. 과제 제시 전략

(1) 링크(Rink)의 과제 제시 5단계	① 학습자의 주의 집중 ② 수업내용과 활동과제 조직 ③ 명확한 의사소통 향상 ④ 의사소통 방법 선택 ⑤ 학습단서 선정과 조직		
(2) 효과적인 과제 제시에 필요한 교수기능	① 의사소통 전략	㉠ 효율성과 효과성	• 교사의 구두 강의 • 교사의 시범 • 강의와 시범의 결합 • 적극적인 시범 • 슬로우 모션 • 동료의 구두 전달 • 동료의 시범 • 과제 유인물 • 활동장소 표지판 및 안내문
		㉡ 매체 유형	• 비디오테이프(상업용 또는 교사의 저작물) • 영화 • 오디오테이프, 녹음기, CD • 사진 또는 그림 • CD-ROM, DVD
	② 도입 설정		㉠ 학습내용을 학생에게 미리 제시 ㉡ 학습목표 설정 ㉢ 해당 차시의 학습내용을 다른 영역의 내용과 관련 ㉣ 학생 흥미와 동기 유발
	③ 이해 점검		

참고 데일(E. Dale)의 이론 2012년 5번

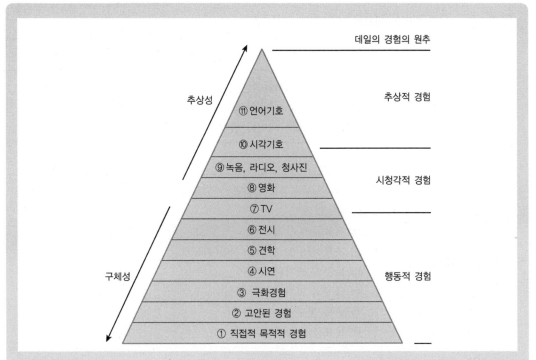

1. 사실주의 근거
2. 시청각교재를 구체성−추상성에 따라 분류한 '경험의 원추(cone of experience)'
3. 구체적인 매체와 비교할 때 추상적인 교수매체로 올라갈수록 짧은 시간 내 더욱 많은 정보 및 학습내용 전달 가능
4. 학습자 개념 형성을 위해 추상적인 경험과 구체적인 경험의 적절한 통합 필요

2. 과제 구조 및 참여 전략

♀ 존스(Jones)가 명명한 과제체계의 3가지 구성요소

과제체계	• 과제 제시와 과제 구조가 결합된 용어
구성요소	• 학습과제를 실행하는 데 사용되는 절차 또는 운영지침 • 과제를 완수하는 데 활용될 수업자료와 조건들 • 과제의 중요도와 의미를 반영하는 책무성의 수단

(1) 과제 난이도 조정	① 높은 비율의 성공을 경험할 수 있도록 학생 능력수준에 적합한 학습과제 ② 난이도 조정 　㉠ 목표물까지 거리 　㉡ 과제 완수에 필요한 시간(속도) 　㉢ 도구의 크기와 무게 　㉣ 물체의 크기, 무게, 재질 　㉤ 반복 횟수 　㉥ 목표물의 크기와 높이
(2) 학생 초대	
(3) 발달단계의 적합성	
(4) 연습과제의 　　분절 및 나열	♀ 리드-업 과제 구조 {리드업표}

리드-업 과제 구조

슬로모션	• 테니스 포핸드 및 백핸드 드라이브 • 댄스 스텝 • 풋볼
역방향 연쇄동작	• 골프 퍼팅(홀에서 시작하여 퍼팅거리를 넓혀 가기)
리더 따라 하기	• 에어로빅댄스 • 농구 수비 '슬라이드' 기술 • 장애물 코스
언어정보 제공	• 음악에 맞추어 스텝동작을 알려주기
운동기구의 미사용	• 공 없이 골프 스윙 • 공 없이 테니스 스윙
운동기구의 변형	• 테니스라켓 짧게 쥐기 • 가벼운 배구공 사용하기

(5) 폐쇄기능과 개방기능	① 폐쇄기능	• 목표, 수비수 인원과 위치 고정 • 정확한 움직임의 반복 기회 제공
	② 준폐쇄기능	• 안정적인 변인 우위 • 조건 변화 인식과 적절한 대처력 학습
	③ 개방기능	• 수행에 영향을 미치는 변인 변화 • 팀 동료 또는 상대자 포함하고 변인의 수와 복잡성 증가 • 개방 기능으로의 과제 전개
	♡ 단계별 활동내용	
	첫 번째 단계	폐쇄기능의 과제 전개와 유사하며 분절된 기능을 분습법과 느린 속도로 연습
	두 번째 단계	개방과제의 몇 가지 변인 포함(상대자, 장애물 또는 구체적인 수행기준 포함) 연습
	세 번째 단계	모든 변인과 복잡성 개입[리드-업 게임, 스크리미지(전술연습게임), 반코트 게임, 또는 팀 인원수를 줄인 경기(6:6 축구)의 형태]
	네 번째 단계	실제 게임
(6) 과제 연습을 위한 집단 편성	① 개별 학습 ② 파트너 연습 ③ 소집단 연습 ④ 대집단 연습 ⑤ 학급 전체 연습	

3. 체육학습활동 선정 전략 2018년 A 2번

(1) 심동적 영역	학습 센터	학습 스테이션 조직방법은 학생을 소집단으로 나눠 다양한 기술이나 난이도 수준에 맞춘 센터를 순회하게 한다. 이는 동일 기술을 여러 가지 방법으로 연습하도록 설계된다.
	기능 연습	단순하고 통제된 상황에서 기능 요소를 반복 연습하는 것이 효과적일 때가 있다. 이는 개별적으로, 파트너와 함께, 또는 소집단에서 이루어질 수 있다. 교사는 학생들이 순회하며 배우는 학습 센터를 통해 기능 연습을 설정할 수 있다.

(I) 심동적 영역	리드-업 게임	리드-업 게임은 기능 연습과 정식 게임의 특징을 포함하는 단순화된 게임 형태이다. 한두 가지 기능에 초점을 두어 학생들이 단순한 기능을 습득하고 복잡한 게임으로 전이되도록 돕는다. 예로는 뉴콤, 피클볼, 프리스비 골프, 플로어 하키 등이 있다.
	변형 게임	게임을 변형하여 학생에게 더 많은 활동과 전략, 전술 활용 기회를 제공할 수 있다. 변형은 필드나 코트의 크기, 골대와 목표물의 크기, 팀 인원수, 게임 규칙 등을 통해 가능하다. 이는 경쟁을 더 나은 방향으로 이끄는 데 도움이 된다.
	스크리미지 (전술연습게임)	스크리미지는 게임이 진행되는 도중 '티칭 모멘트'가 발생할 경우 언제든지 게임을 멈출 수 있는 특징을 가진 완전 게임의 형태를 말한다. 점수를 기록하지 않으며 특정 규칙을 적용하지 않는다. 게임 상황을 반복 수행하여 학생들에게 다양한 시각을 제공한다.
	게임	완전 게임은 체육 교과의 스포츠 단원에 적합하며, 학생들에게 긍정적인 학습 경험을 제공한다. 교사는 공정한 시합을 유도하고, 패배한 팀이나 선수가 부정적인 측면을 배우지 않도록 해야 한다.
	역할 수행	대다수 스포츠 활동에는 다양한 역할이 있으며, 학생은 이를 통해 스포츠에 대해 더 많이 배울 수 있다. 스포츠교육 모형은 학생이 선수, 코치, 심판 등의 역할을 수행하면서 지식, 기술, 책임감을 배우는 것을 기반으로 한다.
	비디오 자기 분석	학생은 비디오 촬영 후 체크리스트를 사용해 주요 동작 기능을 분석할 수 있다. 이 방법은 연속된 시도들에 대해 시각적인 피드백을 제공한다.
	협동 과제	체육 교과에서는 소집단을 통한 협동 학습 활동이 주된 과제 조직 방법이다. 교사는 각 집단에 해결할 문제나 과제를 부과하고, 학생들은 함께 목표를 달성한다. 협동 학습 모형은 학생들의 능력을 극대화하고 목표를 성취하는 데 초점을 둔다.
	활동 - 지도 - 활동 (Graham, 1992)	학생이 먼저 활동에 참여한 후 교사가 문제점을 지적하고 개선점을 제시하는 방식이다. 학생은 곧바로 과제에 적극적으로 참여할 수 있고, 과제 정보는 관찰된 문제점에 근거하여 제시된다. 이는 학습 과제와 매우 밀접한 정보를 제공하는 장점을 가지고 있다.

(2) 정의적 영역	① 반성적 과제
	② 가치관 형성 과제
(3) 인지적 영역	① 비판적 사고 과제
	② 이해 점검
	③ 수업 중 쓰기 과제
	④ 숙제
	⑤ 비디오 자기 분석
	⑥ 동료 관찰 분석
	⑦ 개인 및 집단 프로젝트
	⑧ 학생이 설계한 활동과 게임
	⑨ 교육과정 통합

4. 과제 전개 전략

① 완전 학습 중심 과제 전개

② 시간 중심 과제 전개

5. 학생 안전을 극대화하기 위한 전략

① 체육관 안전 규칙 개발 및 공지

② 규칙 점검

③ 일관성 있는 관리

④ 동료 경고 체계

⑤ 학생 감독

6. 수업 정리 및 종료 전략

① 수업 정리로 이동

② 주의 집중

③ 상호작용적 의사소통

Section 05 모형 중심 체육수업에 필요한 효과적인 교수기술

01 수업계획

1. 수업의 효과성

수업 전 교사의 철저한 수업계획 수립으로 수업에서 극대화된 효과 획득

2. 단원 및 수업계획

① 단원 및 수업의 학습목표
② 전체적인 수업 운영 계획
③ 과제 제시와 학습단서
④ 필요한 기구와 시설
⑤ 학습활동과 내용발달 계획
⑥ 운동장/공간 계획
⑦ 시간 분배 및 이동 시간
⑧ 안전 계획
⑨ 학습평가 절차
⑩ 수업 정리 및 종료 계획

02 시간과 수업 운영 2011년 초등 2차 논술 2번

1. 시간 운영	① 수업 전 기구 배치 ② 대안적인 출석점검 방법의 사용 ③ 주의 집중 신호와 시작 신호 ④ 수업 관리 규칙의 연습과 점검 ⑤ 공공장소 수업규칙 게시 ⑥ 예비활동의 공고와 활용
2. 수업 운영	① 학습환경 조성 ② 시설 및 기구 관리 ③ 학습활동 중 관찰

수업 중 효과적 관찰 기술	• 순회하면서 관찰 • 벽등지기 전략 • 근접 거리 조절 • 상황 이해

03 과제 제시와 과제 구조

1. 과제 제시 : 정보를 제공하는 과정

2. 과제 구조

과제 구조 주요 요인	• 과제 참여 지속 시간에 대한 설명 • 운동수행 기준에 대한 설명 • 과제를 위한 공간 배치의 지정 • 학생 행동과 책임감에 대한 기대 • 과제 내 변화에 대한 설명 • 과제 혹은 과제의 난이도 변경에 대한 학생 선택권 설명 • 주의 집중, 시작 및 종료 신호 사용

04 의사소통

05 교수 정보

	⊘ 다양한 방식의 단서	
1. 단서(cues) 2013년 9번	언어 단서	운동수행 향상 방법에 대한 구두정보
	비언어 단서	정확한 동작이나 부정확한 동작에 대한 제스처와 시범
	언어 단서와 비언어 단서의 결합	구두정보와 시범정보를 동시에 제공
	조작 단서	교사가 의사전달을 위해 학생의 신체 일부를 이동시 키는 방법으로, '체험적인(hands-on)' 단서
	시청각 단서	비디오테이프, CD-ROM, 그림 및 사진과 같은 시청 각 매체를 통해 제공되는 단서
2. 안내(guides)		
3. 피드백 (feedbacks) 2021년 A 7번	⊘ 링크(Rink)의 피드백의 수칙(rules of thumb) ① 피드백 제공은 많을수록 좋다. ② 일반적 피드백보다 구체적 피드백이 효과적이다. ③ 즉각적인 피드백이 지연된 피드백보다 효과적이다. ④ 교정적 피드백이 부정적 피드백보다 효과적이다. ⑤ 언어적 피드백이나 비언어적 피드백 중 하나만 제시하는 것보다 두 가지 형 태를 결합한 피드백 제공이 도움이 된다. ⑥ 숙련된 학습자는 피드백 횟수가 적어도 정보를 얻을 수 있지만, 피드백 정보 가 구체적으로 제공되어야 한다. ⑦ 초보 학습자에게는 학습 동기를 유발하고, 그들의 노력을 인정할 수 있는 모 든 피드백이 필요하다.		

4. 피드백의 유형(형태) 2012년 8번 / 2017년 A 1번

차원	형태	예
(1) **피드백의 제공자** : 피드백 정보의 제공원 의미	① **내재적 과제** : 학생 본인 스스로 운동기능을 시도한 결과를 관찰하여 얻는 피드백 정보	• 학생은 볼이 의도했던 목표물에 맞는지 본다. • 학생은 스윙할 때 볼이 배트에 닿는 소리와 느낌을 가진다.
	② **외재적 과제(보강적 피드백)** : 과제 자체의 부분과 관계없이 다른 사람이나 대리자에 의해 운동수행 정보가 제공	• 교사가 "그때 팔로-스로가 아주 좋았어."라고 말한다. • 동료학생이 다른 학생에게 "바로 그거야!"하고 외친다.
(2) **피드백의 일치도** : 피드백이 연습과제의 핵심 요소와 얼마나 잘 일치하는지에 대한 정도	① **일치도** : 과제를 제시할 때 특정의 학습단서와의 관련 있는 피드백	• 교사가 과제를 제시할 때 학생에게 "(테니스 백핸드) 스윙을 멋지게 아주 끝까지 팔로-스로를 하려면 완전히 집중해."라고 말한다면, 팔로-스로와 관련된 모든 피드백의 정보 제공은 일치한 것으로 본다.
	② **불일치도** : 과제를 제시할 때 특정의 학습단서와 관련 없는 피드백	• 위에서 제시한 동일한 과제 제시 후, 교사가 학생의 서비스 동작, 포핸드 샷, 또는 백핸드 샷에 대해서 피드백을 제공했다면 그 피드백은 일치하지 않은 것으로 본다.
(3) **피드백 내용** : 피드백 정보의 핵심과의 관련성을 의미	① **일반적 피드백** : 교사가 제공한 피드백 정보가 수행된 운동기능 자체와 관련 운동기능의 수행 결과에 대한 만족이나 불만족과 같은 일반적인 사항만 언급	• "아주 좋았어." • "바로 그거야." • "그게 아니야." • "아주 좋아."
	② **구체적 피드백** : 교사가 제공한 피드백 정보가 수행된 운동기능 자체와 관련. 구체적인 피드백은 학습자에게 유용한 정보를 제공	• "그때 아주 팔로-스로가 좋았어." • "팔목의 위치가 올바르지 않아." • "베이스 커버가 신속히 이루어지지 않았다." • "그 순간에 정말로 균형을 잡았어."

(4) **피드백의 정확성**: 학생과 의사소통된 정보가 실질적으로 학생의 운동수행을 잘 설명하고 있는가?	① **정확한 피드백**: 운동기능에 대한 정확한 설명	• 자기설명(self-explanatory)
	② **부정확한 피드백**: 운동기능에 대한 부정확한 설명	
(5) **피드백 시기**: 운동기능 수행이 끝나고 학습자에게 피드백 정보가 전달되는 시점까지 걸린 시간을 의미	① **즉각적인 피드백**: 운동기능이 끝난 직후 바로 학습자에게 피드백이 제공되거나 최소한 다음 운동기능을 실시하기 전 피드백 제공	• 학생이 높이뛰기를 마치면 교사가 즉시 학생에게 "자세가 아주 좋아."라고 말하는 경우
	② **지연된 피드백**: 운동기능의 수행이 끝난 직후에 제공되지 않고, 몇 번의 횟수가 진행된 후 제공	• 수업이 끝나고 20분 후, 위에서 말한 동일한 학생에게 "오늘 네가 보여준 점프에서 다리를 충분하게 펴주지 못한 것 같다."라고 말하는 경우
(6) **피드백의 양식**: 보강 피드백이 학생에게 제공되는 방법 의미	① **언어 피드백**: 구두로 제공	• "아주 훌륭하게 했어." • "정말 노력을 많이 했구나." • "좀 더 빨리 달려야겠다."
	② **비언어 피드백**: 피드백을 학생에게 몸짓으로 제공	• "좋았어!"라는 신호를 보낸다. • 손뼉을 친다. • 등을 두드려 준다. • 모든 운동수행이나 부분적인 운동수행을 재연한다.
	③ **언어와 언어가 아닌 형태를 결합한 피드백**: 언어와 비언어 정보를 동시에 제공	• "자, 나아가라!"라고 말하면서 교사가 등을 두드려 준다. • "수비자를 아주 훌륭하게 속였어."라고 말하는 동시에 학생에게 속이는 동작에 대한 시범을 보인다.

(7) **피드백의 평가**: 학생의 운동수행 결과에 대한 만족이나 불만족 표시	① 긍정적 피드백: 운동수행 결과에 대해 만족 표시	• "바로 그거야!" • "그 경기에서 올바르게 판단을 했다고 생각한다." • "좋았어."
	② 부정적 피드백: 운동수행 결과에 대해서 불만족 표시	• "골키퍼의 잘못된 판단이야." • "2조는 열심히 하지 않고 있다." • "그 당시 포기했구나." • "마지막 스윙에서 균형을 잃었구나."
	③ 중립적 피드백: 교사가 제공한 피드백이 긍정적인지 부정적인지 불분명한 상태	• "그저 그렇다." • "그 순간에 좀 더 정확하게 했어야 되는 건데…"
(8) **피드백의 교정적 특성**: 실수를 교정하는 방법에 관한 정보와의 관련성	① 교정정보는 제공되지 않고, 잘못된 부분만 정보를 제공하는 피드백: 부정확하고 부적절한 운동수행에 대한 정보만 제공	• "발의 위치가 올바르지 않다." • "볼을 놓쳤구나." • "그 방식으로는 성공하지 못할 것이다."
	② 교정적 피드백: 다음 운동수행을 개선할 수 있는 방법에 관한 정보(단서)와 함께 피드백 제공	• "아주 좋았는데, 다음에는 머리를 높게 유지해라." • "팔꿈치가 너무 펴졌다. 몸 안쪽으로 팔꿈치를 당겨서 펴도록 해라."
(9) **피드백의 방향성**: 피드백 정보가 누구에게 제공되는지를 의미	① 개별적 피드백의 방향은 학생 한 명	• "○○아, 오늘 수업에서 매우 열심히 했다."
	② 집단 피드백	• "2분단이…" • "○○의 팀은…" • "체육관 끝에 있는 모든 학생에게…"
	③ 전체 수업 피드백	• "오늘 모두 다 훌륭했어." • "이번 수업에서는 팀워크가 아주 좋았어."

06 질문의 활용

1. 질문의 초점

① 수업 운영 질문(managerial question)

② 행동질문(behavior question)

③ 내용질문(content question)

2. 내용질문의 형태

지식	목적	• 이전에 학습했던 사실이나 단순한 생각 또는 개념을 학생에게 상기
	인지반응	• 지난 시간에 논의했던 타격 자세의 3가지 주요 요소를 말해 볼 수 있겠니? • 배드민턴 단식 경기에서 서브를 넣는 사람의 위치를 말해 볼 수 있겠니?
	움직임반응	• 우리가 어제 학습했던 정확한 타격 자세를 보여 줄 수 있겠니? • 누가 배드민턴 서브 넣기에 가장 좋은 위치로 가서 서브 자세를 취하고 서브를 보낼 목표 방향을 보여 줄 수 있겠니?

이해	목적	• 학생에게 사실이나 생각을 번역 또는 해석하거나 비교
	인지반응	• 홉(hop)이 무엇이지? 점프(jump)는 무엇이지? 홉과 점프는 어떤 차이가 있지? • 더블 드리블이 무엇이지?
	움직임반응	• 누가 홉과 점프를 보여줄 수 있겠니? 그 다음 다른 형태의 홉을 보여줄 수 있겠니? • 더블 드리블의 2가지 예를 누가 보여줄 수 있겠니?

적용	목적	• 학생에게 앞서 학습했던 사실이나 생각에 기초하여 문제해결
	인지반응	• 배구의 플로터 서브를 리시브할 수 있는 가장 좋은 정보는 무엇인가? • 벤치 프레스의 스파링 기술을 시도할 때 어느 시점에서 도와주어야 하는가?
	움직임반응	• 1조는 플로터 서브를 받을 수 있도록 정확한 자세를 취해 보아라. • 교사가 벤치 프레스를 시범 보이고 학생에게 적절한 스파팅 기술과 타이밍을 실시해 보라고 한다.

분석	목적	• 복잡한 개념 요소를 분석하고, 관계를 구명해 보며, 조직적 형태와 원리 발견
	인지반응	• 속공을 하려고 할 때 어느 시기에 공격 코트로 넘어가야 하는가? • 언제 공을 토스하고 던져야 하는지 누가 말해 볼래?
	움직임반응	• 연습상황에서 포인트 가드에게 아울렛 패스를 받을 때 속공을 해야 할지 아니면 지공을 해야 할지에 대한 지시를 내린다. • 교사가 토스/던지기 지점에서 준비를 하고 학생에게 가장 좋은 기술을 이용해서 목표물을 쳐보라고 한다.

종합	목적	• 학생에게 2개 이상의 사실이나 생각 또는 개념을 연결시켜서 새로운 지식을 생성
	인지반응	• 운동 시 최적의 심박수 범위에 도달했는지를 어떻게 알 수 있는가? • 공을 많이 회전시켰을 경우 어떻게 될까?
	움직임반응	• 5분 이내에 목표 심박수까지 도달할 수 있는 운동을 할 수 있는가? • 공을 찰 때 곡선을 더 크게 나오게 하는 방법을 보여줄 수 있는가?

평가	목적	• 학생의 개인적 지식과 감정 또는 다른 사람이 생성해 낸 지식에 기초하여 판단
	인지반응	• 마루 운동에서 6.7과 7.0의 차이는? • 스퀘어 댄스와 라인 댄스 중 어느 것을 더 좋아하느냐?
	움직임반응	• 다른 학생보다 난이도가 높다고 판단된 학생의 2가지 마루운동기능을 수행할 수 있는가? • 스퀘어 댄스나 라인 댄스 중 하나를 선택해서 10분 동안 실시해 보아라.

💡 **메츨러(M. Metzler)의 질문의 유형** 2017년 A 1번

수렴적 질문 (convergent questions)	• 학생의 반응이 인지적 영역이든 심동적 영역이든 관계없이 1가지 정확한 답변을 요구 • 폐쇄형 질문(dose-ended questions) • 교사가 마음속에 1가지 정확한 답을 가지고 단일 반응을 요구하는 수렴적 질문	• 축구에는 얼마나 많은 포지션이 있지? • 테니스의 단식 게임에서 사이드라인에 대해서 설명할 수 있겠니?
발산적 질문 (divergent questions)	• 개방형 질문(open-ended questions) • 1가지 질문에 여러 개의 정확하거나 가능한 답이 존재 • 상위 수준의 질문	• 짝하고 정적인 균형을 유지할 수 있는 모든 방법을 수행해 보자. • 배드민턴에서 서브를 높게 뒤쪽으로 넣어야 할 상황이 언제인가?

3. 학습을 위한 질문 활용

① 답변 시간

② 가능한 발산적 질문

③ 답변에 필요한 규칙 제정

④ 부정확한 답에 대한 반응

⑤ 답에 대한 설명과 이유 질문

07 수업 정리와 종료

Section 06 효과적인 체육수업의 계획

01 계획이 필요한 이유

① 계획은 각 단원과 수업에서 시간, 노력, 자원의 효과적 이용 가능
② 학생이 짧은 시간 동안 진술된 학습목표에 도달할 수 있도록 교사 자신, 학생, 시설, 이용 가능한 자원을 교사가 효과적으로 조직

<table>
<tr><td rowspan="2">수업
계획</td><td>단원
계획</td><td>1. 맥락 분석
4. 모형 선정
7. 평가</td><td>2. 내용 분석
5. 관리 구조
8. 교사 역할</td><td>3. 학습목표
6. 학습활동 선택
9. 학생 역할</td></tr>
<tr><td>수업
계획</td><td>1. 상황 기술
4. 배치계획
7. 평가</td><td>2. 수업 목표
5. 학습활동
8. 정리 및 종료</td><td>3. 시간과 공간
6. 과제 제시와 과제 구조</td></tr>
<tr><td colspan="2">효과적
교수기술</td><td>1. 수업계획
4. 의사소통
7. 수업정리와 종료</td><td>2. 시간과 수업 운영
5. 교수정보</td><td>3. 과제 제시와 과제 구조
6. 질문의 활용</td></tr>
<tr><td rowspan="2">수업
전략</td><td>관리
측면</td><td>1. 예방차원</td><td>2. 상호작용</td><td>3. 집단편성</td></tr>
<tr><td>지도
측면</td><td>1. 과제 제시
4. 학습활동
7. 수업 정리 및 종료</td><td>2. 과제 구조
5. 과제 전개</td><td>3. 과제 참여
6. 학생 안전</td></tr>
<tr><td colspan="2">수업을 위한
지식</td><td>1. 학습환경
4. 발달단계의 적합성
7. 평가
10. 체육교육과정 모형</td><td>2. 학습자
5. 학습영역과 학습목표
8. 사회/정서적 분위기</td><td>3. 학습이론
6. 체육교육내용
9. 체육교육 평등</td></tr>
</table>

일부 수업모형은 2~3개의 연속적인 차시로 이루어진 모듈계획(modular planning) 또는 일일 수업계획이 필요 없는 전체 단원으로 이루어진 통합계획(unified planning)을 사용한다. 이것은 교사가 수업계획을 하지 않는다는 것을 뜻하지 않는다. 대부분의 지도계획은 단원이 시작되기 전에 완성되며 이러한 계획은 수업 간 흐름의 일관성을 유지시킬 수 있다.

02 계획 지침

1. 단원계획

2. 수업계획

3. 단원계획과 수업계획 수립 지침

① 정교하고 유연성 있는 계획 수립

② 교수·학습과정안 작성

③ 추가 계획 수립

④ 대안적 계획 수립(예 장시간의 좋지 않은 날씨, 장비 파손, 학교행사 계획의 변화, 시설의 이용 등에 대한 대안계획)

⑤ 단원과 교수·학습과정안 계획 평가

03 단원계획 : 단원계획의 요소

(I) 맥락분석	① 내용, 방법, 학생이 배우는 것에 영향을 미치는 시간적·인적·물적 자원의 총체 ② 교사, 학생, 내용, 이용 가능한 자원
(2) 내용분석과 목록화	
(3) 학습목표	
(4) 단원에 맞는 수업모형 선정	맥락을 분석하고 내용 목록을 선정하여 단원의 학습목표를 진술했다면, 이후 교사는 학생의 학습에 가장 효과적으로 도움이 되는 수업모형을 결정해야 한다. 가장 효과적인 수업모형 선택은 2가지 사항을 고려하여 이루어진다. 첫째, 모형 선택은 연역적인 과정이다. 즉, 맥락, 내용, 목표를 고려한 후 수업모형을 결정한다. 진술된 학습목표는 모형 선택에 직접적으로 영향을 미치는 영역의 선호도와 영역 간의 상호작용을 나타낸다. 둘째, 전체 단원을 지도할 때 어느 한 모형만을 사용하게 되면 학생의 학습은 극대화될 수 있다.
(5) 관리구조	안전하고 효율적인 학습환경 조성에 중요한 규칙과 상규적 행동 지원 및 절차 확인 **전형적인 관리구조의 내용** • 규칙의 결정과 발표 • 체육관에 들어가고 나오는 절차 • 용기구의 배분, 관리, 수거 및 정리 절차 • 안전 규칙 • 출석 절차 • 주의 집중과 시작/정지에 필요한 신호 결정
(6) 학생 학습활동	
(7) 평가 또는 성적	① 평가목표와 결과 ② 평가방법(전통적 평가, 대안평가, 실제평가) ③ 평가시기(형성평가, 총괄평가) ④ 평가계획과 수행방법
(8) 교사 역할과 임무	
(9) 학생 역할과 임무	

04 교수 · 학습과정안

1. 단원계획과 교수 · 학습과정안의 일관성 유지

2. 교수 · 학습과정안 작성 요소

(1) 수업 맥락 기술	
(2) 학습목표	
(3) 시간과 공간 배정	① 수업 시간 ② 공간 배정 계획
(4) 학습활동 목록	
(5) 과제 제시와 과제 구조	① 학생 흥미 유발 ② 과제 제시 ③ 과제 구조 설명 ④ 이해 정도 점검 ⑤ 과제의 계열성과 진도
(6) 평가	
(7) 수업 정리 및 종료	

Section 07 모형 중심 수업 학생 평가

01 체육에서의 대안평가

1. 체육수업 대안평가의 유형

① 그룹 프로젝트　　　　　　　　② 멀티미디어를 활용한 발표

③ 활동 일지　　　　　　　　　　④ 개인 일지

⑤ 역할극　　　　　　　　　　　⑥ 구두시험

⑦ 발표　　　　　　　　　　　　⑧ 인터뷰

⑨ 포트폴리오　　　　　　　　　⑩ 루브릭

⑪ 교사용, 동료 학생용, 자기 체크리스트 관찰

2. 굿리치(Goodrich, 1996~1997)의 루브릭 7단계

(1) 모형 관찰	학생에게 이전에 평가했던 좋은 작품과 그렇지 않은 작품을 보여준다.
(2) 기준의 열거 및 논의	학생이 질 높은 작품을 구성할 수 있도록 모형을 활용한다.
(3) 학습의 질적 단계 명료화	각 단계가 질적 측면에서 다른 단계와 어떻게 구별되는지 제시하고 논의한다.
(4) 모형에 근거한 연습	학생이 모형에 기초하여 루브릭을 활용한다.
(5) 자기평가와 동료평가 활용	과제가 끝날 때마다 주기적으로 평가하여 학생에게 지속적인 피드백을 제공한다.
(6) 수정	피드백에 기초하여 수정할 수 있는 시간을 제공한다.
(7) 교사 평가 실시	학생이 배웠던 동일한 방식으로 루브릭을 활용한다.

02 모형 중심 수업에서의 평가

수업모형	주요 학습결과	전통평가	대안평가	평가시기
직접교수모형	1. 운동수행 2. 규칙에 관한 지식 3. 체력	기능검사 지필검사 체력검사	수행능력 체크리스트	형성 총괄
개별화지도모형	1. 운동수행 2. 규칙에 관한 지식 3. 체력	기능 관련 퀴즈 지필검사 체력검사	수행능력 체크리스트 저널	지속
협동학습모형	1. 개념 지식 2. 팀 참여 3. 사회성 발달	기능 관련 퀴즈 지필검사	집단 프로젝트 멀티미디어 프로젝트 포트폴리오 저널	지속 형성 총괄
스포츠교육모형	1. 경기 수행과 전략 2. 팀 참여 3. "역할 임무" 수행력	지필검사	역할극 체크리스트 팀 프로젝트 경기 수행 종합 GPAI 저널	형성 총괄
동료교수모형	1. 운동수행 2. 인지적 교수지식 3. 사회성 발달	기능검사 지필검사	수행능력 체크리스트 저널	지속 형성
탐구수업모형	1. 움직임 기능과 관련 된 고등 지식 2. 움직임 기능	지필검사	구두시험 면담 저널	지속 형성 총괄
전술게임모형	1. 운동수행과 관련된 전략적 지식 2. 운동수행	지필검사	GPAI 수행능력 체크리스트 구두시험	지속 형성 총괄
책임감 지도모형	1. 사회성 발달 2. 운동수행	기능검사	수행능력 체크리스트 저널	지속 형성 총괄

Chapter 02 8가지 체육수업모형

Section 08 직접교수모형 2005년 8번 / 2006년 7번 / 2019년 A 9번 / 2021년 A 1번 / 2025년 B 3번

01 개요

1. 목적		• 학생을 연습 과제와 기능 연습에 높은 비율로 참여시키도록 하기 위한 수업 시간과 자원의 효율적 이용 • 학생이 교사의 관리하에 연습을 많이 하고, 교사는 학생이 연습하는 것을 관찰하고 학생에게 높은 비율의 긍정적·교정적 피드백 제공
2. 직접교수모형에서 수업의 6단계 (Rosenshine, 1983)	(1) 전시 과제 복습	• 교사의 수업 도입에서 이전에 배웠던 가장 핵심적인 기능이나 개념 복습
	(2) 새로운 과제 제시	• 교사는 학생이 배우게 될 새로운 내용(개념, 지식, 기능) 제시 • 교사는 새로운 내용을 학생에게 설명하거나 시범을 통해 과제 제시
	(3) 초기 과제 연습	• 과제 제시는 곧바로 구조화된 연습으로 이어지고, 학생은 주어진 과제를 능숙하게 수행하기 위해서 연습 시작 • 학생의 학습활동 비율을 높이기 위하여 교사는 학습관찰과 교정적 피드백 비율 증가 • 연습과제는 학생이 80%의 성공률에 도달할 때까지 지속
	(4) 피드백 및 교정	
	(5) 독자적인 연습	• 교사는 학습활동을 설계하고 학생은 진도를 스스로 결정 • 학생은 자신들이 연습할 때 교사의 단서나 관찰 감독을 기다리지 않아서 학생의 활동비율 증가 • 학생은 각자의 독립적인 과제에서 90% 이상의 성공률 성취
	(6) 본시복습 (정기적인 복습)	

02 이론적 기초

1. 이론적 배경 및 근거

(1) 스키너(B. F. Skinner)의 조작적 조건화 이론
  ① 강화(reinforcers)　　　　② 벌

(2) 행동훈련의 5가지 주요개념
  ① 조형　　　　　　　② 모형　　　　　　　③ 연습
  ④ 피드백　　　　　　⑤ 강화

2. 교수 · 학습에 관한 가정

(1) 교수에 관한 가정

(2) 학습에 관한 가정

3. 모형의 주제

교사가 수업 리더 역할을 한다.

4. 학습영역의 우선순위와 영역 간 상호작용

(1) 학습영역 우선순위: 성취지향 수업모형으로 움직임 유형과 개념학습에 사용

1순위	심동적 학습
2순위	인지적 학습
3순위	정의적 학습

(2) 학습영역 간 상호작용

5. 학생의 발달요구사항

(1) 학습 준비도

　① 심동　　　　　　　② 인지

(2) 학습 선호도

> 회피적, 경쟁적, 의존적

6. 모형의 타당성

(1) 연구 타당성

(2) 실천적 지식의 타당성

(3) 직관적 타당성

03 교수 · 학습의 특징

1. 수업통제

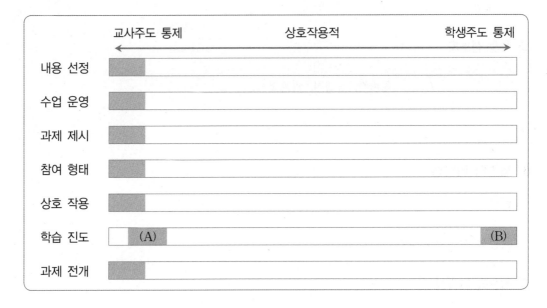

(1) 내용 선정	• 내용 선정에 대한 완전한 교사 통제권 • 교사는 단원에 포함될 내용, 학습과제의 순서, 내용숙달에 대한 수행기준 결정
(2) 수업 운영	• 교사는 관리상의 계획, 수업방침/규정, 특정한 상규적 행동 결정 • 수업 운영의 효율성을 극대화하기 위해 교사 통제 지속
(3) 과제 제시	• 교사는 모든 과제 제시 계획과 통제 • 다른 학생, 시청각자료들로 학습과제에 대한 시각적 · 언어적 설명 제공
(4) 참여 형태	
(5) 상호 작용	• 모든 상호 작용은 교사에 의해 시작 • 교사는 보강 피드백을 제공하는 주요 제공자
(6) 학습 진도	• (A) 교사는 학생이 연습할 때마다 시작과 끝나는 시간 지시 • (B) 학생은 각각의 시도 결정
(7) 과제 전개	

2. 학습과제

(1) 과제 제시	• 교사는 과제를 성공적으로 수행하는 방법에 대한 명확한 상(picture)을 필수적으로 제시 • 교사는 모델 역할 담당
(2) 과제 구조	• 학생은 학습활동의 조직 방법과 책무성 체계 이해 • OTR을 증가시키기 위해 시각자료 사용
(3) 내용 전개	• 내용 목록과 계열성에 기초 • 교사는 학생들이 현재 학습과제를 80% 이상 숙달하고 나서 다음 과제로 이동하도록 지시

3. 학습 참여 형태

4. 교사와 학생의 역할 및 책임

5. 교수과정의 검증

6. 학습평가

① 비공식적 평가
② 공식적 평가
③ 완전 학습

04 교사 전문성 및 상황적 요구조건

1. 교사 전문성	• 과제 분석 및 내용 목록 • 학습목표 • 체육교과 내용 • 발달단계를 고려한 지도		
2. 핵심적인 교수기술	(1) 수업계획	• 교사는 내용목록을 결정하고 학습과제에 대한 계획 • 수업 시간 및 자료의 활용	
	(2) 시간과 수업 운영	• 학생에게 높은 OTR과 ALT를 제공하기 위해 수업에 할당된 시간 극대화 • 유연한 수업 운영	
	(3) 과제 제시와 과제 구조	효과적인 과제 제시와 과제 구조 (Graham, 1988)	• 명확한 지도 지침 • 제시될 학습내용의 유용성 강조 • 새로운 학습내용 구조화 • 주의 집중 신호 • 정보 요약과 반복 • 이해도 체크 • 건설적인 분위기 조성 • 책무성 정도 제시
		교수 행동의 질적 측정도구 (QMTPS)	• 명확성 • 시범 • 단서의 수 • 단서의 정확성 • 단서내용의 질 • 초점의 적절성 • 구체적이고 일관성 있는 피드백
	(4) 의사소통		
	(5) 교수정보		
	(6) 수업정리 및 종료		
3. 상황적 요구조건	• 학생에게 높은 비율의 OTR 제공 • 학생의 대기 시간을 줄이기 위해 충분한 기구와 활동공간 필요		

Section 09 개별화지도모형

2008년 6번 / 공청회 6번 / 2011년 7번, 8번 / 2012년 3번 / 2019년 A 9번 / 2021년 B 4번, B 10번 / 2024년 B 1번

01 개요

1. 설계의 중점사항	• 학생이 미리 계획된 학습과제의 계열성에 따라 자신에게 맞는 속도로 배우도록 설계 • 모든 학습과제 모듈은 문서나 다른 형식으로 학생들에게 제공(과제 제시, 과제 구조, 오류 분석, 수행 기준에 대한 정보 포함)
2. 특성	• 교사로 하여금 수업 중 학생들에게 정보를 전달하는 시간을 줄이고, 그 시간을 학생과 교수 상호작용에 투자 • 명시된 수행 기준에 따라 학생이 학습과제를 완수하게 되면, 교사의 허락이나 지시 없이 바로 학습과제 목록에 있는 다음 과제로 이동 • 교사 주도의 과제 제시가 거의 없기 때문에 교사는 학습동기 유발과 수업 정보(피드백과 1 : 1 개별지도)를 제공하고 학생들과 상호작용 증가 • 내용단원에 대한 통합계획(unified plan)으로 활용하여 일일 학습지도안 불필요

02 이론적 기초

1. 이론적 배경 및 근거

(1) 응용행동분석학(Skinner)

(2) ARCS 이론(Keller & Sherman)의 충분한 강화를 제공할 수 있는 특징 4가지

A(주의)	창의적이며 흥미로운 학습 자료를 바라볼 수 있는 능력
R(관련성)	학습목표를 향한 규칙적이고 실제성 있는 과정
C(자신감)	교사의 학생 개인에 대한 관심과 성공기대
S(만족감)	학습의 즉각적인 평가

2. 교수·학습에 관한 가정

(1) 교수에 관한 가정

(2) 학습에 관한 가정

3. 모형의 주제

수업진도는 학생이 결정한다. 가능한 빨리, 필요한 만큼 천천히

① 각 학생에게 수업 운영 정보, 과제 제시, 과제 구조, 수행기준과 오류분석이 포함된 학습활동 및 평가를 하나의 묶음으로 구성한 수업자료 제공
② 학생들은 능력에 따라 자신의 속도에 맞는 학습 권장

4. 학습영역의 우선순위와 영역 간 상호작용

(1) 영역의 우선순위: 완전숙달 중심과 성취 중심의 수업모형

1순위	심동적 학습
2순위	인지적 학습
3순위	정의적 학습

(2) 학습영역 간 상호작용

5. 학생의 발달요구사항

(1) 학습 준비도

① 학생의 문서 독해력과 정보 이해 능력
② 학생 책무성

(2) 학습 선호도

회피적, 경쟁적, 수동적(의존적)

6. 모형의 타당성

(1) 연구 타당성

　① 개별화 수업모형의 학생들이 내용 참여 비율, 기능 연습 시간, 실제 학습 시간, 그리고 학습과
　　제의 성공률 등의 항목에서 직접 교수보다 높음

　② 개별화 수업모형은 전통적 수업에 비해 수업관리 시간과 과제 제시에 사용되는 시간은 적고,
　　학생에게 제공하는 언어적/비언어적 피드백은 3배 이상

(2) 실천적 지식의 타당성

(3) 직관적 타당성

　가장 효과적인 교수는 학생과의 1 : 1의 상황에서 발생

03 교수 · 학습의 특징

1. 수업통제

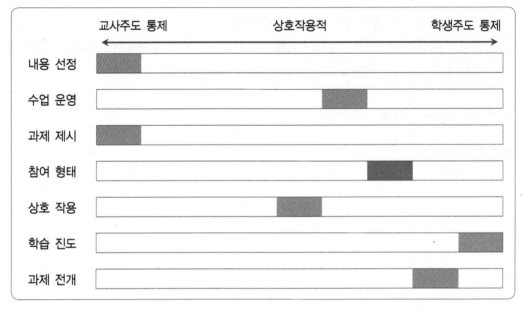

(1) 내용 선정	• 교사가 내용 선정과 계열성 결정 • 교사는 단원에 포함되어야 할 내용, 학습과제의 계열 순서, 각 과제 숙달을 위한 수행기준 결정
(2) 수업 운영	• 교사는 관리 계획, 학급 규칙, 구체적 절차 결정 • 학생은 각 수업 차시에 대한 수업 관리 책임
(3) 과제 제시	• 문서와 시각 자료의 형태로 전달 • 교사는 각 과제를 완수하는 방법, 오류 교정 방법, 학생 참여를 유도하는 과제의 구성이 포함된 수업매체 작성
(4) 참여 형태	• 학생은 교사와 다른 학생으로부터 거의 독립적 연습
(5) 상호 작용	• 교사는 수업 운영에 대한 부담이 거의 없기 때문에 학생에게 높은 수준의 교수 상호 작용 제공 • 분당 3회 이상의 피드백 제공
(6) 학습 진도	• 학생은 자신만의 진도 결정 • 학생은 연습의 시작과 종료 시기, 연습 시도 횟수 및 시간을 스스로 결정
(7) 과제 전개	• 학생의 능력과 노력에 따라 과제 전개 결정

2. 학습과제

(1) 과제 제시	① 문서	② 시각매체	
(2) 과제 구조	① 각 학습과제는 필요한 과제 제시 정보, 오류분석, 수행 기준, 과제 구조에 대한 세부사항 등을 포함 ② 개별화 수업의 과제 형태		

준비도 연습	• 물체, 도구 및 움직임 패턴을 느끼는 수행 기준이 없는 과제에 참여 • 치고, 던지고, 받고, 달리고, 뛰고, 쏘는 활동 참여	
이해력 과제	• 학생 시범을 통해 교사는 이해력 확인 • 점검표 활용	
기준 연습 과제	• 교사가 수립한 기준 숙달 • 기준은 정확성, 일관성, 시간, 거리, 속도, 획득 점수로 설정	
도전 과제	• 2가지 이상의 기준 과제에서 습득한 기능을 조합하여 연습 • 리드-업 게임이나 변형게임	
퀴즈	• 게임의 역사, 규칙, 득점 방법, 전략에 대한 지식 발달	
게임 또는 시합		

③ 숙달의 검증
④ 개인 학습지
　㉠ 출석 기준
　㉡ 학급 규칙과 훈육 계획
　㉢ 복장 기준
　㉣ 기구 관리
　㉤ 성적 산출 및 적용 기준
　㉥ 각 수업의 시작 절차
　㉦ 전체 학습내용 목록과 학습과제 수행기준
　㉧ 모든 참고자료(규칙, 전략, 역사 등)
　㉨ 완수한 학습과제를 위한 학생 진도표

(3) 내용 전개	① 학생은 자신의 학습 속도에 맞추어 진도 진행 ② 개인학습지 사용으로 과제참여 시간 증대

3. 학습 참여 유형

4. 교사와 학생의 역할 및 책임

5. 교수과정의 검증

6. 학습평가

① 자동적 평가
② 지속적 평가

04 교사 전문성 및 상황적 요구조건

1. 교사 전문성	• 학생의 발달단계에 적합한 수업 • 학습목표 • 과제 분석과 내용 전개 • 평가

2. 핵심적인 교수기술	• 계획
	• 시간과 수업 관리
	• 과제 제시 및 구조
	  − 수업 매체를 통한 전달
	  − 개인 학습지에 작성
	• 의사소통
	  − 글쓰기
	  − 각 학생의 이해수준에 적합한 작문기술
	• 교수적 상호작용

3. 상황적 요구조건	• 학생의 읽기 수준 • 매체 활용 기술 • 학생의 책무성 • 상황적 변형

Section 10 협동학습모형

2005년 9번 / 공청회 6번 / 2009년 4번 / 2010년 12번 / 2014년 A 서술 1번 / 2015년 초등 5번 / 2018년 B 8번 / 2020년 B 3번 / 2021년 B 4번 / 2022년 A 7번 / 2024년 A 9번

01 개요

1. 성취지향적이며, 과정 중심적 모형	• 학생의 수업내용 숙달을 증진 • 학생은 협동하는 것을 배워야 하는 것이 아니라 배우기 위해 협동
2. 존슨, 존슨과 호루백 (D. Johnson, R. Johnson & E. Holubec) **협동학습의 5가지 기본 요소**	• 팀원 간의 긍정적인 상호의존 • 일대일의 발전적인 상호작용 • 개인의 책무성·책임감 • 대인관계와 소집단 인간관계 기술 • 팀 반성
3. 쿠소(Cuseo)의 협동학습 절차적 요인	• 의도적인 팀 구성 • 팀 상호작용의 연속성 • 팀원들 간의 상호의존 관계 • 개인의 책무성 • 사회성 발달에 대한 외재적 관심 • 격려자로서의 교사
4. 일렌 힐케 (Eileen Hilke)의 **협동학습의 4가지 지도목표**	• 학생 사이에 협동적인 협력학습을 증진하는 것 • 긍정적인 팀 관계를 독려하는 것 • 학생의 자아존중감을 개발하는 것 • 학업 성취력을 향상시키는 것
5. 협동학습모형에서 교사의 6가지 역할	• 수업목표 상세화 　－ 배울 내용과 수행기준 상세화 　－ 사회성 향상 목표 상세화 • 수업 전 의사결정 　－ 학생 상호작용 　－ 과제인식, 수행기준, 소요되는 시간, 기구 및 자료제시 　－ 팀원 선정과, 평가, 사회성 기술 관찰방법 결정 • 과제제시와 과제구조 전달 • 협동과제 설정 • 협동학습을 수행하는 팀 모니터와 개입 • 학습과 팀 상호작용 평가

♡ 슬라빈(Slavin)의 협동학습 개념

팀 보상	• 기준에 도달한 팀에는 누적 점수, 특혜, 공개적인 인정, 점수 등의 보상 제공
개인 책무성	• 모든 팀원들의 수행은 팀 점수 또는 평가 포함 • 모든 팀원의 잠재력 최대 발휘 • 동료학습 유도
학습 성공에 대한 평등한 기회 제공	• 이질적인 소집단(4~6명)으로 구성하며, 전체 팀의 수행능력의 평등성 고려한 구성 • 팀원의 개인차 고려, 즉 성, 기술 수준, 학습내용에 대한 사전 경험, 인지 능력, 동기 등을 고려한 모둠 조직 • 팀원의 다양성으로 사회성 학습 촉진 • 팀 사이의 균형은 공정한 경쟁 장려와 학습동기 증가

02 이론적 기초

1. 이론적 배경 및 근거

(1) 동기이론

(2) 인지이론

(3) 사회학습이론

(4) 행동이론

2. 교수·학습에 관한 가정

(1) 교수에 관한 가정

① 교사는 학생의 인지적 및 사회성 학습을 위한 격려자

② 교사는 팀 과제의 학습환경, 구조 확립 후 격려자

③ 초기 직접적 방식, 팀원 구성 후 간접적 방식 지도

④ 교사는 사회성 학습과 인지적 학습목표 사이 균형 유지

⑤ 사회성 학습과정은 (인지적) 학습결과만큼 중요

(2) 학습에 관한 가정

　① 협동적 구조는 높은 수준의 사회적 또는 (인지적) 학습능력 촉진

　② 팀원은 팀의 목표 달성을 위한 공헌 능력 요구

3. 모형의 주제

> 서로를 위해 서로 함께 배우기

4. 학습영역의 우선순위와 영역 간 상호작용

(1) 학습영역의 우선순위

　① 인지적 학습과제

1순위(공동)	정의적·인지적 영역
3순위	심동적 영역

　② 심동적 학습과제

1순위(공동)	정의적·심동적 영역
3순위	인지적 영역

(2) 학습영역 간 상호작용

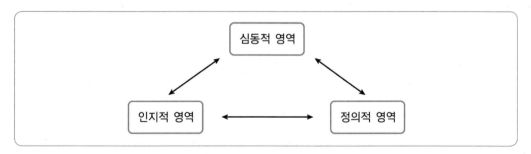

5. 학생의 발달요구사항

(1) 학생의 준비도

(2) 학생의 학습 선호도

참여적, 협력적, 경쟁적, 독립적

6. 모형의 타당성

(1) 연구타당성

(2) 실천적 지식의 타당성

(3) 직관적 타당성

03 교수 · 학습의 특징

1. 수업통제

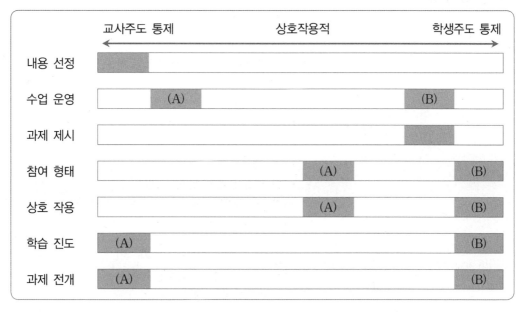

(1) 내용 선정	• 교사 중심 • 교사는 수업 시간에 학생이 수행해야 할 과제를 결정하고 학생에게 알림
(2) 수업 운영	• (A) 팀이 과제에 참여하기 전까지 교사 중심으로 수업을 운영하며 팀 과제 참여 전 교사는 팀원을 선정하고 이용 가능한 자원, 각 과제에 할당된 시간의 양, 팀원들이 수행해야 하는 기준 결정 • (B) 학생은 역할분담, 과제수행, 시간과 주위 시설물의 활용 방법 등에 대해 스스로 의사결정
(3) 과제 제시	• 교사는 주어진 과제에 대한 단계설정과 과제 완수를 위해 각 팀이 지켜야 할 기본규칙만 설명 • 동료교수를 사용하며, 학생이 각자 무엇을 해야 하며 어떻게 해야 하는지 결정
(4) 참여 형태	• (A) 교사질문으로 학생 사회성 발달 • (B) 학생은 과제를 완수하기 위해 자신의 참여계획 확정
(5) 상호 작용	• (A) 학생 사회성 발달을 위한 교사 질문 • (B) 과제를 수행하는 동안 학생 중심
(6) 학습 진도	• (A) 교사 중심으로 학생 팀과 학습문제 선정 • (B) 교사가 제시한 과제와 이에 대한 완수 시간 내 학생 중심 학습진도
(7) 과제 전개	• (A) 교사에 의한 새 과제 전개 • (B) 각 과제 완수시기에 대한 학생 팀의 결정

2. 학습과제

(1) 과제 제시		• 교사가 제시한 학습과제에 대하여 학생 스스로 주어진 과제를 조직하여 문제해결 • 과제는 교사가 선정하고, 과제 완수를 위한 방법은 학생 주도 모색
(2) 과제 구조	① 학생 팀 성취배분 (STAD)	• 팀 구성 • 학습과제와 과제완수에 필요한 자원 제공 • 팀별 연습 시간 제공 • 팀 점수(팀원 합산 점수) 발표 • 협동과정에 대한 토론과 팀 상호작용에 대한 교사 조언 제공 • 2차 연습 • 2차 연습에 대한 팀 점수 발표 • 1차 연습과 2차 연습 비교에 의한 향상점수로 팀 점수 부여 • 팀 내 협동 유발
	② 팀 게임 토너먼트 (TGT)	• STAD와 초기 학습구조 유사 • 팀별 동일 등수 간 비교점수 제공 • 팀 성공에 대한 개인 공헌(자신감)

	③ 팀 보조 수업
	(TAI)
		• 협동 학습과 개별화 학습의 결합
		• 교사는 팀을 선정한 후 학생에게 수행기준과 과제 목록을
		  제공함
		• 팀원은 혼자 또는 팀원의 도움을 받으면서 연습하고 수행
		  기준에 따라 과제를 완수하면 다른 팀원의 체크가 이루어
		  진 후 다음 과제로 이동함
		• 매주 각 팀들이 수행한 과제 수를 점수로 환산한 팀 성적
		  이나 개인별로 시험을 본 후 개인 점수를 합산하여 팀 수
		  행능력을 평가함

(2) 과제 구조	**④ 직소(Jigsaw)**	♀ 전문가 집단 구성	
		방법 1	교사는 팀을 나누어 기술, 지식, 게임 등의 과제를 배정하고 모든 팀원들은 자신의 팀에 할당된 과제를 익힌 후 교사가 되어 다른 팀에 내용을 가르쳐주며 다른 팀을 지도하는 지도 능력에 기초하여 평가가 이루어짐
		방법 2	각 팀원들은 주제 또는 기술의 전문가가 되기 위해 서로 다른 학습 요소들을 배우게 되는데 팀원이 할당된 학습내용을 익히면 각 팀에 동일한 주제나 기술을 학습한 학생끼리 모여 전문가 집단을 구성한 후 전문가 집단에서 자신들이 배운 내용을 공유하게 됨. 이후 전문가들은 원래 자신의 집단으로 돌아가 배운 것을 다른 팀원에게 가르쳐 주는 동료 교수를 하게 됨
	⑤ 집단 연구(G.I)	• 팀이 학습과정을 협동하고 학습결과를 공유하는 데 활용함 • 학생은 교사가 제시한 과제를 교사가 제시한 기간까지 수업 시간이나 그 외 시간을 이용하여 과제수행과 완성을 함 • 과제는 매체를 이용하여 완성하며 발표는 단체 프로젝트 형식으로 이루어짐 • 매체를 이용하여 과제를 작성하는 목적은 각 팀의 학습 정도를 확인하고 그 내용을 다른 팀들과 공유하기 위한 것임 • 집단연구가 시작되고 각 팀에 단일 점수가 주어지기 전에 루브릭 점수를 학생에게 제시하여 평가가 이루어짐	

3. 학습 참여 형태

(1) 상호작용에 의한 사회성 발달

(2) 팀원 선정

    ① 팀원 선정 과정은 학습과 사회성을 효과적으로 촉진

    ② 팀 내의 다양성과 팀 간 공정성(팀들이 서로 경쟁을 할 때) 고려

4. 교사와 학생의 역할 및 책임

5. 교수과정의 검증

6. 학습평가

(1) 과제와 정의적 영역을 모두 평가

(2) 정의적 영역 평가

    ① 각 팀에 대한 정기적인 모니터와 사회적 상호작용 기록

    ② 체크리스트 사용

    ③ 팀별 작업일지 작성

    ④ 수업 말기에 집단과정에 대한 반성 시간 제공

04 교사 전문성 및 상황적 요구조건

1. 교사 전문성	• 학습자 • 학습이론 • 과제분석과 내용발달 • 발달단계에 적합한 수업 • 평가 • 사회·정서적인 학습분위기 조성 및 유지 • 체육교육내용 • 평등	
2. 핵심적인 교수기술	수업계획	
	시간과 수업 운영	• 팀이 결정되면 학생은 수업 운영에 대한 책임 • 반성 시간
	과제 제시와 과제 구조	• 교사는 과제를 선정하고 과제완수 방법(문제 해결)은 학생 주도로 결정 • 교사는 팀 선정과 팀의 과제수행 감독
	의사소통	
	교수 정보	
	질문 사용	
	수업 정리 및 종료	
3. 상황적 요구조건		

1

Section 11 스포츠교육모형

2007년 4번 / 공청회 1번 / 2010년 8번 / 2010년 초등 44번 / 2012년 7번 / 2020년 B 5번 / 2021년 B 8번 / 2023년 B 4번 / 2024년 초등 10번

01 개요

1. 스포츠 참여를 통한 다양한 역할		
2. 스포츠교육모형과 전통적 체육수업 방법의 비교	(1) 전통적 스포츠 지도방식	• '선수'라는 단 1가지 역할만 학습하여 심동적 영역 발달 • 스포츠 문화에 대한 포괄적인 이해 불가능
	(2) 스포츠교육모형	• 1가지 이상의 역할 학습으로 전인육성 • 학생은 리그의 운영과 구조에서 능동적 참여 • 다양한 역할 경험을 통해 스포츠 속에 내재된 다양한 관점과 가치 학습
3. 스포츠교육모형의 목적	(1) 유능한 스포츠인	• 게임에 참여할 수 있는 충분한 기술 • 게임의 난이도에 따라 적절한 전략 이해와 실행 • 풍부한 경기지식
	(2) 박식한 스포츠인	• 스포츠의 규칙, 의례, 전통 이해 • 바람직한 수행과 그렇지 못한 수행 구별 • 스포츠 수행을 잘하는 참여자이면서 안목 있는 소비자
	(3) 열정적인 스포츠인	• 다양한 스포츠 문화 보존과 증진 • 스포츠 집단의 일원 • 지역, 국가 및 국제적 수준의 스포츠 경기에 참여
4. 스포츠교육모형의 6가지 핵심적인 특성	(1) 시즌 (seasons)	스포츠교육모형에서는 체육수업의 전통적인 내용 단원보다는 '시즌'이라는 개념을 사용한다. 이 시즌은 연습 기간, 시즌 전 기간, 정규 시즌 기간, 최종 경기를 포함한 후기 시즌 기간을 포함하는 장기간을 말한다. 스포츠교육모형의 시즌에는 최소 20시간의 수업 시수가 필요하다.

4. 스포츠교육모형의 6가지 핵심적인 특성	(2) 팀 소속 (affiliation)	학생은 전체 시즌 동안 한 팀의 일원으로 수업에 참여한다. 한 시즌 동안 한 팀의 일원이 되어 시즌이 끝날 때까지 공동 목표를 위해 함께 일하고, 팀의 의사결정과정에 참여하고, 성공과 실패를 함께 경험하며, 스스로 팀의 정체성을 확립해 나감으로써 수많은 정의적·사회적 발달목표를 성취하도록 한다.
	(3) 공식 경기 (formal competition)	학생은 시즌을 조직하고 운영하는 의사결정에 참여하게 된다. 학생은 경기의 공정성과, 좀 더 나은 경기 참여를 위해 게임규칙을 수정할 수 있다. 또한 학생들은 공식적인 경기 시즌에 대한 장·단기 의사결정을 할 수 있다. 경기일정 동안 팀과 선수들은 지속적인 경기 연습과 준비를 하게 된다.
	(4) 결승전 행사 (culminating event)	시즌은 라운드 로빈 토너먼트, 팀 경쟁, 혹은 개인 경쟁 등 다양한 형태의 이벤트로 끝난다. 이러한 이벤트는 축제 분위기 속에서 이루어져야 하며, 모든 학생은 단순한 관중으로서가 아니라, 각자가 적절한 역할을 맡아 능력을 발휘하며 참여할 수 있어야 한다.
	(5) 기록 보존 (keeping records)	게임은 경기 수행에 대한 수많은 기록을 양산한다. 이 기록들은 전략을 가르치거나 팀 내 혹은 팀 간에 흥미를 유발하는 데 사용될 수 있고, 경기기록을 게시하거나 학생의 학습을 평가하는 데도 사용될 수 있다. 학생의 이해 및 수행능력 수준에 따라 기록은 단순하거나 복잡해질 수 있다. 기록을 게시함으로써 경기일정을 준비하는 데 전략적으로 사용될 수 있다. 경기결과의 통계자료는 코치와 선수들에게 자신의 팀 전력뿐만 아니라 상대 팀의 전력도 분석할 수 있게 한다.
	(6) 축제화(festivity)	스포츠 이벤트는 축제의 성격을 지닌다. 각 팀은 팀의 전통을 강조하는 고유한 팀명을 정한다. 이벤트가 이루어지는 장소는 각양각색의 깃발과 푯말로 장식되어 축제 분위기를 조성한다. 스포츠교육모형을 지도하는 교사들은 가능하면 시즌과 경기들이 축제 분위기 속에서 함께 축하하는 자리가 될 수 있도록 유도해야 한다.

ⓥ 시즌 계획과 운영

고려항목	준비 목록
스포츠 선정	학교교육과정, 학년별 내용을 고려한 스포츠 내용 선정
시즌 길이	학기별 체육수업시수/학교행사를 제외한 실제 수업 가능한 시간 수
공간과 장비	활용 가능한 실내외 공간 크기, 경기장 수, 새로 설계할 장비 및 구입 장비 목록
팀 정하기	팀의 수, 선정방법, 선정과정에 필요한 자료(투표용지, 퀴즈 등)
역할	필수와 선택의 역할 결정 • 필수 : 선수, 심판, 기록원, 코치, 주장 등 • 선택 : 통계원, 트레이너, 스포츠 위원, 사진기자, 방송위원 등
학습 지원 자료	서약서, 학습 및 역할별 시트지, 평가지 등
팀 정체성	이름, 색상, 마스코트, 노래 깃발, 응원구호, 응원 춤, 뉴스 게시판 등
진행 팀 임무	장비 배치 및 경기장 준비, 경기장별 심판, 기록원 인원수
진행 팀 장비	기록지, 화이트보드, 볼펜, 심판 유니폼(모자, 휘슬 등)
과제 개발	변형게임 고안 및 계열성, 기술과 전략 교수방법, 역할별 교수(심판, 기록원 등), 학습활동의 연속성, 스포츠문화 경험을 위한 간접활동
차시별 계획	과제활동(여분의 과제 준비), 팀활동, 학생역할활동, 교사역할활동, 학습준비물
주요 활동	한 시간 수업 목표를 분명하게 설정하라.
페어플레이	페어플레이를 강조하기 위한 시스템의 고안, 평가방법
시즌 마무리	행사범위 결정, 하루 또는 합동 결승행사, 상의 종류와 평가도구 고안
평가	역할별 수행평가방법, 기록원 자료 및 경기를 위한 평가도구 고안
결승행사 & 챔피언	유인물 또는 포스터 게시(페어플레이, 진행팀, 규칙, 승패 등 모든 활동에 공정한 점수가 부여된다는 것 등)

02) 이론적 기초

1. 이론적 배경 및 근거(D. Siedentop)

① 놀이형태
② 교육적으로 평등한 스포츠 경험 제공
③ 스포츠교육은 스포츠 문화를 전승할 수 있는 방식 설계

2. 교수ㆍ학습에 대한 가정

(1) 교수에 관한 가정

① 다양한 학습목표를 성취할 수 있는 직접교수, 협력학습, 동료교수, 소집단 교수 등을 포함하는 여러 가지 전략을 활용
② 교사는 학습활동을 직접적으로 통제하는 역할보다는 자료를 제공하고 지원하는 역할을 담당
③ 교사는 스포츠 활동에 내재된 가치, 전통, 수행을 반영한 의사결정을 학생 스스로 할 수 있도록 안내
④ 교사는 스포츠교육모형의 시즌에서 선수로서의 역할 외에도 시즌을 이끌어 갈 다른 역할들에 대한 기회와 책임감을 학생이 가질 수 있도록 수업을 계획하고 촉진함

(2) 학습에 관한 가정

① 학생은 스포츠교육 시즌에서 의사결정을 하고 이행하는 과정에 참여함으로 많은 의사결정과 책임감 학습 기회를 제공받음
② 학생은 팀 구조 속에서 공동 목표를 성취하기 위해 협력함
③ 스포츠를 학습하는 방법으로 수동적인 것보다는 능동적인 참여가 선호됨
④ 학생은 스스로 발달단계에 적합한 형태의 스포츠를 선택하고, 경우에 따라서는 교사의 안내가 필요함
⑤ 스포츠교육모형의 구조는 다른 환경에서의 참여를 일반화할 수 있는 실제적인 스포츠 경험을 제공함

3. 모형의 주제

유능하고 박식하며 열정적인 스포츠인으로 성장하기

4. 학습영역의 우선순위

학습활동	잠정적인 우선순위		
조직적 의사결정	1. 인지적	2. 정의적	
선수로서의 시즌 전 연습	1. 심동적	2. 인지적	3. 정의적
코치로서의 시즌 전 연습	1. 인지적	2. 정의적	3. 심동적
임무 역할의 학습	1. 인지적	2. 정의적	3. 심동적
팀원으로서의 임무	1. 정의적	2. 인지적	3. 심동적
선수로서의 경기 수행	1. 심동적	2. 인지적	3. 정의적
코치로서의 경기 진행	1. 인지적	2. 정의적	3. 심동적

5. 학생의 학습 선호도

참여적, (팀 내) 협력적, (상대팀에게) 경쟁적, 독립적

03 교수·학습의 특징

1. 수업통제

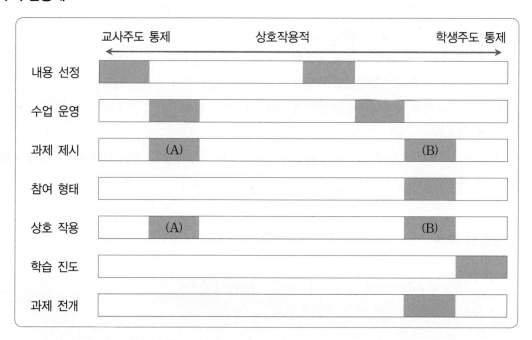

(1) 내용 선정	• 교사는 스포츠교육 시즌에서 어떤 스포츠를 제공할지에 대해 2가지 선택 　— 첫 번째는 교사가 종목을 선정하고 학생에게 정보를 제공하는 직접적인 선택 　— 두 번째는 학생에게 선택의 범위를 제공하고, 학생으로 하여금 각 시즌에서 　　스포츠 종목을 선택하게 하여 맥락적 요인을 고려한 상태에서 학생의 선택 　　에 교사가 조언을 해주는 상호작용적인 성격을 지님
(2) 수업 운영	• 스포츠교육 시즌에 대한 전반적인 구조를 제시하는 초기 수업 운영에 대한 결 　정 대부분을 교사가 함 • 교사는 팀이 어떻게 선정되고, 게임을 하지 않을 때의 의무는 무엇이며, 학생에 　게 이 의무를 어떻게 할당할지, 시즌은 얼마 동안 지속되어야 하며, 용기구와 　시설은 어떻게 준비하는지 등, 시즌에 대한 전반적인 '기본 규칙'을 제공함 • 교사의 결정이 수립되고 학생에게 전달되면, 학생은 거의 모든 통제를 스스로 　하며 학생은 시즌 동안 매일매일의 수업 관리 과제를 계획하고 수행함
(3) 과제 제시	• (A) 임무역할(심판훈련, 경기장 준비방법, 점수 기록법 설명 등)에 대해 교사주도 　미니 워크숍 • (B) 기술과 전략 발달에 대한 동료교수와 협동학습
(4) 참여 형태	• 팀원으로서 동료교수와 소집단 협동학습 참여 • 학생은 각 임무에 부여된 과제지식, 기술 및 절차를 학습하는 적극적인 참여자
(5) 상호 작용	• (A) 교사 자료제공 • (B) 동료 및 소집단 협동학습에서 학생 간 상호 작용
(6) 학습 진도	• 시즌 경쟁에 대한 준비와 시즌 전 계획 보충에 대한 학생 결정 • 학생은 게임 전과 게임 사이의 속도 조정
(7) 과제 전개	• 팀은 시즌 준비와 게임 사이의 과제순서에 대한 의사결정 • 각 팀의 내용 목록은 팀 특정 능력에 따라 전개

포괄성

스포츠교육모형으로 체육수업에서 소외되는 학생에게 3가지 이점(Hastie)

첫째, 팀의 성공에 모든 팀원들의 공헌이 요구되는 소규모의 팀
둘째, 팀의 응집력과 소속감을 증진하는 팀 소속의 지속성
셋째, 운동기능이 낮은 학생이 시즌 내내 기능을 향상할 수 있도록 정기적인 연습 기회를 제공

2. 학습과제

(1) 과제 제시	선수 지도	• 교사는 팀 선정과 시즌의 조직에 대한 전반적인 감독
	역할 지도	• 학생역할은 직접교수 사용 • 임상전략 사용
(2) 과제 구조	선수 지도	• 준비운동, 강연, 기술, 운동조절 • 공격과 수비, 작전, 전략훈련 등은 협동학습 또는 동료교수 전략 사용
	역할 지도	• 직접적 지도
(3) 내용 전개		• 단원은 경쟁적인 스포츠 리그의 형식으로 진행

3. 학습 참여 형태

(1) 직접교수	• 역할 • 미니 워크숍
(2) 협동학습	• 각 팀의 목표 성취
(3) 동료교수	• 전체 팀 수준 향상

4. 학습평가

(1) 선수 평가	• 기본 기능
	• 규칙과 전략 시식
	• 게임수행능력과 전술
	  − 실제 경기 동안 평가
	  − GPAI
	• 팀워크
	• 바람직한 스포츠 행동

(2) 임무 학습에 대한 평가	• 임무 지식 • 기술 수행 • 게임 중 실제 평가

04 교사 전문성 및 상황적 요구조건

1. 교사 전문성	(1) 학습자	
	(2) 발달단계에 적합한 수업	• 게임 구조의 단순화 • 규칙 변형
	(3) 체육교육(스포츠) 내용	

	(4) 평등	• 모든 선수는 모든 포지션을 한 번씩 거쳐
		  야 함(각 게임이나 세트 계획표에서)
		• 팀 규칙은 모든 구성원이 투표로 결정
		• 모든 선수는 각 게임에서 같은 양의 시간
		  으로 플레이함

	(5) 평가	• 실제적인 평가 • 시즌 내 기록 보존 • 경기와 임무수행능력의 주요 측면 인식
	(6) 사회/정서적 풍토	• 시즌 동안 축제분위기 조성 • 모든 학생이 스포츠 참가로 인해 즐거움 만끽 유도
2. 핵심적인 교수기술	• 수업계획 • 시간과 수업 운영 • 발달단계적으로 적합한 역할 결정 • 의사소통 • 교수 정보 • 수업 정리 및 종료	
3. 상황적 요구조건	• 자원 • 학생 • 경기방식	

Section 12 동료교수모형 2005년 7번 / 2008년 5번 / 공청회 6번 / 2017년 B 8번 / 2018년 초등 9번 / 2022년 A 5번

01 개요

1. 특징	학생이 학습과정에서 다른 학생을 보조하기 위해 교수기능을 담당하는 학습환경	
2. 직접교수모형의 변형		
3. 동료교수모형의 역할과 용어	(1) 개인교사	교사의 역할을 담당하는 학생
	(2) 학습자	개인교사의 관찰 및 감독하에서 연습하는 학생
	(3) 조(짝)	개인교사와 학습자가 짝으로 구성
4. 학생들의 사회성 학습 강조		
5. 학생 인지발달		

02 이론적 기초

1. 이론적 배경 및 근거

(1) 특징

높은 비율의 학생 참여 기회, 강화, 피드백 증가에 의한 완전숙달 모형

(2) 이론

① 사회학습이론

② 인지발달

③ 구성주의 학습이론

2. 교수 · 학습에 관한 가정

(1) 교수에 관한 가정

① 시간과 자원의 활용을 극대화하는 교사

② 교사의 개인교사 훈련

③ 조(짝)는 심동적 · 인지적 · 정의적 영역의 발달 촉진

(2) 학습에 관한 가정

① 개인교사가 제공하는 관찰과 피드백은 학습 촉진

② 개인교사는 학습자를 관찰하고, 분석 · 지도함으로써 인지적 영역 학습 촉진

③ 조(짝)는 교수 · 학습과정에서 정의적 및 사회적 학습 촉진

3. 모형의 주제

나는 너를, 너는 나를 가르친다.

4. 학습영역의 우선순위

(1) 학습자

1순위	심동적 영역
2순위	인지적 영역
3순위	정의적/사회적 영역

(2) 개인교사

1순위	인지적 영역
2순위	정의적/사회적 영역
3순위	심동적 영역

5. 학생의 발달 요구 사항

(1) 학습 준비도

① 개인교사의 교사에 대한 책임감

② 학습자는 동료 지시 수용

(2) 학습 선호도

① 학습자: 참여적, 협력적, 종속적

② 개인교사: 참여적, 협력적, 독립적

03 교수 · 학습의 특징

1. 수업통제

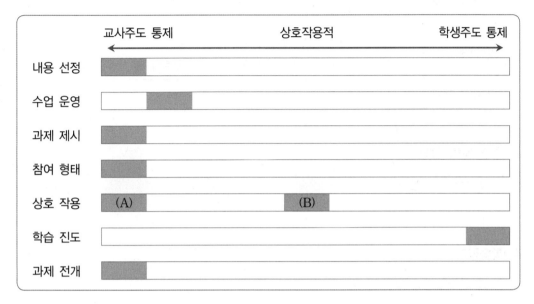

(1) 내용 선정	• 교사는 내용, 학습과제의 위계 선정, 수행평가 기준 결정
(2) 수업 운영	• 교사는 관리 계획, 학급 규칙, 세부절차 결정 • 개인교사는 연습장소 결정, 학습자에게 과제 소개, 안전지도 등 수업관리 책임의 일부 행사
(3) 과제 제시	• 교사는 개인교사에게 수행 단서, 과제구조, 숙달 기준(학습 이해도)을 안내 • 개인교사는 학습자에게 주어진 과제 연습 시작에 대한 정보 제공
(4) 참여 형태	• 교사는 각 역할 내에서 교대 계획 결정

(5) 상호 작용	• (A) 교사는 개인교사와 개인교사 이해도 점검을 위해 상호 작용
	• (B)
	   – 교사는 개인교사의 관찰, 분석 및 의사소통 기술 향상을 위해 '질문과 응답'으로 상호 작용
	   – 개인교사는 학습자가 학습활동을 하는 동안 높은 비율의 단서, 안내, 피드백, 질문, 격려 제공

(6) 학습 진도	• 개인교사와 학습자는 자신의 학습 속도로 연습 시작 • 개인교사와 학습자는 각 연습을 시작할 시기와 지속 시간 결정
(7) 과제 전개	• 교사는 학습활동이 바뀌는 시기 결정

2. 학습과제

(1) 과제 제시	• 교사가 개인교사에게 상당히 직접적으로 정보 제공 • 교사는 개인교사와 학습자의 역할 교대시기 파악
(2) 과제 구조	• 조(짝) 유형은 기술, 과제 구조의 종류를 제한 • 교사는 개인교사가 학습자의 연습 시도를 관찰할 때 사용할 체크리스트 개발
(3) 내용 전개	• 직접교수와 동일

3. 학습 참여 형태

① 조(짝)
② 과제 완수 후 역할 교대

4. 학습평가

① 학생 개별적인 참여 유형
② 개인교사가 관찰 가능한 단순한 움직임 패턴과 개념 학습
③ 체크리스트 항목의 수와 난이도는 개인교사의 능력과 일치하도록 작성
④ 운동수행요소에 대한 구체적 피드백과 중요한 학습단서 기억을 생성시키는 체크리스트 작성

04 교사 전문성 및 상황적 요구조건

1. 교사 전문성	• 발달단계에 적합한 수업 • 과제 분석과 내용 전개 • 평가 • 사회적·감정적 분위기
2. 핵심적인 교수기술	• 비연속적인 학습과제로 분절된 수업계획 • 시간과 수업 운영 • 과제 제시와 과제 구조 • 의사소통 • 교수 정보 • 수업 정리 및 종료
3. 상황적 요구 조건	• 학급의 절반이 한 번에 연습할 수 있는 충분한 공간과 용기구 요구 • 대규모의 학급에 매우 효과적으로 활용

Section 13 탐구수업모형

2008년 5번 / 공청회 6번 / 2009년 2차 2번 / 2010년 6번 / 2012년 3번 / 2019년 B 7번 / 2023년 A 6번

01 개요

1. 특징	• 학습을 이끌어 가는 교사의 질문 활용 • 우선적으로 인지적 영역 학습		
2. 움직임 중심 프로그램의 목적	• 기초적·포괄적인 움직임기능 발달 • 문제해결력 및 인지적 능력 발달 • 표현력과 창의적 움직임 개발		
3. 비고	• 협동학습모형과 전술게임모형처럼 문제해결 중심의 지도전략 활용 • 협동학습은 학습활동을 위한 팀 구조에 바탕을 두고, 탐구수업모형은 학생 개인 사고에 의존 • 협동학습모형에서는 교사가 루브릭을 가지고 학생과 의사소통을 하고 전술게임모형에서는 상황 중심 활동을 하기 때문에 이 두 모형에서 활용되는 질문과 움직임의 범위는 좁게 나타남 • 탐구수업모형은 학생에게 '뻔한 답'이 아닌 창의적인 대답을 폭넓게 요구		
4. 틸라슨(Tillotson)의 문제해결과정 단계	(1) 문제의 규명	• 교사는 학생이 배워야 할 개념, 숙달해야 할 기능에 대한 질문으로 학생을 고무시키는 방법을 알고 있다.	
	(2) 문제의 제시	• 교사는 학습과제와 그 속에 내재된 문제를 형성하도록 1~2가지 초점에 맞춰 질문을 한다.	
	(3) 문제에 대한 유도 설명	• 교사는 문제를 해결하기 위하여 여러 가지 시도를 하는 학생에게 단서, 피드백, 보조 질문 등을 제공하면서 관찰한다.	
	(4) 최종 해답의 규명 및 정교화	• 교사는 학생 사고를 정교화하고 1가지 이상의 해답을 찾도록 단서, 피드백, 보조 질문을 활용한다.	
	(5) 분석, 평가, 논의 위한 발표	• 문제에 대한 해답을 고안하여 과제를 완수하고 나면 학생은 자신이 찾은 해답을 발표한다.	

02 이론적 기초

1. 이론적 배경 및 근거

(1) 인지학습이론

(2) 브루너(Bruner)의 발견학습이론, 오수벨(Ausubel)의 유의미수용학습, 구성주의

2. 교수 · 학습에 관한 가정

(1) 교수에 관한 가정
  ① 학생의 사고를 자극해서 심동적 영역 발달 도모
  ② 교사는 학생의 학습을 증진시키는 촉진자로, 학생의 창의력과 탐구력을 발달시킬 수 있도록 질문으로 학생 자극
  ③ 직접교수와 간접교수의 적절한 균형

(2) 학습에 관한 가정
  ① 학생은 사전 지식을 가지고 새로운 지식 또는 의미 구성
  ② 심동적 영역 학습은 인지적 영역 학습에 의해서 전개

3. 모형의 주제

문제해결자로서의 학습자

4. 학습영역의 우선순위

1순위	인지적 학습
2순위	심동적 학습
3순위	정의적 학습

5. 학생의 학습 선호도

참여적, 협력적, 독립적

03 교수 · 학습의 특징

1. 수업통제

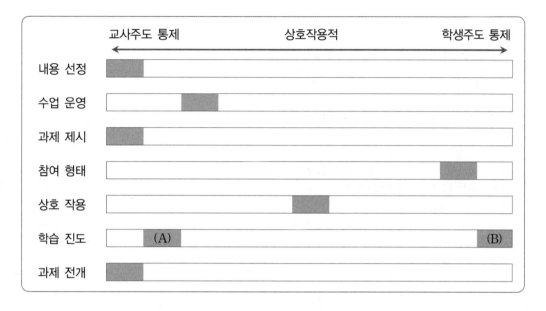

(1) 내용 선정	• 교사는 인지적 지식, 개념, 움직임 패턴으로 학생이 해결해야 할 문제와 내용이 포함된 단원 결정
(2) 수업 운영	• 교사는 관리계획과 수업절차 결정
(3) 과제 제시	• 교사는 학생의 사고와 움직임을 자극하면서 의사소통하는 질문 제시
(4) 참여 형태	• 학생은 가능한 해답들을 탐색하고 다른 학생과 협력하며 새로운 시도와 용구 변경
(5) 상호 작용	• 학생이 문제해결에 몰입할 때 높은 수준의 상호 작용 발생 • 교사는 학생의 사고력을 자극하고 움직임 유형을 탐색할 수 있도록 질문
(6) 학습 진도	• (A) 교사는 전체 단원과 각 수업 진도 결정 • (B) 학생은 각 과제에 주어진 시간 내에 학습 진도 결정
(7) 과제 전개	• 교사는 단원과 학습과제 내용의 계열성 결정

2. 학습과제

(1) 과제 제시	'과제설정'과 '질문하기' 요소가 포함된 과제 제시
(2) 과제 구조	'생각하고 움직이기'를 할 수 있는 다양한 과제 구조 활용
(3) 내용 전개	

예시 **균형의 개념과 균형 잡기에 대한 과제 설정 및 질문하기**

교사 : '균형'이라는 게 뭘까?

학생 : 넘어지지 않거나 흔들리지 않고 그 자리에 그대로 있는 거요.

교사 : 균형 잡기는 언제 필요하지?

학생 : 걸을 때나 달릴 때요.

교사 : 그럴 때뿐일까? 공을 찰 때라든가, 공을 던질 때, 또는 몸을 돌릴 때는 어떻지? 그런 동작을 할 때 균형을 잃게 되면 어떻게 되지?

학생 : 넘어져요.

교차 : 맞아. 또 어떤 일이 벌어질까?

학생 : 공을 찰 때 균형을 잃게 되면, 생각하는 곳으로 공을 찰 수 없게 돼요.

교사 : 좋아. 그럼 잠시 서 있는 동안 균형을 유지하기 위해 할 수 있는 것에 대해서 생각해 보도록 하렴(교사는 15초의 시간을 준다).

학생 : Mary : 너 팔을 올려봐.

　　　 Candy : 두 발을 바닥에 대고 있으면 되잖아.

　　　 Jose : 똑바로 서 있어봐.

교사 : 좋아, 너희 자리에서(이것이 과제 구조임), 한 발로 서서 균형을 잡을 수 있는 1가지 방법을 보여 봐라(학생은 '생각하고 움직인다').

교사 : 자, 이제는 몸을 낮게 해서 두 발로 균형을 잡아 봐라(학생은 '생각하고 움직인다').

교사 : 균형 잡는 방법이 각기 다양하구나! 자, 자기 몸의 세 부분만 바닥에 대고 균형 잡기를 해 보아라(학생은 '생각하고 움직인다').

3. 학습평가

① 비공식적 평가

② 공식적·전통적 평가

③ 대안평가

04 교사 전문성 및 상황적 요구조건

1. 교사 전문성	(1) 학습자	• 학생의 인지적·심동적 능력 고려 • 교사가 제시한 질문을 이해하고 문제해결 과정에 참여할 수 있는 수준 • 인지적 발달단계에 대한 충분한 지식
	(2) 학습이론	
	(3) 발달단계의 적합성	
	(4) 인지적·심동적 학습영역	
	(5) 과제 분석과 내용 전개	
	(6) 움직임 내용	
	(7) 평가	
	(8) 교육과정	
2. 핵심적인 교수기술	(1) 수업계획	• 지식 영역으로 작성된 단원계획 • 교사는 지식의 전개, 질문의 순서, 해결할 문제, 학생이 참여할 학습활동 계획 • 차시 계획은 다소 구조화되기 어려움. 질문 위주의 상호작용의 길이 예측이 어려워 차시 계획의 구조화 불가능
	(2) 시간과 수업 운영	• 교사가 계획된 학습활동 진행과 진도 조절
	(3) 과제 제시와 과제 구조	• 학습 문제 설정 • 질문하기 - 질문 수준 - 질문 유형 - 대기 시간 - 보리치(Borich)의 후속 질문: 명료성 확보, 새로운 정보 요구, 진행 방향 전환 • 도전 과제 설정
	(4) 의사소통	• 블룸(Bloom)의 지식수준과 관련된 교사 질문
	(5) 수업 정리 및 종료	• 수업 중 교사가 질문한 질문의 수준과 일관성 유지

수준	공통적인 질문 형태	예시
지식	"~을 보여줄래?"	누가 슬라이딩의 첫 부분을 정확한 방법으로 보여 줄 수 있을까?
	"~을 말해 볼래?"	파트너가 복식경기에서 서브를 넣을 때 어디에 서야 하는지를 누가 말해 볼까?
이해	"~을 설명해 볼래?"	왜 파트너의 샷이 라인 밖으로 나갔는지 설명해 보겠니?
	"왜, 어째서…?"	왜 농구에서 지역수비를 하기를 원하지?
	"어떻게 그렇게 됐지?"	어떻게 상대방이 오버헤드 스매싱 샷을 하게 되었지?
적용	"연관시켜 볼래?"	슬라이드와 갤롭을 결합시킬 수 있겠니? 할 수 있다면, 어떻게 하는지 보여 봐라.
	"네가 알고 있는 것으로 이것을 말해 볼래?"	지금 막 플래그 풋볼에서 패스의 공격 전략을 토론하였는데, 이를 기초로 만일 수비라면 이 공격을 어떻게 차단할 수 있는지 말해 보아라.
	"~와 얼마나 비슷한지 말해 볼래?"	핸드볼과 유사한 하키의 수비 방법 3가지를 말해 보겠니?
분석	"~는 ~과 어떤 점에서 차이가 나지?"	배드민턴의 낮고 짧은 서브를 높고 깊은 서브와 구별되게 할 수 있지? 언제 각각의 서브를 사용할 수 있을까?
	"왜 ~하지 않았어?"	왜 수축된 근육을 스트레칭하지 않았지?
	"~을 분석해 볼래?"	내 몸을 보기 좋게 만들고 있는데, 학급을 대상으로 이것을 분석해 보겠니? 얼마나 안정되게 보이지? 적당한 균형인가 아닌가? 왜?
종합	"만약 ~한다면 어떤 일이 생길까?"	가벼운 공을 긴 도구로 친다면 어떻게 될까?
	"~를 새롭게 해볼 수 있겠니?"	이 음악을 활용하여 파트너와 새로운 무용을 만들 수 있겠니?
	"변화가 생겼다면, 어떻게 처리할 거니?"	무게 중심의 변화가 생길 때 안정감을 높이기 위해서 어떻게 해야 할까?
평가	"반드시 해야 할 것이 뭐지?"	Molly가 오른쪽 위치에서 공을 가지고 있을 때 수비자를 제치기 위해서 무엇을 해야 하지?
	"~가 좋을까, 아니면 ~가 좋을까?"	퍼트를 빠르게 아니면 느리게 해야 할까? 왜?
	"~하는 이유가 무엇이니?"	정기적으로 달리기를 하고 있는 것을 보았는데, 그렇게 하는 이유는?
	"그것이 ~하는 적절한 방법인가?"	포핸드로 칠 때 두 손을 사용하던데 그 방법이 적절하니?

Section 14 전술게임모형

2002년 초등 8번 / 2003년 초등 12번 / 2004년 1번 / 2007년 추가 3번 / 2008년 초등 14번 / 2009년 초등 모의 34번 / 2010년 초등 2차 2번 /
2010년 7번 / 2011년 초등 42번 / 2012년 7번 / 2013년 9번 / 2016년 A 9번 / 2017년 A 2번 / 2021년 B 1번 / 2025년 A 1번 / 2025년 B 3번

01 개요

1. 게임유사 학습활동 (게임 형식)	• 발달에 적합한 '게임'과 '인지활동(모의상황)' 후 전술문제 해결 • 게임 형식의 계열성에 따른 전술 발달
2. 게임 모의상황	• 전술인지 학습 위한 질문 제공 • 교사 주도의 과제 전개로 전술인지 계열 학습
3. 선 이해 · 후 수행	

♡ 벙커와 토르페의 이해 중심 게임수업 지도

게임의 분류	게임 간 공통속성 규명으로 각 게임에 내재하는 구조 이해 ♡ Almond(1986)	
	침범형	농구, 하키, 풋볼, 라크로스, 넷볼, 축구, 프리스비
	네트형/벽면형	네트형(배드민턴, 피클볼, 탁구, 배구) / 벽면형(라켓볼, 스쿼시)
	필드형	야구, 크리켓, 킥볼, 소프트볼
	표적형	크로켓, 당구, 볼링, 골프

1. 게임 소개
2. 게임 이해
3. 전술 이해
학습자
4. 적절한 의사 결정 무엇을? 어떻게?
5. 기술 연습
6. 실제 게임 수행

수업 절차	① 게임 소개	게임의 분류 및 개관
	② 게임 이해	게임의 역사와 전통을 교수하여 게임에 대한 학생 흥미 진작
	③ 전술 이해	주요 전술문제를 게임 상황에서 제시함으로 학생의 전술인지 발달
	④ 적절한 의사결정 (무엇을? 어떻게?)	게임 유사 활동에서 전술지식의 적용시기와 방법 학습
	⑤ 기술 연습	게임 유사 활동에서 전술적 지식과 기능 수행 결합
	⑥ 실제게임수행	전술 및 기능 지식의 결합으로 능숙한 수행

02 이론적 기초

1. 이론적 배경 및 근거

(1) 구성주의

(2) 인지학습이론

2. 교수 · 학습에 관한 가정

(1) 교수에 관한 가정

① 게임의 주요 전술 문제를 규명하고, 문제의 해답을 찾아나가는 데 초점을 둔 각 과제 조직
② 게임 및 변형된 게임 형식 사용
③ 교사는 학생에게 간접적인 학습경험 제공
④ 발달단계에 적합한 게임 형식 제공

(2) 학습에 관한 가정

3. 모형의 주제

이해 중심 게임 지도

4. 학습영역의 우선순위

1순위	인지적 영역
2순위	심동적 영역
3순위	정의적 영역

5. 학생의 학습 선호도

회피적, 경쟁적, 의존적

03 교수 · 학습의 특징

1. 수업통제

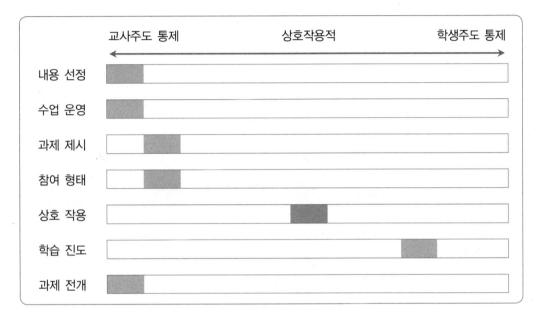

(1) 내용 선정	• 전술 문제 계열성에 따라 교사 주도 제시 • 교사는 게임 유사 상황 계획
(2) 수업 운영	• 교사는 관리 계획, 수업규칙, 특정 절차 결정
(3) 과제 제시	• 교사 중심적인 질문 제시 • 학생이 전술과 기능을 결합하기 위한 모의상황에 참여하기 전 문제해결을 위한 연역적 질문 사용
(4) 참여 형태	• 교사는 모든 학습과제와 과제 구조 결정 • 교사는 모의상황 또는 연습 지도
(5) 상호 작용	• 교사는 게임 모의상황에서 연역적 질문을 활용하여 상호 작용
(6) 학습 진도	• 연습 시작과 종료에 대한 학생 중심 의사결정
(7) 과제 전개	

2. 학습과제

(1) 과제 제시	① 초기게임 형식	• 게임 형식과 원형 게임의 관련성 • 전술적 측면의 중요성 설명 • 교사의 연역적인 질문 • 교사의 질문은 전술인지와 기술영역 규명
	② 기술 연습	• 직접교수 • 교사는 움직임 패턴에 대한 시범, 언어적 단서 제공
	③ 변형게임	
	④ 정식게임	
(2) 과제 구조	① 게임형식	• 교사는 상황에 대한 합리적 대표성을 제공하는 학습과제 구성 • 전술적 의사결정 수행을 위한 반복연습
	② 기술연습	• 직접교수
	③ 변형게임	**대표성** · 본래 게임의 가장 본질적인 특징 **과장성** · 특정한 사태 초점을 위한 변형
	④ 정식게임	
(3) 내용 전개	① 1수준	• 골, 수비수, 그리고 팀 동료들을 기준으로 나의 위치 이해
	② 2수준	• 언제 드리블을 해야 하며, 언제 공을 패스해야 하는지 이해
	③ 3수준	• 내가 공격하고 있다면 수비는 어떻게 움직일 것인지, 그리고 어떻게 반응해 올 것인지 이해 • 팀 동료가 열린 공간으로 침투해 들어가기를 기대하면서 효과적인 타이밍 인식
	④ 4수준	• 공을 슛할 경우, 언제 슛을 하고 어디를 향해서 해야 하며 어떻게 수행할 것인가를 이해 • 공을 패스하는 경우, 언제 패스를 하고 어떤 종류의 패스를 수행해야 하며 그러한 기술을 어떻게 효과적으로 실행할 수 있을 것인지 이해
(4) 주요 학습과제	① 게임형식	• 정식게임의 변형
	② 기술연습	• 교사는 전술과 기술에 관련된 1가지 이상의 연습 고안
	③ 변형게임	• 학생 발달단계에 적합하도록 규칙, 점수, 경기장 크기, 게임 시간 등을 변경하여 전술과 기술의 반복 연습
	④ 정식게임	• 발달단계에 적합한 정식게임 참여로 학생의 최대 참여 보장

게임과제 중 교사의 간섭 방법

• 즉흥적인 재생 • TV 분석가 • 선수-코치 • 모의상황

⊙ 초기게임 형식의 예

게임	농구	배구	골프	라크로스
게임 형식	3 대 3 하프 코트	2 대 2	퍼트-퍼트	하프 필드 스크리미지(한 팀은 공격만 하고, 다른 팀은 수비만 함)
평가항목 예	• 수비 위치 • 공과 관련 없는 움직임 • 리바운드 위치 • 수비수 사이의 의사소통	• 공격에 대응한 수비 위치 • 공격패스 • 팀 동료 간 의사소통 • 서비스 전술	• 서기와 조준 라인 • 공 속도의 판단 • '일시 중단'의 판단	• 수비 위치 수립 • 수비 • 공과 관련 없는 움직임 • 수비의 빈 공간 발견하기 • 팀 동료 간 의사소통

⊙ 변형게임과 변형의 목적

게임	플로어 하키	축구	프리스비	배드민턴
변형	모든 선수들이 퍽을 접촉할 때까지 골을 향해 슛을 할 수 없다.	경기장의 폭과 길이를 반으로 줄이고, 골대의 크기를 줄인다.	원반을 잡은 후 갖고 있는 시간을 늘린다.	오버헤드 스매시를 허용하지 않는다.
초점	• 패스 • 팀웍 • 의사소통	• 공을 접하고 수비를 취할 수 있는 기회 증가 • 공과 관련 없는 움직임 • 슛의 정확성	• 원반과 관련 없는 움직임 • 패스 판단 • 의사소통	• 공격의 정확성과 터치 샷 • 랠리를 오래 하기

3. 학습평가 공청회 논술 1번 / 2017년 A 2번 / 2021년 B 7번

(1) 게임 통계치의 평가	• 선수가 골을 넣은 횟수, 지역, 공 소유 시간, 범한 실책의 횟수, 양 팀이 범한 반칙 수에 대한 정보 반영 • 각 선수의 포지션에 따른 여러 측면 평가
(2) 전략적 의사결정과 기술수행의 평가	① 게임수행 평가도구(GPAI) ② GPAI는 의사결정의 적절성(적절함/부적절함), 기술 수행의 효과성(효과적임/비효과적임), 보조의 적절성(적절함/부적절함)에 초점

관점	기준
의사 결정	• 경기자는 여유 있는(open) 팀동료에게 패스하는 것을 시도한다. • 경기자는 적절할 때에 슛을 시도한다.
기술 실행	• 수용(패스의 통제 및 공 띄우기) • 패스(공이 목표물까지 가도록 하기) • 슛팅(공은 머리 높이 아래 있어야 하며 목표를 향하게 하기)
보조 하기	• 경기자는 같이 있어주거나 패스를 받기 적절한 위치로 이동함으로써 공을 가지고 움직이는 사람을 보조한다.

③ 최고의 GPAI 점수는 긍정적인 사례수로 환산

요소	수행평가 기준
기본 움직임(base) 돌아오기	수행자가 기술을 시도하면서 홈 또는 제자리로 적절하게 돌아오기
조정하기(adjust) 적응하기	게임 진행에 필요한 수행자의 공격적인 움직임과 수비적인 움직임
의사결정하기 (decisions made)	게임 중에 공을 가지고 수행할 내용에 대한 적절한 선택하기
기술수행하기 (skill execution)	선정된 기술의 효과적인 수행
보조하기 (support)	소속팀이 공을 가지고 있을 때 패스를 받을 수 있는 위치로 움직이기
도와주기(cover) 커버하기	공을 가지고 있는 팀원이 경기를 하거나 공에 다가갈 때 지원하기
수비하기 (guard/mark) 가드/마크하기	공을 가지고 있거나 그렇지 않은 상대 팀원에 대해 수비하기

예시 축구에서 GPAI 활용

모둠원	의사결정		기술실행		보조하기	
	적절함	부적절함	효율적임	비효율적임	적절함	부적절함
김주원	XXXXXX	X	XXXXXX	X	XXXXXXX	XXXX
박원소					XXX	XXX
최유민	XXXXX	X	XXXXX	X	XXXX	X
진수혜	XX	X	XXX	X	XXXXX	XX
양진영	XXX	XX	XX	XXX	XX	X
박이정	X	XX	X	XX	XXXXXXX	X

◇ GPAI에 의한 게임수행 점수 계산

항목	계산법
게임참여	적절한 결정 수 + 부적절한 결정 수 + 효과적인 기술실행 수 + 비효과적인 기술실행 수 + 적절한 보조 움직임 수
의사결정(DMI)	적절한 결정 수 ÷ (적절한 결정 수 + 부적절한 결정 수)×100
기술실행(SEI)	효과적인 기술실행 수 ÷ (효과적인 기술실행 수 + 비효과적인 기술실행 수)×100
보조하기(SI)	적절한 보조 움직임 수 ÷ (적절한 보조 움직임 수 + 부적절한 보조 움직임 수)×100
게임수행	(의사결정 + 기술수행 + 보조하기) ÷ 3(사용된 항목의 수)

◇ '김주원'의 GPAI 평가결과

게임참여	6+1+6+1+7=21
의사결정	6 ÷ (6+1)×100=85.71
기술실행	6 ÷ (6+1)×100=85.71
보조하기	7 ÷ (7+4)×100=63.63
게임수행	(85.71+85.71+63.63) ÷ 3=78.35

게임수행 점수는 비율일 뿐이지 절대 수치가 아니다. 게임수행 점수가 적절성/부적절성 그리고 효과성/비효과성 경우 사이의 균형을 반영하는 것일 뿐, 게임 상황에서 보다 긍정적인 발생이 이뤄지는 학생이라고 반드시 긍정적인 경우가 적은 학생보다도 높은 점수를 받게 되는 것이 아니다. 최고의 GPAI 점수는 학생들이 부정적인 경우의 수보다도 긍정적인 경우를 보다 많이 나타낼 때 이뤄진다. 이와 같은 점수 부여 방식은 학생들로 하여금 좋은 전술적 결정을 하게 만들고 부정적인 상황을 좀 더 줄이는 역할을 한다. 즉, 긍정적인 전술의 실행에 비해 전술적 실수를 줄여 나가는 것이 중요하다.

04 교사 전문성 및 상황적 요구조건

1. 교사 전문성	(1) 발달단계에 적합한 수업	• 상황의 전술문제와 기능의 복합성 • 게임 형식, 기능, 변형게임 설계
	(2) 학습영역과 목표	
	(3) 과제 분석 및 내용 전개	
	(4) 체육교육 내용	
	(5) 평가	
2. 핵심적인 교수기술	(1) 수업계획	• 계획은 단원이 시작되기 전 계획 • 초기 게임형식 계획 • 학생의 문제해결을 유도하는 연역적 질문의 준비
	(2) 시간과 수업 운영	• 계획 수립으로 학생 참여율 증가와 상황에서 게임 기술 연습기회 증진
	(3) 과제 제시와 과제 구조	• 직접교수의 과제 제시와 유사 • 질문을 통한 상호작용으로 모의상황에서 전술 인지 발달
	(4) 의사소통	
	(5) 교수 정보	
	(6) 수업 정리 및 종료	
3. 모형의 상황적 요구조건		

Section 15 | 개인적 · 사회적 책임감 지도모형

2010년 9번 / 2012년 3번 / 2015년 B 논술 2번 / 2020년 A 5번 / 2022년 초등 11번 / 2023년 B 5번 / 2024년 B 1번

01 개요

1. 체육은 학생 개인과 타인에 대해 책임을 지는 방법을 배울 수 있는 기회를 제공
2. 모든 학생들의 바람직한 의사결정 습관을 발달시킬 수 있도록 하는 안전한 학습환경 제공

02 이론적 기초

1. 이론적 배경 및 근거

2. 교수 · 학습에 관한 가정

(1) 교수에 관한 가정

　① 자신과 타인에 대한 책임감

　② 신체활동 환경에서 긍정적인 개인적 · 사회적 의사결정 권장과 수행 안내

(2) 학습에 관한 가정

　① 학습자 중심

　② 긍정적인 의사결정의 연습을 위한 다양한 기회 제공

3. 모형의 주제

(1) 통합(integration)

(2) 전이(transfer)

(3) 권한 위임(empowerment)

(4) 교사−학생의 관계(teacher−student relationship)

4. 학생의 학습 선호도

참여적, 협력적, 독립적

♡ 모형의 주제 : 통합, 전이, 권한 위임, 교사—학생의 관계

통합 (integration)	교사는 신체활동 내용의 학습과 개인적·사회적 책임감의 학습을 서로 분리하지 않는다. 개인적·사회적 책임감 모형을 대표하는 가치들은 신체활동과 스포츠에 통합되어 지도되어야 한다. 즉, 교사는 신체활동에 관한 지식, 수업지식, 그리고 개인적·사회적 책임감 모형에 대한 지식에 모두 능통해야 한다.
전이 (transfer)	학생들이 체육관이라는 상대적으로 통제된 환경에서 책임감을 갖게 되다가, 학교 방과 후 및 지역 공동체와 같이 예측이 다소 힘든 환경에서 긍정적인 의사결정을 할 수 있게끔 교사는 학생들을 인도한다. 체육관이나 운동장에서 배운 가치 체계는 교실과 가정 등의 실제 생활에 적용될 수 있도록 교육되어야 한다.
권한 위임 (empowerment)	학생이 삶에서 통제 가능한 많은 부분들을 광범위하게 자성적으로 인지하고 실천하도록 배우게 한다. 학생들은 삶에서 생겨나는 많은 것을 책임지는 주체적 입장이라는 것을 알도록 지도한다.
교사—학생의 관계 (relationship)	모형에서 가장 기본적인 요소이며, TPSR 모형에서 이루어지는 상호작용의 대부분은 경험, 정직, 믿음 및 의사소통에 의해 형성되는 개인적 대인 관계에 기초한다. 교사와 학생의 관계가 일단 구축되고 나면 상호학습과정을 통하여 동등한 파트너 입장으로 옮겨지는 쌍방의 문이 열리게 된다. 학생의 가치, 감성, 의지, 태도는 교사와 학생의 관계가 온전히 정립되었을 때만 가르칠 수 있다. 학생을 한 인격체로서 존중하고, 학생의 부족한 점 대신에 장점을 개발할 수 있도록 하는 교사의 능력이 중요하다. 따라서 교사와 학생은 서로 배려하고 공감하는 관계가 요구된다.

5. 학생의 준비도를 가르치는 책임감 수준

수준	특징	의사결정과 행동의 사례
5	일상생활로의 전이	• 일상의 삶에서 적용하기 • 타인(특히, 어린이)에게 좋은 역할모델 되기
4	돌봄과 리더십	• 돌봄과 연민　　• 민감성과 수용성　　• 내면의 힘
3	자기 방향 설정	• 과제의 독립적 수행 • 목표 설정의 진화 • 동료 집단의 압력에 저항할 수 있는 용기
2	참여와 노력	• 자기 동기 부여 • 새로운 과제에 대한 탐색 노력 • 어려움을 극복할 수 있는 용기
1	타인의 권리와 감정 존중	• 자기 통제 • 평화로운 갈등 해결 시도 • 협동적인 동료를 포용하고 함께하기

⊙ 각 단계의 책임감 함양을 위한 전략

단계	구성요소
5. 적용과 전이	• 지역사회에서 자원봉사로 다른 사람 가르치기 • 가정에서 개인 체력 프로그램에 따라 운동하기 • 학교 밖에서 좋은 역할모델이 되기
4. 협동과 리더십	• 다른 사람의 필요로 파악하기 • 겸손하게 다른 사람을 도와주기 • 타인에 대한 배려와 온정을 베풀 수 있는 리더 되기
3. 자기 주도성	• 교사의 지시나 감독 없이 맡은 일 수행하기 • 자신에게 알맞은 구체적이고 실천적인 목표 설정하기 • 부정적인 영향(친구들로부터의 압력, 매스미디어)을 물리칠 수 있는 능력 갖기
2. 참여와 노력	• 포기하지 않고 계속 시도하기 • 새로운 과제나 어려운 과제를 회피하지 않고 시도하기
1. 타인에 대한 존중	• 다른 사람에게 피해 주지 않고 참여하기 • 언어나 행동, 분노의 표출을 절제하기 • 다른 사람과의 갈등이 있을 때 평화롭게 해결할 수 있는 방법 모색하기

03 교수 · 학습의 특징

1. 수업통제

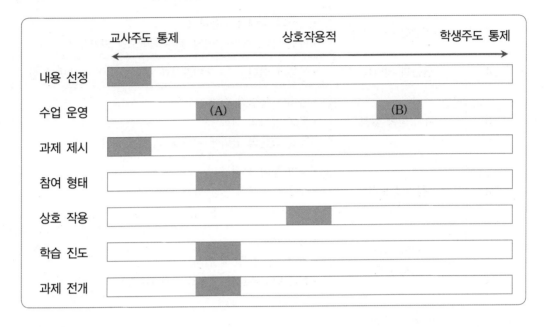

(1) 내용 선정	• 교사는 학생의 현재 수준을 확인하고 적절한 학습활동 계획	
(2) 수업 운영	낮은 수준의 책임감 학생	• (A) 교사는 수업관리와 관련된 의사결정과 행동들에 대한 직접적인 통제를 함
	높은 수준의 책임감 학생	• (B) 교사는 학생들에게 수업 관리 운영을 넘어선 투입과 통제를 위임함
(3) 과제 제시	• 교사의 관찰과 학생의 현재 수준 평가에서 출발	
(4) 참여 형태	• 교사는 학생이 활동에 참여하는 방법과 시기 결정	
(5) 상호 작용	• 교사와 학생의 지속적 상호 작용 • 안전문제 상황은 직접적 개입과 중단	
(6) 학습 진도		
(7) 과제 전개		

2. 학습과제

(1) 책임감 수준 전략

Level 1 전략	① 포괄	모든 사람이 참여하고, 그 과정에서 굴욕감을 받지 않을 권리가 있다는 것을 학생들이 이해하도록 하기
	② 아코디언 법칙	학생들이 안내 지침을 따르면, 선호하는 활동을 할 수 있다는 것을 이해시킴. 그렇지 않을 경우 선호 활동은 중단됨. 따라서 선호 활동은 5분간 지속할 수도 있고, 수업 내내 지속될 수도 있음
	③ 불참과정	개별 학생별로 이루어지는 것으로, 참여 여부에 대한 결정을 스스로 내리도록 함. 규칙은 사전에 수립되며, 학생들이 결과를 예상할 수 있음. 부정 행동을 하게 되면, 결과는 교사에 의하여 통제될 것
	④ 할머니 법칙	현재는 관심이 저조한 활동에 참여하도록 하다가 나중에 관심 많은 활동들을 할 수 있도록 함
	⑤ 실수 없는 연속 5일	수준 1의 의사결정과 행동에서의 일관성 촉진. 현재의 수준에서 '0' 수준으로 '퇴보'하는 것을 방지하는 방안
Level 2 전략	① 과제 수정	학생들이 기능 및 체력 과제에 대해 상이한 난이도 수준을 이해하도록 함
	② 자기 진도에 맞는 도전	기능 또는 체력 과제에서 학생 능력을 이해하도록 함
	③ 열심히 하는 정도	학생들 자신의 노력과 참여에 대한 등급을 매기도록 하기
	④ 권유를 통한 교수법	권한 위임하여 학생 스스로 선택
Level 3 전략	① 과제수행의 독립성	교사의 직접적 감독 없이 수행으로 개별적 의사결정과 행동을 촉진
	② 목표 설정 계획	개인 목표 충족을 위하여 독립성을 충분히 상의할 것
	③ 상담 시간	학생의 의사결정, 행동, 목표 사이의 관계를 이해하도록 함
Level 4 전략	① 동료교수	학생들이 타인에 대한 감수성을 발달시키고 책임감을 수용할 수 있는 기회 제공
	② 집단목표 설정	집단의 목표를 달성하기 위해 독립
Level 5 전략	① 지역사회의 자원봉사자	교사의 직접적 감독이 없는 환경에서 책임감 발달의 기회 제공
	② 학급 리더	타 학생들의 책임감 발달에 도움 제공

(2) TPSR 모형 체육수업구조의 5가지 요소(Hellison, 2011)

관계 시간	교사와 개별 학생 사이의 개인적 상호작용이 짤막하게 이루어진다. 수업 전이나 후에 가능하며, 학생들은 그 교사가 자신들의 개인적 수준을 파악하고 있다는 점을 인지하게 된다. 이 상호작용의 내용에는 생일을 기억하거나 외모(옷차림, 머리 손질 등)에 대한 칭찬이 포함된다.
인지 토크	인지 토크는 공식적으로 수업이 시작될 때 이루어진다. 교사는 학생들에게 그룹을 만들어, 함께 의사결정을 해야 하는 중요성에 대해 각인시킨다. 또한 각 수업에서 강조하는 수준이 무엇이며, 해당 수준이 의미하는 내용을 파악하도록 강조하게 된다.
신체활동	신체활동은 수업에서 매우 중요한 부분이며, 이 신체활동은 수업에서 학습해야 할 기술, 게임 및 다른 신체활동을 포함한다. 신체활동이 이루어지는 동안 학생들은 각 TPSR 수준에서 학습 및 연습 기회를 제공받고, 교사는 개별적 상호작용 및 그룹상호작용을 할 수 있는 티칭 모멘트를 갖게 된다.
그룹 미팅	그룹 미팅은 수업이 거의 끝날 즈음에 이루어진다. 그룹 미팅의 목적은 교사에게는 주요 학습 결과 및 TPSR 수준에 연관된 수업을 리뷰할 수 있는 시간을 제공한다. 예를 들면 교사는 초기 플로어 하키 경기 동안 학생들이 2수준에서 수업을 잘하고 있기 때문에 칭찬할 수 있다. 또한 학생들에게 다음 차시 수업에 대한 예고를 할 수 있는 시간으로 활용할 수 있다.
자기반성 시간	그룹 미팅 후, 교사는 학생들에게 자신들의 의사결정과 행동에 대해 간단한 자기평가를 할 수 있는 기회를 제공할 수 있다. 이 자기반성은 자신들의 의사결정과 행동이 어떻게 해당 TPSR 수준과 연결될 수 있는지에 대한 내용이 포함된다. 또한 이 시간은 학생들이 자신의 다음 목표 설정을 위한 시간으로 사용될 수도 있다.

3. 학습평가

(1) 책임감 수준의 향상도 평가

(2) 실제평가

    ① 책임감 수준에 따르는 지식의 평가

    ② 학생의 의사결정과 행동 평가

(3) 체크리스트 활용하여 의사결정 또는 행동 평가

04 교사 전문성 및 상황적 요구조건

1. 교사 전문성	• 신체활동 내용 • 학생 발달 • 환경 요인 • 의사소통 • 학생에게 권한 위임
2. 핵심적인 교수기술	• 상담하기 • 경청과 질문 • 진실성 보여주기 • 농담과 유머 감각의 활용 • 반성
3. 상황적 요구조건	

교육과정 설계의 개요

체육과는 활동적이고 창의적인 삶, 건강하고 주도적인 삶, 신체활동 문화를 향유하며 사회 속에서 바람직하고 더불어 사는 삶을 추구한다.

신체활동 역량

움직임 수행 역량	신체활동 형식에 적합한 움직임의 기능과 방법을 효율적, 심미적으로 발휘할 수 있는 능력으로 운동, 스포츠, 표현 활동 과정에서 움직임에 필요한 지식, 기능, 태도를 다양한 상황에 적용하며 발달한다.
건강 관리 역량	체력 및 신체적, 정신적, 사회적 건강을 유지하고 증진하는 능력으로 체육과 내용 영역에서 학습한 신체활동을 일상생활에서 실천하고, 개인과 사회적 측면에서 건강을 저해하는 요소에 적극적으로 대처하며 함양된다.
신체활동 문화 향유 역량	다양한 신체활동 문화를 전 생애 동안 즐기며 타인과 상호작용할 수 있는 능력으로 각 신체활동 형식의 특성을 이해하고 인류가 축적한 문화적 소양을 내면화하여 공동체 속에서 실천하면서 길러진다.

체육과의 세 가지 영역

움직임 기술의 발달을 통해 조직화되고 제도화된 신체활동 형식

영역	세부 영역	
운동	체력운동	체력 증진
		체력 관리
		운동 처방
	건강활동	신체 건강 활동
		정신 건강 활동
		사회적 건강 활동
스포츠	기술형스포츠	동작형 스포츠
		기록형 스포츠
		투기형 스포츠
	전략형스포츠	영역형 스포츠
		필드형 스포츠
		네트형 스포츠
	생태형스포츠 2024 A 1번	생활환경형 스포츠
		자연환경형 스포츠
표현		스포츠 표현
		전통 표현
		현대 표현 2025 B 4번

1. 성격 및 목표
   가. 성격
   나. 목표
2. 내용 체계 및 성취기준
   가. 내용 체계
      (1) 운동
      (2) 스포츠
      (3) 표현
   나. 성취기준
3. 교수·학습 및 평가
   가. 교수·학습
      (1) 교수·학습의 방향
         (가) 신체활동 역량 함양을 위한 교수·학습
         (나) 움직임의 체계적 발달을 위한 교수·학습
         (다) 자기 주도적 학습을 위한 맞춤형 교수·학습
         (라) 신체활동의 시간적·공간적 확장을 위한 교수·학습
         (마) 디지털 기술을 활용한 효율적 교수·학습 2024 A 6번
         (바) 창의성과 인성 함양을 위한 통합적 교수·학습
      (2) 교수·학습 방법
         (가) 교육과정의 운영
            ① 학년군 단위 교육과정의 운영
            ② 연간 교육과정 운영
            ③ 온·오프라인 연계 교육과정의 운영
         (나) 단원의 운영
            ① 영역의 특성을 고려한 단원 목표와 학습 활동의 선정
            ② 학습자 수준을 고려한 교수·학습 활동의 다양화
                                                    2025 A 5번
            ③ 체육 시설 및 교육환경을 고려한 교수·학습
            ④ 차시별 수업 내용의 엄선과 위계적 조직
         (다) 수업의 운영
            ① 학습 활동의 재구성
            ② 학습 기회의 형평성 제고
            ③ 학습자의 효율적 관리와 안전한 수업 분위기 조성
   나. 평가
      (1) 평가의 방향
         (가) 신체활동 역량 함양을 위한 종합적 평가
         (나) 학습자의 성장 과정을 반영한 다양한 평가 2025 B 4번
         (다) 학습자의 수준을 고려한 맞춤형 평가 2024 A 6번
      (2) 평가 방법
         (가) 평가 내용 선정
         (나) 성취기준 및 성취수준 선정
         (다) 평가 방법 및 도구의 선정
         (라) 평가 결과의 활용

부록

국가 교육과정

Ⅰ 체육과 교육과정 변천 2019 A 3번 / 2025 A 5번

미군정과도기 (1945~1946)		• 1945년 조선체조연맹 – 국방력 강화의 목적으로 중등학교 체육과 교수요목 제정 • 학제 변경으로 중학교 체육교과 ⇨ 체육·보건으로 명칭 변경
교수요목기 (1946~1954)		• 초등학교~고등학교 체육 필수교과(일제 – 체조, 국민 – 보건, 중학 – 체육·보건, 고등 – 체육) • 목표, 내용, 방법, 평가의 문서체계 구성요소 없음
1차 교육과정 (교과중심)	특징	• 체육과 명칭: 국민(초등)학교 – '보건' / 중등학교 – '체육'
	목표	• 보건과 및 체육과의 목표는 학교급별 목표로 제시 • 심동·인지·정의적 영역 구분 제시 ⇨ 학습영역별로 구분 제시 = 분절화
	지도내용	• 심동: 체조, 스포츠, 무용, 위생 / 인지: 체육 이론 • 남녀별로 교육내용 다르게 제시
2차 교육과정 (경험중심)	특징	• 체육과의 명칭이 '체육'으로 통일, 목표 – 지도내용 – 지도상의 유의점으로 구성
	목표	• 학교급별 목표: 초등학교 – 학년군별 / 중학교 – 학년별 목표 제시 • 1차 틀 유지: 신체적, 정서적, 인지적, 위생과 안전목표, 레크리에이션 목표
	지도내용	• '레크리에이션' 내용영역 추가
	지도상의 유의점	• 평가 부분에 학습결과 평가와 학생의 자기 평가에 대한 언급
3차 교육과정 (학문중심)	특징	• 지도내용 ⇨ '내용'으로 명칭 변경 • 고등학교: 실기내용의 필수종목과 선택종목의 남녀별 비율 제시
	목표	• 일반목표, 학년별 목표로 구분하여 제시
	내용	• 내용 세분화(초등: 4개 ⇨ 7개 / 중·고등: 6개 ⇨ 9개) • 순환운동(초, 중, 고), 질서운동(고등학교 제외) 추가 • 남녀별로 교육 내용을 달리 제시
	지도상의 유의점	• 주관적 평가 지양, 신뢰도 높은 객관성 평가 방법 실시

4차 교육과정 (인간중심)	특징	• 정의적 영역 강조(cf. 잠재적 교육과정) • 후속 교육과정 내용영역 설정의 모체가 되는 영역의 기본체제 확립
	교과 목표	• 학교급별 '교육목표'와 '학년목표'로 구분하여 제시 • 학년목표는 초등학교와 중학교에서 목표와 내용이 함께 제시
	내용	• 움직임 교육과정의 영향으로 기본운동영역 도입 • 중학교 : 투기운동이 개인 및 대인운동에 포함 • 고등학교 : 평생스포츠 및 야외활동 새롭게 추가
	지도 및 평가상의 유의점	'지도'와 '평가'를 구분하여 독립적인 항목으로 제시
5차 교육과정 (통합중심)	교과 목표	• 학교급별 교육목표 제시(심동 – 2개, 인지 – 1개, 정의 – 1개) • 움직임 교육과정의 영향으로 초·중학교에서 신체 움직임의 기본능력 향상 제시 • 정의적 영역의 목표를 하나로 묶어 포괄하여 제시
	내용	• 심동적, 인지적, 정의적 영역으로 구분하여 설정 = 학습영역별로 구분 제시(대영역 3개) • 통합의 의미를 온전히 살리지 못함 – 정의적, 인지적 영역의 내용을 심동과 분리하여 제시 • 중·고등학교에 체력운동 신설
	지도 및 평가상의 유의점	평가의 부분 구체적으로 다룸
6차 교육과정 (1992~1997)	특징	• 처음으로 '성격' 추가, 성격·목표·내용·방법·평가의 5개 항목으로 구성 • 교육과정의 분권화·지역화 ⇨ 내용 편성·운영의 자율권 : 지역·학교·학생 개인차 고려
	성격	• 성격의 구조 – 보편적 성격, 학교급별 성격(중·고등학교) • 움직임 욕구실현, 체육문화 계승·발전 = 내재적 가치 • 건강 추구(인체 생리적 효율성), 심리적 안정성(정서), 사회성 = 외재적 가치
	목표	운동을 통한 운동능력과 건강 생활 영위 능력 함양 강조
	내용	• 5차 교육과정의 심동적 영역의 하위내용이 대영역으로 옮겨짐 • 인지적 영역 – 이론과 보건으로 대영역화됨 • 정의적 영역 – 각 운동영역별 하위 내용으로 내용체계에서 제시 • 5차 교육과정의 한계 극복 – 심동, 인지, 정의 분절된 모습 극복 • 초등 : 체력운동 신설 / 중·고등학교 : 체력육성 강조

부록

6차 교육과정 (1992~1997)	방법	• 건강 체력과 게임 중시
	평가	• 평가항목 독립되어 신설 • 운동기능 평가의 종목 수(3~4)와 반영비율(70%)이 제시, 평가 영역별 지침 제시 • 문제점 ⇨ 평가영역의 원리 실현 못함, (의도, 실천, 평가의 일관성 낮아짐) = 연계성 ×
7차 교육과정 (1997~2006)	특징	• **교육과정 체제 구조의 변화**: 국민공통기본교육과정 + 선택교육과정 체제 • 6차의 '방법' ⇨ '교수 · 학습 방법'으로 명칭 변경
	성격	• 내재적 가치(움직임 욕구실현, 체육문화 계승 · 발전)와 외재적 가치(체력 및 건강유지, 정서순화, 사회성 함양)를 동시에 추구함으로써 '삶의 질' 향상에 공헌하는 교과로 규정 • **중학교 체육**: 초등에서 배운 신체활동의 흥미 고취 + 평생 스포츠 활동의 입문 촉진
	목표	• 학교급별 구분 없이 총괄목표와 하위목표로 구성 • **총괄목표**: 초등학교 3학년~고등학교 1학년까지 목표 포괄 ⇨ 일원화 • **하위목표**: 심동적 영역(기능), 인지적 영역(지식), 정의적 영역(태도)으로 구분하여 진술 ⇨ 학습영역별로 구분하여 제시: 분절화
	내용	• 교과 내용의 최적화 관점에서 학년이 높아질수록 점진적으로 분화(심화)의 형태 ⇨ 계열성(초등 3, 4학년: 4개 영역 / 초등 5, 6학년: 6개 영역 / 7~10학년: 8개 영역) • **교과 내용의 최적화(적정화) 및 축소**: 필수내용 + 선택내용 • '학년별 내용'의 구성에 있어서 이해(앎)와 적용(실천)의 개념으로 제시
	교수 – 학습 방법	• 교사의 지도 시 학습자 특성 이해 = 학습자 중심 • 교수 · 하습 방법의 구체화, 활동중심(체험중심) 교육과정 구현 • 학생들의 개인차 및 혼성학급의 남녀의 차이, 특수학생을 고려하여 평등한 기회 제공 – '교육적 동등' ⇨ 참여의 기회만 제공 – '교육적 평등' ⇨ 학습 결과의 평등 제공
	평가	• **평가지침의 구체화, 체계화**: 평가의 기본방향, 내용 영역별 평가, 평가의 방법 및 활용
	문제점	• 내용의 연계성 추구 못함, 스포츠 종목 중심 • 일반고등학교에서 심화선택과목 운영 시 체육계열 전문교과 교육과정의 과목을 선택

교육과정	명칭	핵심내용
2007 개정 (2007~2010)	체육	2007 체육과 교육과정에서 공통 교육과정은 성격, 목표, 내용, 교수학습 방법, 평가 5가지로 구성되었다. 가장 큰 변화는 신체활동 가치 중심으로 체육과 교육과정의 철학이 전환된 것이다. 기존의 스포츠 중심의 기능 교육을 강조하는 철학에서 신체활동의 기능과 가치 교육의 강조로 바뀌었다. 따라서 성격에서 신체활동 가치관을 정립하여 체육이 앞으로 지향해야 할 방향을 제시하였다. 국가수준 체육과 교육과정 목표를 학습 영역별(인지적, 심동적, 정의적 영역)에서 벗어나 통합적이고 포괄성 있는 체육과 목표 영역으로 제시하였다. 내용 영역을 5가지 내용(건강 활동, 도전 활동, 경쟁 활동, 표현 활동, 여가 활동)으로 일원화하여 신체활동 수를 줄여 적정화하였다. 그 결과 계열성이 강조되었고 심동적, 인지적, 정의적 영역의 내용이 통합되었다. 또한 지역별 특성을 고려하여 학년별 신체활동의 선택이 자유로워졌다. 교수학습 방법에는 개인차를 고려한 수준별 수업, 통합적 교수학습 활동, 창의적인 교수학습 방법의 선정과 활용이 강조되었다. 마지막으로 평가에서는 평가 종목의 수와 비율이 삭제되어 평가의 자율성이 확대되었다. 선택 중심 교육과정에서 성격은 선택 과목의 성격으로 재정립되었다. 기존 7차 교육과정에서 공통 중심 교육과정과 선택 중심 교육과정의 목표가 차이가 없어 선택 중심 교육과정의 차별성이 없었다. 선택 과목별 목표가 각 과목의 성격에 부합하는 목표로 설정되었다. 내용에서는 7차 교육과정과는 달리 내용 영역을 운동 범주가 아닌 내용 주제로 재개념화하고 이를 내용 영역을 지도하기 위해 활용되는 신체활동은 제7차 때와 마찬가지로 수업 차원에서 선택할 수 있도록 하였다. 또한 교육 내용을 줄여 적정화를 도모하였고, 국민 공통 기본 교육과정의 '체육' 교육 내용 차별화를 도모하면서 연계성 강화를 추구하고 있다. 교수학습 방법은 개선 방향으로 개별성, 통합성, 적합성을 강조하고 있다. 제7차에 있던 평가의 비율을 삭제함으로써 평가의 자율성을 강조하고, 평가의 다양성을 보장함으로써 책무성을 강조하고 있다.

2009 개정 (2011~2014)	체육	2009 체육과 교육과정의 가장 큰 변화는 구성 체제의 변화이다. 기존에 '성격' 항목이 '목표' 항목에 통합되어 삭제되었다. 따라서 목표, 내용, 교수학습방법, 평가항으로 구성되었다. 내용은 학생들이 성취해야 할 목표를 학년군별, 영역별, 내용별 성취 기준이 제시되었다. 이는 해당 학년군 동안 학생이 학습하게 되는 체육 교육의 내용 학습을 통해 어떤 성취를 하게 되는지에 대해 명료하게 밝히도록 하였다. 이번 교육과정의 가장 큰 특징은 목표, 내용, 교수학습 방법 등에 적극적으로 창의, 인성 요소를 반영하는 것이다. 학년군제 운영에 따라 학교급별 체육 수업의 운영 방안이 제시되었고 교수학습 방법과 평가항에서 보다 상세하고 구체적으로 설명하였다. 2009 체육과 교육과정에서 기존의 고1 공통 교육과정을 선택 교육과정으로 바뀌어 고등학교 전 학년이 선택 교육과정이 되었다. 체육과의 경우 일반 고등학생이 글로벌 인재로 성장하는 데 필요한 건강 및 자기 관리 능력을 함양하고 스포츠를 통한 리더십과 문화적 소양을 계발하는 데 중점을 두도록 재구조화되었다. 동시에 체육 계열로 진로를 희망하는 학생들에게는 보다 체계적인 전문 기초 교육을 통해 체육 인재로 성장하는 데 도움을 줄 수 있는 기회를 확대하여 구성하였다.
2015 개정 (2015~2021)	체육	2015 체육과 교육과정의 가장 큰 변화는 역량 교육과정의 개념이 도입된 것이다. 따라서 체육과 역량은 총론에서 제시된 일반역량과 유기적 관계를 맺고 있다. 체육과의 역량은 신체활동을 체험하고 그 가치를 내면화하는 과정을 통해 습득되는 지식, 기능, 태도를 포괄하는 총체적 능력이며, 신체 움직임을 바탕으로 형성되는 건강 관리 능력, 신체 수련 능력, 경기 수행 능력, 신체 표현 능력으로 구성된다. 이러한 역량을 기를 수 있도록 체육과 내용은 건강, 도전, 경쟁, 표현, 안전 영역으로 구성된다. 교육과정의 구성체제는 기존에 삭제되었던 성격항이 재도입되어 성격, 목표, 내용, 교수·학습방법, 평가로 이루어지며 목표항이 개선되었다. 이 중 내용은 기존의 여가활동이 삭제되고 건강, 도전 경쟁, 표현 활동의 4가지 신체활동 가치를 중심으로 구성되었다. 또한 성취기준은 내용요소와 기능이 결합한 형태로 진술되었다.

◎ 체육과 교육과정의 변천 과정 및 특징(교육인적자원부, 2007; 유정애 외, 2007)

구분	적용 기간	주요 특징
교수요목기	1946~1954	식민지 교육에서 민주주의 자유 교육으로의 전환기
1차 개정	1955~1963	우리나라가 만든 최초의 체계적인 교육과정
2차 개정	'1963~1973	체육과의 명칭이 초·중등 모두 '체육'으로 통일
3차 개정	1973~1981	초등학교에 '놀이' 대신 '운동' 개념 도입
4차 개정	1981~1987	움직임 교육과정의 영향으로 '기본 운동' 개념 도입
5차 개정	1987~1992	교육 내용을 심동·인지·정의 영역으로 나누어 제시
6차 개정	1992~1997	구성 체제에서 '성격' 항목이 새롭게 추가됨
7차 개정	1997~2007	교육 내용이 '필수'와 '선택'으로 나누어 제시됨
2007년 개정	2007~2013	'신체활동 가치'의 개념이 새롭게 도입됨
2009년 개정	2013~2015	창의·인성 강조와 학년군제 도입
2015년 개정	2016~	역량교육 강조와 안전교육 강화

2018 B 1번

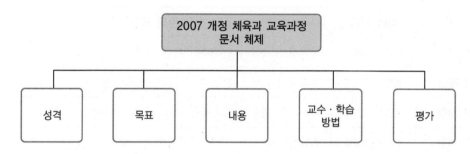

학교	초등학교 (3~6학년)	중·고등학교 (중학교 1학년~고등학교 1학년)	고등학교 (2, 3학년)

영역	• 건강활동
	• 도전활동
	• 경쟁활동
	• 표현활동
	• 여가활동
		• 건강활동
		• 도전활동
		• 경쟁활동
		• 표현활동
		• 여가활동
			• 체육과 선택과목 교육과정
			  − 운동과 건강생활
			  − 스포츠 문화
			  − 스포츠 과학

➕ 10학년은 국민 공통 교육과정의 일환으로 체육 과목이 편성되었고, 11~12학년은 선택 교육과정으로 운동과 건강생활, 스포츠 문화, 스포츠 과학 과목이 개발되었다.

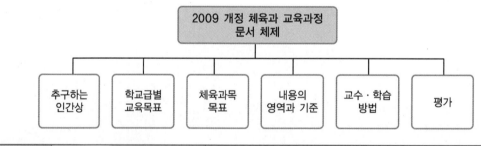

학교	초등학교 (3~6학년)	중학교 (1~3학년)	고등학교 (1~3학년)

영역	• 건강활동
	• 도전활동
	• 경쟁활동
	• 표현활동
	• 여가활동
		• 건강활동
		• 도전활동
		• 경쟁활동
		• 표현활동
		• 여가활동
			• 체육과 선택과목 교육과정
			  − 운동과 건강생활
			  − 스포츠 문화
			  − 스포츠 과학

➕ 고등학교 선택 교육과정에서는 교과 영역이 기초, 탐구, 체육·예술, 생활교양으로 구분되었다. 체육은 체육·예술 교과 영역에 속하고, 운동과 건강생활, 스포츠 문화, 스포츠 과학 과목이 개발되었다.

ⓥ 2015 체육과 교육과정

영역	학년군별 내용 요소		
	중학교 1~3학년군		
건강	• 건강과 신체활동 • 체력의 측정과 평가 • 자기 존중	• 건강과 생활 환경 • 체력 증진과 관리 • 자기 조절	• 건강과 여가 활동 • 운동처방 • 자율성
도전	• 동작 도전 스포츠의 역사와 특성 • 동작 도전 스포츠의 경기 기능과 과학적 원리 • 동작 도전 스포츠의 경기 방법과 전략 • 용기	• 기록 도전 스포츠의 역사와 특성 • 기록 도전 스포츠의 경기 기능과 과학적 원리 • 기록 도전 스포츠의 경기 방법과 전략 • 인내심	• 투기 도전 스포츠의 역사와 특성 • 투기 도전 스포츠의 경기 기능과 과학적 원리 • 투기 도전 스포츠의 경기 방법과 전략 • 절제
경쟁	• 영역형 경쟁 스포츠의 역사와 특성 • 영역형 경쟁 스포츠의 경기 기능과 과학적 원리 • 영역형 경쟁 스포츠의 경기 방법과 전략 • 페어플레이	• 필드형 경쟁 스포츠의 역사와 특성 • 필드형 경쟁 스포츠의 경기 기능과 과학적 원리 • 필드형 경쟁 스포츠의 경기 방법과 전략 • 팀워크	• 네트형 경쟁 스포츠의 역사와 특성 • 네트형 경쟁 스포츠의 경기 기능과 과학적 원리 • 네트형 경쟁 스포츠의 경기 방법과 전략 • 운동 예절
표현	• 스포츠 표현의 역사와 특성 • 스포츠 표현의 표현 동작과 원리 • 스포츠 표현의 수행과 창작 • 심미성	• 전통 표현의 역사와 특성 • 전통 표현의 표현 동작과 원리 • 전통 표현의 수행 • 공감	• 현대 표현의 역사와 특성 • 현대 표현의 표현 동작과 원리 • 현대 표현의 수행과 창작 • 비판적 사고
안전	• 스포츠 유형별 안전 • 운동 손상 예방과 처치 • 의사 결정력	• 스포츠 생활과 안전 • 스포츠 시설 · 장비 안전 • 존중	• 여가 스포츠와 안전 • 사고 예방과 구급 · 구조 • 공동체 의식

⊘ 2022 체육과 교육과정

영역 범주	내용 요소(중학교 1~3학년)		
	운동	스포츠	표현
지식 · 이해	• 체력 증진의 원리 • 체력 증진 운동 방법 • 체력 관리의 원리 • 체력 관리 운동 방법 • 운동 처방의 원리 • 운동 처방 방법 • 신체 건강의 특성 • 신체 건강 활동 • 정신 건강의 특성 • 정신 건강 활동 • 사회적 건강의 특성 • 사회적 건강 활동	• 기술형 · 전략형 · 생태형 스포츠의 역사와 특성 • 기술형 · 전략형 · 생태형 스포츠의 경기 기능과 수행 원리 • 기술형 · 전략형 · 생태형 스포츠의 경기 방법과 전략	• 표현 활동의 역사와 특성 • 표현 활동의 동작과 표현 원리 • 표현 활동의 창작과 감상
과정 · 기능	• 체력 운동 원리 분석하기 • 체력 요소별 운동 방법 적용하기 • 건강 활동 특성 분석하기 • 건강 활동 방법 실천하기 • 안전하게 활동하기	• 기술형 · 전략형 · 생태형 스포츠 유형별 역사와 특성 비교하기 • 기술형 · 전략형 · 생태형 스포츠 유형별 수행 원리를 경기 기능에 적용하기 • 기술형 · 전략형 · 생태형 스포츠 유형별 경기 방법과 전략을 경기에 활용하기 • 안전하게 경기하기	• 표현 활동의 유형별 역사와 특성 비교하기 • 표현 활동의 유형별 동작 표현하기 • 표현 활동의 유형별 원리 적용하기 • 표현 활동의 유형별 작품 창작하고 감상하기
가치 · 태도	• 체력 문제 해결 의지 • 운동 실천의 자기 주도성 • 자율적인 건강 추구 • 자신과 공동체에 대한 안전의식	• 경기 수련에 대한 인내심 • 도전적 경기 태도 • 팀워크와 신뢰 • 페어플레이 • 스포츠 환경 개선을 위한 공동체 의식 • 스포츠 환경에 친화적인 태도	• 표현의 독창성 • 다양한 표현 활동에 대한 개방성 • 예술적 표현에 대한 공감과 비평의식

Ⅱ 2007 개정 ~ 2009 개정 ~ 2015 개정 ~ 2022 개정의 신체활동 예시의 변화

01 신체활동의 선택 예시에 대한 보완(2007~2009)

2007년 개정 체육과 교육과정에서부터 체육과 교육 내용은 신체활동 가치 중심의 교육철학에 따라 신체활동 가치에 대한 내용 기준으로 제시되어 있다. 따라서 단위 학교 현장에서 이 내용 기준을 지도하기 위해 적합한 신체활동을 선택할 수 있도록 하였다. 그동안의 체육과 교육과정에서는 운동 또는 스포츠가 내용 기준의 역할을 담당하고 있었기 때문에 교사 스스로 신체활동을 선택하는 것이 익숙하거나 쉽게 이해하기 어렵다는 판단이 있었다. 이를 해소하고자 지난 2007년 개정 체육과 교육과정에서 예시로 선택할 신체활동을 제시하였다. 그러나 예시로 제시된 신체활동들을 예전의 교육과정과 혼돈하여 필수 학습활동으로 여기거나 그 외의 활동은 전혀 교육하지 못하는 것으로 오해하는 경우가 발생하였다. 이에 따라 이번 개정에서는 선택의 기준을 구체적으로 제시하거나, 좀 더 포괄적인 구분으로 제시하거나, 예시되는 활동을 보다 다양하고 많이 제시하는 등 여러 개선안이 제안되었다. 최종적으로, 유사한 활동군으로 구분해 보다 다양한 활동을 제시하는 방안이 실제 개정 체육과 교육과정에 반영되었다. 따라서 신체활동 예시표에는 2007년 개정 체육과 교육과정에서보다 많은 수의 신체활동이 비슷한 활동들로 묶여 중영역별로 제시되었고, 용어도 '신체활동의 선택 예시'에서 '신체활동의 활용 예시'로 바뀌었다.

02 신체활동 예시의 정련 및 계열화(2009~2015)

2009 개정 체육과 교육과정의 '신체활동 활용 예시'는 교수학습 상황에 따라 취사선택하거나 이와 유사한 활동으로 대체할 수 있는 등의 유연성을 보장하였다. 그러나 이런 의도와 달리 현장 교사나 교과용 도서 개발자는 교육과정 문서에 나타난 신체활동 예시를 필수적으로 지도해야 하는 내용으로 인식하는 경향이 많았다. 검·인정 교과서 체제가 체육과 교육과정의 다양한 실천을 위해 도입되었다는 의도가 무색할 정도로 체제와 내용이 유사한 체육교과서가 개발되었다는 지적이 많았다. 이에 '신체활동 활용 예시'라는 명칭을 '신체활동 예시'로 변경하였으며, 초등학교는 움직임의 기본기능과 게임 활동을 중심으로 신체활동의 기본기능을 학습할 수 있는 활동으로 제시하였으며, 중학교는 초등학교에서 학습한 신체활동을 바탕으로 각 영역별로 역량과 내용 요소를 학습하는 데 적합한 보편적이면서도 체계성을 갖춘 활동을 제시하였다. 중학교에서는 특히 역사와 전통이 있으면서도 기능, 방법, 전략 등의 내용이 풍부한 활동을 선정하도록 제시하

였으며, 기존에 중학교 1~3학년군에서 제시되었던 전통 스포츠의 기술 및 경기 방법을 변형한 게임(modified game)이나 리드업 게임(lead-up game) 형식의 뉴스포츠는 초등학교 단계에서 학습할 수 있도록 내용을 삭제 또는 정련하였다. 또한 교육과정에 신체활동 예시를 올바르게 해석하여 현장에 적용할 수 있도록 구체적인 안내가 필요하다는 데 연구진의 의견이 일치하였다. 이를 위해 2009 개정에서와 달리 2015 개정 체육과 교육과정에서는 신체활동 예시를 바라보는 오해를 줄이기 위해 각 영역별 예시는 문자 그대로 필수 요소가 아닌 예시적 성격으로 교수·학습의 환경, 학습자의 수준 등에 따라 선택, 변형, 새로운 내용 요소의 적용이 가능함을 명시하였고 적절한 신체활동 선정 기준은 내용 성취기준 하단의 교수·학습 방법 및 유의사항에 구체적으로 안내하였다.

⊘ 2007 개정 체육과 교육과정의 7학년 신체활동 선택 예시

대영역	중영역	소영역	7학년 신체활동의 선택 예시
건강활동	체력 관리	건강과 체력 관리	웨이트 트레이닝, 인터벌 트레이닝, 스트레칭 등
	보건과 안전	건강 생활과 환경 안전	약물 및 기호품의 올바른 사용 방법, 환경 오염 예방 활동
도전활동	기록 도전	속도/거리 도전	트랙 경기, 필드 경기, 경영 등
경쟁활동	영역형 경쟁	영역형 경쟁	축구, 농구, 핸드볼, 하키, 럭비, 풋살 등
표현활동	심미 표현	심미 표현과 창작	창작 체조, 음악 줄넘기, 피겨 스케이팅 등
여가활동	여가 문화	청소년 여가 문화	인라인 스케이팅, 스포츠 클라이밍 등

⊘ 2009 개정 체육과 교육과정의 신체활동 예시

대영역	중영역	중학교 1~3학년군 신체활동의 활용 예시
건강활동	(가) 건강과 환경 (나) 건강과 체력 (다) 건강과 안전	• 달리기, 걷기, 트레킹, 등산, 수영, 요가, 에어로빅스, 줄넘기, 맨손 체조, 스트레칭, 웨이트 트레이닝, 짐볼 등 • 약물 및 기호품의 올바른 사용 방법, 성폭력 예방 활동, 구급처치 활동 등 • 환경 보호 활동, 안전사고 예방 활동, 재난 대피 활동, 수상 안전 등
도전활동	(가) 기록 도전 (나) 동작 도전 (다) 표적/투기 도전	• 트랙 경기, 필드 경기, 경영, 스피드 스케이팅, 알파인 스키, 역도, 스피드 스택 등 • 마루 운동, 도마 운동, 평균대 운동, 철봉 운동, 슬랙 라인 등 • 사격, 국궁, 양궁, 볼링, 골프, 태권도, 씨름, 유도, 카바디, 피구, 다트, 게이트볼, 게이트 골프, 디스크 골프, 보치아, 커롤링 등
경쟁활동	(가) 영역형 경쟁 (나) 필드형 경쟁 (다) 네트형 경쟁	• 축구, 농구, 핸드볼, 하키, 럭비, 미식축구, 풋살, 넷볼, 플로어볼, 플레그풋볼, 얼티미트, 골볼 등 • 소프트볼, 야구, 크리켓, 티볼, 발야구, 킨볼, 킥런볼 등 • 배구, 배드민턴, 탁구, 테니스, 족구, 소프트 발리볼, 인디아카, 핸들러, 소프트 테니스 등
표현활동	(가) 심미 표현 (나) 현대 표현 (다) 전통 표현	• 피겨 스케이팅, 창작 체조, 음악 줄넘기, 치어리딩 등 • 리듬체조, 현대무용, 댄스 스포츠, 라인댄스, 힙합 등 • 우리나라의 민속무용, 외국의 민속무용, 발레 등
여가활동	(가) 사회와 여가 (나) 자연과 여가 (다) 지구촌 여가	• 마라톤, 자전거 타기, 인라인 롤러, 스케이팅, 부메랑, 저글링, 스쿼시, 라켓볼, 아이스하키 등 • 캠핑, 산악자전거, 윈드서핑, 낚시, 래프팅, 스키, 스노보드, 수상스키, 웨이크보드 등 • 줄다리기, 널뛰기, 제기차기, 투호, 스포츠 클라이밍, 카누, 카약, 스피드 스택, 플라잉 디스크 등

♀ 2015 개정 체육과 교육과정 – 중학교 1~3학년 신체활동 예시

영역		신체활동 예시
건강	(가) 건강과 체력 평가	• 심폐지구력, 순발력, 유연성, 근력 및 근지구력 향상을 위한 건강 체력 측정 운동, 성폭력 예방 및 대처 활동 등
	(나) 건강과 체력 관리	• 건강 체조, 웨이트 트레이닝, 인터벌 트레이닝, 서킷 트레이닝 등의 건강 체력 증진 운동, 위생 및 질병 예방 활동, 올바른 영양 섭취 및 식습관 개선 활동, 약물 및 기호품의 올바른 사용법 등
	(다) 여가와 운동처방	• 체력 요소별 운동처방의 계획과 여가 활동(단축마라톤, 파워워킹, 트레킹, 사이클링, 수영, 요가, 래프팅, 스키, 스노보드 등)
도전	(가) 동작 도전	• 마루운동, 도마운동, 평균대운동, 철봉운동, 다이빙 등
	(나) 기록 도전	• 트랙경기, 필드경기, 경영, 스피드스케이팅, 알파인스키, 사격, 궁도, 볼링, 다트, 스포츠스태킹 등
	(다) 투기 도전	• 태권도, 택견, 씨름, 레슬링, 유도, 검도 등
경쟁	(가) 영역형 경쟁	• 축구, 농구, 핸드볼, 럭비, 풋살, 넷볼, 츄크볼, 플로어볼, 얼티미트 등
	(나) 필드형 경쟁	• 야구, 소프트볼, 티볼, 킨볼 등
	(다) 네트형 경쟁	• 배구, 배드민턴, 탁구, 테니스, 정구, 족구 등
표현	(가) 스포츠 표현	• 창작체조, 리듬체조, 음악줄넘기, 피겨스케이팅, 싱크로나이즈드 스위밍, 치어리딩 등
	(나) 전통 표현	• 우리나라의 전통무용, 외국의 전통무용 등
	(다) 현대 표현	• 현대무용, 댄스스포츠, 라인댄스, 재즈댄스, 힙합댄스 등
안전	(가) 스포츠 활동 안전	• 스포츠 유형별 연습과 경기에서의 손상 예방 및 대처 활동
	(나) 스포츠 환경 안전	• 스포츠 생활에서 발생하는 폭력 및 안전사고, 스포츠 시설 및 장비 사용 시 사고 예방 및 대처 활동
	(다) 여가 스포츠 안전	• 야외 및 계절 등의 여가 스포츠 활동 시 사고 예방 및 대처 활동 (RICE, 심폐소생술)

➕ 신체활동은 교육과정의 목적에 근거하여 선택하되, 학교의 교육 여건을 고려하여 다른 영역의 신체활동 예시나 새로운 신체활동을 선택할 수 있다. 단, 단위 학교의 교과 협의회를 통해 결정한다.

📍 2022 개정 체육과 교육과정 – 중학교 1~3학년군의 신체활동 예시

영역	세부 영역		신체활동 예시
운동	체력 운동	체력 증진	• 유산소성 운동, 저항성 운동, 복합 운동, 순환 운동, 플라이오메트릭 운동 등
		체력 관리	• 체력 측정, 체력 운동 프로그램 설계 및 실행, 체력 평가 등
		운동 처방	• 체력 강화 처방 운동, 체중 조절 처방 운동, 자세 교정 처방 운동 등
	건강 활동	신체 건강 활동	• 건강 운동, 식이 관리 활동, 약물과 기호품 관리 활동, 질병 예방 활동 등
		정신 건강 활동	• 스트레스 및 감정 조절 활동(호흡법, 근육이완법, 요가, 필라테스 등)
		사회적 건강 활동	• 양성평등 및 성 건강 관련 활동, 생활 안전 활동, 재난·재해 예방 및 대처 활동, 응급처치 활동 등
스포츠	기술형 스포츠	동작형 스포츠	• 마루, 평균대, 철봉, 도마 등
		기록형 스포츠	• 육상, 경영, 스피드스케이팅, 국궁, 양궁 등
		투기형 스포츠	• 태권도, 택견, 씨름, 레슬링, 유도 등
	전략형 스포츠	영역형 스포츠	• 축구, 농구, 핸드볼, 럭비, 하키 등
		필드형 스포츠	• 야구, 소프트볼 등
		네트형 스포츠	• 배구, 배드민턴, 탁구, 테니스, 족구 등
	생태형 스포츠	생활환경형 스포츠	• 볼링, 인라인스케이팅, 사이클링, 스포츠클라이밍, 플라잉디스크 등
		자연환경형 스포츠	• 골프, 등반, 카약, 래프팅, 스키, 스노보드, 승마 등
표현		스포츠 표현	• 창작체조, 치어리딩, 리듬체조, 피겨스케이팅, 아티스틱스위밍 등
		전통 표현	• 민속무용(탈춤, 농악무, 사자춤, 코로브시카, 플라멩코 등) • 궁중무용(춘앵무, 향발무, 처용무, 발레 등)
		현대 표현	• 현대무용, 댄스스포츠, 라인댄스, 스트리트댄스 등

⊙ 문서 체제의 변화

2009 개정(2011년 고시)	2015 개정(2015년 고시)	2022 개정(2022년 고시) 교육부 고시 제2022-33호 [별책 11]
1. 추구하는 인간상 2. 학교급별 교육목표 　가. 초등학교 교육목표 　나. 중학교 교육목표 3. 체육 과목 목표 　가. 체육과의 방향과 역할 　나. 체육과에서 추구하는 인간상 　다. 체육과에서 지향하는 다섯 　　　가지 신체활동가치 영역 　라. 체육과 목표 　　(1) 초등학교 　　(2) 중학교 4. 내용의 영역과 기준 　가. 내용체계 　나. 성취기준 　　(1) 학년군별 성취기준 　　(2) 영역 및 학습내용 성 　　　취기준 5. 교수학습방법 6. 평가	1. 체육과의 성격 　가. 체육과의 본질과 역할 　나. 체육과의 역량 　다. 체육과의 영역 2. 체육과의 목표 3. 내용체계 및 성취기준 　가. 내용 체계 　　〈초등학교〉 　　〈중학교〉 　나. 성취기준 　　〈초등학교 3 - 4학년〉 　　〈초등학교 5 - 6학년〉 　　〈중학교 1 - 3학년〉 4. 교수학습 및 평가의 방향 　가. 교수학습 　나. 평가	교육과정 설계의 개요 1. 성격 및 목표 　가. 성격 　나. 목표 2. 내용 체계 및 성취기준 　가. 내용 체계 　　(1) 운동 　　(2) 스포츠 　　(3) 표현 　나. 성취기준 　　[초등학교 3~4학년] 　　[초등학교 5~6학년] 　　[중학교 1~3학년] 3. 교수·학습 및 평가 　가. 교수·학습 　나. 평가

⊙ 중학교 내용 체계의 변화

2009 개정(2011년 고시)	2015 개정(2015년 고시)	2022 개정(2022년 고시) 교육부 고시 제2022-33호 [별책 11]
건강활동 도전활동 경쟁활동 표현활동 여가활동	건강 도전 경쟁 표현 안전	 운동 스포츠 표현

⊙ 선택중심교육과정

	2009 개정 (2011년 고시)	2015 개정 (2015년 고시)		2022 개정(2022년 고시) 교육부 고시 제2022-33호 [별책 11]		
체육 교과	고교선택 과목	일반 선택	진로 선택	일반 선택	진로 선택	융합 선택
	운동과 건강생활 스포츠 문화 스포츠 과학	체육 운동과 건강	스포츠 생활 체육탐구	• 체육1 • 체육2	• 운동과 건강 • 스포츠 문화 • 스포츠 과학	• 스포츠 생활1 • 스포츠 생활2

	2015 체육과 교육과정	2022 체육과 교육과정
	교육부 고시 제2015-74호 [별책 1] (교육부 고시 제2022-2호 일부개정 포함) ※ 고시일: 2015년 9월 23일 1. 이 교육과정은 학교급별, 학년별로 다음과 같이 시행합니다. 　가. 2017년 3월 1일: 초등학교 1, 2학년 　나. 2018년 3월 1일: 초등학교 3, 4학년, 중학교 1학년, 고등학교 1학년 　다. 2019년 3월 1일: 초등학교 5, 6학년, 중학교 2학년, 고등학교 2학년 　라. 2020년 3월 1일: 중학교 3학년, 고등학교 3학년	교육부 고시 제2022-33호 [별책 1] ※ 고시일: 2022년 12월 22일 1. 이 교육과정은 학교급별, 학년별로 다음과 같이 시행한다. 　가. 2024년 3월 1일: 초등학교 1, 2학년 　나. 2025년 3월 1일: 초등학교 3, 4학년, 중학교 1학년, 고등학교 1학년 　다. 2026년 3월 1일: 초등학교 5, 6학년, 중학교 2학년, 고등학교 2학년 　라. 2027년 3월 1일: 중학교 3학년, 고등학교 3학년
성격	신체활동 가치 중심	신체활동 중심
목표	신체활동 가치 내면화	신체활동 역량 함양
역량	건강관리능력 신체수련능력 경기수행능력 신체표현능력	움직임 수행 역량 건강 관리 역량 신체활동 문화 향유 역량
내용 체계	건강 도전 경쟁 표현 안전	운동 스포츠 표현

교수 학습 방향	(가) 체육과 역량 함양을 지향하는 교수·학습 (나) 학습자 특성을 고려한 수준별 수업 (다) 자기 주도적 교수·학습 환경 조성 (라) 전인적 발달을 위한 통합적 교수학습 (마) 맞춤형 교수·학습 방법의 선정과 활용 (바) 정과 외 체육 활동과 연계한 교수학습		(가) 신체활동 역량 함양을 위한 교수·학습 (나) 움직임의 체계적 발달을 위한 교수·학습 (다) 자기 주도적 학습을 위한 맞춤형 교수·학습 (라) 신체활동의 시간적·공간적 확장을 위한 교수·학습 (마) 디지털 기술을 활용한 효율적 교수·학습 (바) 창의성과 인성 함양을 위한 통합적 교수·학습		
고등 학교 선택 과목	일반 선택	진로 선택	일반 선택	진로 선택	융합 선택
	체육 운동과 건강	스포츠 생활 체육탐구	• 체육1 • 체육2	• 운동과 건강 • 스포츠 문화 • 스포츠 과학	• 스포츠 생활1 • 스포츠 생활2

Ⅲ 2022 개정 교육과정 총론 주요 내용

> 교육부 고시 제2022-33호 [별책 1] (국가교육위원회 고시 제2024-3호 일부개정 포함)

전부개정 교육부 고시 제2022-33호(2022.12.22.)
일부개정 국가교육위원회 고시 제2024-3호(2024.8.16.)

01 개정 배경 및 개정 방향

2022 개정 교육과정은 코로나 19로 인한 사회환경의 급격한 변화와 AI기술의 혁신으로 인한 세계교육의 변화를 반영한 교육과정으로, 그 어느 때보다 '깊이있는 학습(deep learning)'을 강조하고 있다.

> **주요 개정 배경**
> 첫째, 인공지능 기술 발전에 따른 디지털 전환, 감염병 대유행 및 기후·생태환경 변화, 인구 구조 변화 등에 의해 사회의 불확실성이 증가하고 있다.
> 둘째, 사회의 복잡성과 다양성이 확대되고 사회적 문제를 해결하기 위한 협력의 필요성이 증가함에 따라 상호 존중과 공동체 의식을 함양하는 것이 더욱 중요해지고 있다.
> 셋째, 학생 개개인의 특성과 진로에 맞는 학습을 지원해 주는 맞춤형 교육에 대한 요구가 증가하고 있다.
> 넷째, 교육과정 의사 결정 과정에 다양한 교육 주체들의 참여를 확대하고 교육과정 자율화 및 분권화를 활성화해야 한다는 요구가 높아지고 있다.

이와 같은 주요 배경을 바탕으로, 2022 개정 교육과정은 다음과 같은 7가지 개정 방향으로 국가 수준 교육과정을 구성하였다(교육부, 2022a, 4-5쪽).

- 디지털 전환, 기후·생태환경 변화 등에 따른 미래 사회의 불확실성에 능동적으로 대응할 수 있는 능력과 자신의 삶과 학습을 스스로 이끌어가는 주도성을 함양한다.
- 학생 개개인의 인격적 성장을 지원하고, 사회 구성원 모두의 행복을 위해 서로 존중하고 배려하며 협력하는 공동체 의식을 함양한다.
- 모든 학생이 학습의 기초인 언어·수리·디지털 기초 소양을 갖출 수 있도록 하여 학교 교육과 평생 학습에서 학습을 지속할 수 있게 한다.
- 학생들이 자신의 진로와 학습을 주도적으로 설계하고, 적절한 시기에 학습할 수 있도록 학습자 맞춤형 교육과정 체제를 구축한다.
- 교과 교육에서 깊이 있는 학습을 통해 역량을 함양할 수 있도록 교과 간 연계와 통합, 학생의 삶과 연계된 학습, 학습에 대한 성찰 등을 강화한다.
- 다양한 학생 참여형 수업을 활성화하고, 문제 해결 및 사고의 과정을 중시하는 평가를 통해 학습의 질을 개선한다.

• 교육과정 자율화·분권화를 기반으로 학교, 교사, 학부모, 시·도 교육청, 교육부 등 교육 주체들 간의 협조 체제를 구축하여 학습자의 특성과 학교 여건에 적합한 학습이 이루어질 수 있도록 한다.

02) 공통적 특징

1. 추구하는 인간상과 핵심 역량의 변화

이와 같은 개정 배경으로 2022 개정 교육과정에서는 미래사회가 요구하는 핵심 역량을 갖춘 '포용성과 창의성을 갖춘 주도적인 사람으로 성장 지원'을 비전으로 제시하였다.

추구하는 인간상
• 자기주도적인 사람(2015의 '자주적인 사람'을 개선)
• 창의적인 사람
• 교양있는 사람
• 더불어 사는 사람

2022 개정 교육과정 총론에서는 다음과 같이 6가지 핵심 역량을 제시하고 있다. 이 6가지 핵심 방향은 2015 개정 교육과정과 거의 동일하며, 다만 한 가지 역량의 변화가 있다. 즉 의사소통 역량이 협력적 소통 역량으로 바뀌었다.

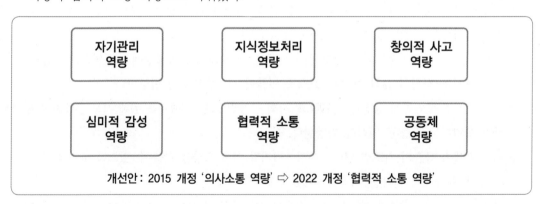

| 자기관리 역량 | 지식정보처리 역량 | 창의적 사고 역량 |
| 심미적 감성 역량 | 협력적 소통 역량 | 공동체 역량 |

개선안: 2015 개정 '의사소통 역량' ⇨ 2022 개정 '협력적 소통 역량'

⚑ 2022 개정 교육과정의 핵심 역량

핵심 역량	의미
자기 관리 역량	자아정체성과 자신감을 가지고 자신의 삶과 진로에 필요한 기초 능력과 자질을 갖추어 자기주도적으로 살아갈 수 있는 역량
지식 정보 처리 역량	문제를 합리적으로 해결하기 위해 다양한 영역의 지식과 정보를 처리하고 활용할 수 있는 역량
창의적 사고 역량	폭넓은 기초 지식을 바탕으로 다양한 전문 분야의 지식, 기술, 경험을 융합적으로 활용하여 새로운 것을 창출하는 역량
심미적 감성 역량	인간에 대한 공감적 이해와 문화적 감수성을 바탕으로 삶의 의미와 가치를 발견하고 향유하는 역량
의사소통 역량	다양한 상황에서 자신의 생각과 감정을 효과적으로 표현하고 다른 사람의 의견을 경청하며 존중하는 역량
공동체 역량	지역, 국가, 세계 공동체의 구성원에게 요구되는 가치와 태도를 가지고 공동체 발전에 적극적으로 참여하는 역량

2. 교과 내용 체계의 세 범주 구축

2022 개정 교육과정에서는 각 교과 교육을 통해 깊이 있는 학습을 추구하고 있다. 이를 위해 각 교과별 핵심 아이디어를 중심으로 학습 내용을 엄선하고 교과 내 영역 간 내용의 연계성을 강화하고 있다. 특히 2022 개정 교육과정에 따른 모든 교과 교육과정 개정에서는 교과 교육을 통해 학생들의 사고와 탐구를 명료화하여 깊이 있는 학습을 추구하기 위해 다음의 내용 체계를 반영하고 있다.

⊘ 내용 체계의 세 가지 범주

핵심 아이디어(가칭)				
범주	내용 요소			
	초등학생			중학생
	1~2학년	3~4학년	5~6학년	1~3학년
[지식 · 이해]				
[과정 · 기능]				
[가치 · 태도]				

2022 개성 교육과정에서 도입한 각 교과 교육과정 내용 체제는 세 가지 범주로 구성되어 있다. 지난 대한민국 국가수준 교육과정 총론 개발에서 모든 교과 내용 체계에 세 가지 범주를 도입한 것은 우리나라 역사상 최초로 이루어진 특징이다. 세 가지 범주는 지식 · 이해, 과정 · 기능, 가치 · 태도로, 각 범주의 의미는 다음과 같다.

⊘ 세 가지 범주의 의미(교육부, 2022a)

범주	의미
지식 · 이해	• 교과 학습을 통해 알아야 할 구체적 내용과 그것에 대한 이해의 내용을 포함함 • 해당 교과 영역에서 알고 이해해야 할 내용 요소, 개념, 원리를 진술하되, 교과마다 진술 방식을 달리할 수 있음
과정 · 기능	• 지식을 습득하는 데 활용되는 사고 및 탐구 과정, 교과 고유의 절차적 지식 등을 의미함 • 지식의 이해와 적용을 가능하게 하며, 학습의 결과 학생들이 교과 내용을 가지고 할 수 있어야 하는 구체적인 능력. 단, 과정 · 기능이 교과 역량과 동일한 것은 아님
가치 · 태도	• 교과 활동을 통해서 기를 수 있는 고유한 가치 및 태도를 의미함 • 교과 학습 과정에서 습득되는 교과 내용과 관련된 태도와 교과를 학습하여 내면화한 사람이 습득하게 되는 가치를 의미함

3. 창의적 체험활동의 영역 통합

2022 개정 교육과정의 비교과 영역인 창의적 체험활동의 영역은 3가지(자율자치활동, 동아리활동, 진로활동)로 통합되었다. 2015 개정 교육과정까지 포함되어 있었던 기존의 봉사활동은 동아리활동 영역에 흡수되었다.

4. 정보교육의 강화를 통한 디지털 소양의 함양 강조

2022 개정 교육과정에서는 정보교육이 그 어느 때보다 강화되었다. 이는 초·중등학교 전 과정을 통해 디지털 소양(terzoy)을 함양하기 위함이다. 디지털 소양은 디지털 지식과 기술에 대한 이해와 윤리의식을 바탕으로 정보를 수집 및 분석하고 비판적으로, 이해 및 평가하여 새로운 정보와 지식을 생산 및 활용하는 능력을 의미한다(교육부, 2024, 6쪽), 따라서 이번 2022 개정 과정에서는 학생들의 디지털 소양 함양을 위해 초·중·고등학교 정보교육을 모두 강화하였다. 초등학교와 중학교에서는 기존의 시간 배당 기준이 각각 2배씩(초: 17시간 → 34시간, 중: 34시간 → 68시간) 확대되었고, 고등학교에서는 학생의 진로적성에 따른 정보 역량을 함양할 수 있는 다양한 선택 과목을 개설하여 진로연계 디지털 교육을 강화하였다.

03 학교급별 주요 특징

1. 중학교

2022 개정 교육과정에서 중학교급의 자유학기는 편성 영역과 운영 시간을 기존 4개 영역(주제선택, 진로탐색, 예술체육, 동아리활동)에서 연간 170시간 운영을 하도록 되어 있었다. 이제는 자유학기가 2개 영역(주제선택과 진로탐색)에서 운영 102시간으로 변경되었다. 이 변화는 중학생의 학업 시기별 맞춤형 진로탐색, 진학 준비 등이 체계적으로 제공될 수 있도록 자유학기와 진로연계교육을 연계하여 운영하도록 개선한 것이다. 기존에는 자유학기 또는 자유학년이 중학교 학년 또는 학기가 다양하게 운영되어 왔으나, 향후에는 1학년에서 1개 학기를 시도별로 자율적으로 선택하여 운영할 수 있도록 변화되었다. 또한 진로 연계교육에서는 고등학교에 진학하기 전 중학교 3학년 2학기를 중심으로 고등학교 교육과정(학점제, 선택 과목 등)의 이해, 희망 진로 구체화 등 중학교 단계에서 필요한 학업과 진로 설계를 동시에 준비시킬 수 있도록 하였다.

(1) 중학교 교육과정의 편제 2025 B 4번

2022 개정 중학교 교육과정에서 교과(군)는 국어, 사회(역사 포함)/도덕, 수학, 과학/기술·가정/
정보, 체육, 예술(음악/미술), 영어, 선택의 총 8개로 편성한다. 선택 교과는 한문, 환경, 생활 외국
어(생활 독일어, 생활 프랑스어, 생활 스페인어, 생활 중국어, 생활 일본어, 생활 러시아어, 생활
아랍어, 생활 베트남어), 보건, 진로와 직업 등의 과목으로 편성한다. 창의적 체험활동은 기존의
4개 영역(자율 활동, 동아리 활동, 봉사 활동, 진로 활동)이 2022 개정 교육과정에서 3개 영역(자
율·자치 활동, 동아리 활동, 진로 활동)으로 재구조화되었으므로, 이를 고려하여 교육과정을 편
성한다. 2022 개정 중학교 교육과정의 편제를 정리하면 다음과 같다.

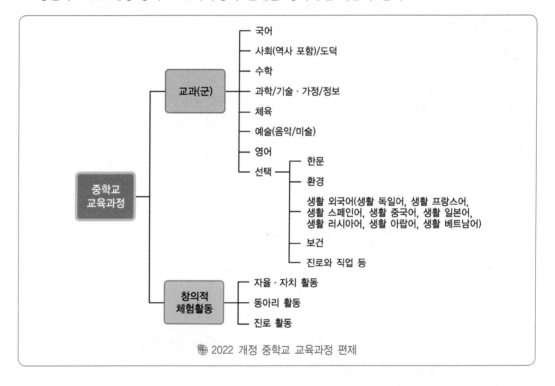

◉ 2022 개정 중학교 교육과정 편제

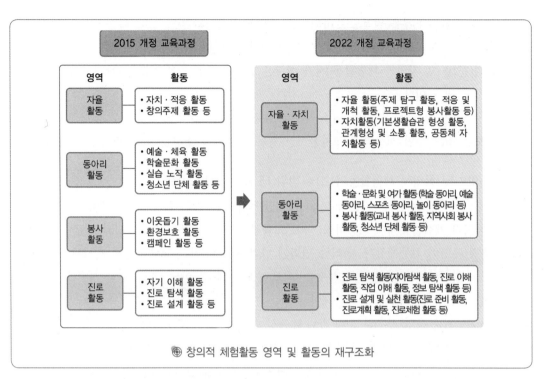

◉ 창의적 체험활동 영역 및 활동의 재구조화

구분		1~3학년
교과 (군)	국어	442
	사회(역사 포함)/도덕	510
	수학	374
	과학/기술 · 가정/정보	680
	체육	272
	예술(음악/미술)	272
	영어	340
	선택	170
	소계	3,060
창의적 체험활동		306
총 수업 시간 수		3,366

① 1시간 수업은 45분을 원칙으로 하되, 기후 및 계절, 학생의 발달 정도, 학습 내용의 성격, 학교 실정 등을 고려하여 탄력적으로 편성·운영할 수 있다.

② 교과(군)별 및 창의적 체험활동 시간 배당은 연간 34주를 기준으로 3년간의 기준 수업 시수를 나타낸 것이다.

③ 총 수업 시간 수는 3년간의 최소 수업 시수를 나타낸 것이다.

④ 정보는 정보 수업 시수와 학교자율시간 등을 활용하여 68시간 이상 편성·운영한다.

(2) 교과(군)별 및 창의적 체험활동의 20% 범위 내 시수 증감 허용

2022 개정 교육과정에서는 기존의 교과(군)에만 적용하던 '20% 범위 내에서 시수 증감 가능' 지침을 창의적 체험활동에도 적용하여, 학교 교육과정 편성의 자율성이 확대되고 탄력적인 학교 교육과정 운영이 가능해졌다. 이러한 변화에 따라 학교는 국가 교육과정에 제시된 교과(군)의 소계 시수와 창의적 체험활동의 시수를 '최소 수업 시수'가 아닌 '기준 수업 시수'로 이해하며 시수 증감 편성 시 기준으로 활용해야 한다.

교과(군)는 기준 수업 시수의 20% 범위 내에서 증감이 허용되지만, 2015 개정 교육과정과 마찬 가지로 체육, 예술(음악/미술) 교과는 기준 수업 시수를 감축하여 편성·운영할 수 없다. 그리고 교과(군)별 시수 20% 범위 내에서 특정 교과(군)의 시수를 감축할 때는 해당 교과 교육과정의 성취기준 이수 가능 여부를 면밀히 검토해야 한다. 특정 교과(군)의 시수를 감축하여 운영한다는 것은 교과의 일부 내용을 삭제하거나 생략하여 가르쳐도 된다는 뜻이 아니라 교과 내용을 통합·압축하는 등 교과 교육과정을 재구성하여 운영하는 것을 의미한다. 따라서 특정 교과(군)의 수업 시수를 감축할 때는 감축된 시수 내에서 학생이 해당 교과 교육과정의 성취기준을 이수하는 것이 가능한지 점검해야 한다.

창의적 체험활동 역시 기준 수업 시수의 20% 범위 내에서 증감 편성이 가능하다. 학교의 필요에 따라 창의적 체험활동 기준 수업 시수(306시간)의 20% 범위 내 시수(약 61시간)를 교과로부터 가져와 창의적 체험활동으로 편성할 수 있고, 반대로 해당 범위 내의 시수를 창의적 체험활동으로부터 교과로 가져와 편성할 수 있다. 한편 창의적 체험활동의 20% 범위 내에서 시수를 감축하여 편성할 때는 창의적 체험활동이 지닌 본연의 교육 목적을 달성할 만한 충분한 시수인지 검토해야 한다. 학생은 창의적 체험활동을 통해 자아 정체성을 확립하고 다른 사람과 더불어 살아가는 태도를 증진하며, 자신의 진로를 적극적으로 탐색하는 능력 등을 기를 수 있다. 또한 학교는 자유학기, 학교스포츠클럽 활동, 학교자율시간, 진로연계교육 등을 운영하기 위해 창의적 체험활동의 시수를 활용할 수 있다. 따라서 창의적 체험활동을 통해 학생이 균형 잡힌 학습을 할 수 있는지 확인하면서 시수를 조정하는 것이 바람직하다.

> **학교자율시간의 개념**
> 지역 연계 및 다양하고 특색 있는 교육과정 운영을 위해 학교에서 자율적으로 편성·운영할 수 있는 시간

(3) 학교스포츠클럽 활동

중학교 학교스포츠클럽 활동은 학교폭력근절 종합대책의 일환으로 2009 개정 교육과정의 부분 개정을 통해 국가 교육과정에 처음 도입되었으며, 2015 개정 교육과정을 거쳐 2022 개정 교육과정에서도 유지되었다. 2022 개정 교육과정에서는 학교스포츠클럽 활동을 통해 건전한 심신 발달과 정서 함양이 이루어질 수 있도록 강조하면서, 스포츠 활동 고유의 목적인 '삶 속에서의 스포츠 문화 향유'를 목적으로 새롭게 제시하였다. 따라서 2022 개정 교육과정에 따른 학교스포츠클럽 활동은 학교 폭력 예방 및 학생의 바람직한 인성 함양과 함께 학생이 스포츠 문화를 지속적으로 향유할 수 있는 태도와 역량을 기르는 데 중점을 둘 필요가 있다.

> 5) 학교는 학생들이 삶 속에서 스포츠 문화를 지속적으로 향유하여 건전한 심신 발달과 정서 함양이 이루어질 수 있도록 학교스포츠클럽 활동을 편성·운영한다.
> 가) 학교스포츠클럽 활동은 창의적 체험활동의 동아리 활동으로 매 학기 편성하며, 학년별 연간 34~68시간(총 136시간) 운영한다. 〈개정 2024.8.16.〉
> 나) 학교스포츠클럽 활동의 시간은 교과(군)별 및 창의적 체험활동 시수의 20% 증감 범위를 고려하여 확보하거나, 창의적 체험활동 시수를 순증하여 확보한다. 학교 여건에 따라 연간 68시간 운영하는 학년에서는 34시간 범위 내에서 학교스포츠클럽 활동을 체육으로 대체할 수 있다. 〈신설 2024.8.16.〉
> 다) 학교스포츠클럽 활동의 종목과 내용은 학생들의 희망을 반영하여 학교가 결정하되, 다양한 종목을 개설하여 학생들의 선택권이 보장되도록 한다.

(4) 학교스포츠클럽 활동의 운영

학교스포츠클럽 활동의 종목과 내용은 학생의 희망을 반영하여 학교가 정하되, 다양한 종목을 개설함으로써 학생의 선택권을 보장하는 것이 중요하다. 신입생은 학년 초, 재학생은 이전 학기 말에 선호 종목을 조사하여 학교스포츠클럽 활동 종목과 내용 선정 시 이를 반영할 필요가 있다. 또한 학교는 다양한 종목을 개설·운영하기 위해서 해당 종목을 지도할 수 있는 교·강사를 확보하고 관련 시설이나 장비 등을 구비해야 한다. 이를 위해 시·도 교육청이나 지방자치단체 등에서 제공하는 지원 방안을 살펴보거나, 지역 사회의 활용 가능한 자원을 확인하고 인근 학교와의 협력 방안을 모색하는 것이 좋다. 2022 개정 교육과정의 학교스포츠클럽 활동 편성·운영 시 변화된 내용을 정리하면 다음과 같다.

부록

◉ 학교스포츠클럽 활동의 변화 ^{2024 B 6번}

구분	2015 개정 교육과정	2022 개정 교육과정
학교스포츠 클럽 활동의 운영 목적	• 학생 심신의 건강한 발달과 정서 함양	• 삶 속에서 스포츠 문화 향유 • 학생의 건전한 심신 발달과 정서 함양
학교스포츠 클럽 활동 운영 시간	• 학년별 연간 34~68시간(총 136시간)을 매 학기 편성	• 학년별 연간 34~68시간(총 136시간)을 매 학기 편성
학교스포츠 클럽 활동의 편성	• 창의적 체험활동의 동아리 활동으로 편성. 단, 연간 68시간 운영 시 34시간 범위 내에서 체육으로 대체 가능 • 교과(군)별 시수의 20% 범위 내에서 감축하거나, 창의적 체험활동을 순증하여 운영 시수 확보	• 창의적 체험활동의 동아리 활동으로 편성. 단, 연간 68시간 운영 시 34시간 범위 내에서 체육으로 대체 가능 • 교과(군)별 시수의 20% 범위 내에서 감축하거나, 창의적 체험활동을 순증하여 운영 시수 확보
학교스포츠 클럽 활동의 운영	• 종목과 내용은 학생의 희망을 반영하여 학교가 결정 • 학생의 선택권을 보장하도록 다양한 종목을 개발·운영	• 종목과 내용은 학생의 희망을 반영하여 학교가 결정 • 학생의 선택권을 보장하도록 다양한 종목을 개발·운영

2. 고등학교

◉ 개정 시기별 초·중등학교 교육과정

2009 개정 교육과정	2015 개정 교육과정	2022 개정 교육과정
• 공통 교육과정: 초등학교 1학년~중학교 3학년 • 선택 교육과정: 고등학교 1학년~3학년	• 공통 교육과정: 초등학교 1학년~중학교 3학년 • 선택 중심 교육과정: 고등학교 1학년~3학년	• 공통 교육과정: 초등학교 1학년~중학교 3학년 • 학점 기반 선택 중심 교육과정: 고등학교 1학년~3학년

2022 개정 교육과정에서 고등학교의 큰 변화는 학점기반 선택교육과정으로 볼 수 있다. 고교학점제의 전면 도입에 맞추어 학생의 진로와 적성을 고려하여 맞춤형 교육이 가능하도록 다양한 과목을 신설하는 등 학점기반 교육과정을 마련하게 된 것이다. 이를 위해 먼저 2022 개정 교육과정에 따른 고등학교 교육과정은 공통과목과 선택과목으로 구성되었으며 선택과목은 다시 3가지 세부 과목(일반선택과목, 진로선택과목, 융합선택과목)으로 분류되고 있다. 일반선택과목은 각

교과의 학문 영역 내의 주요 학습내용의 이해 및 탐구를 위한 과목이고, 진로선택과목은 학생들이 진로선택과목을 통해 보다 심화된 학습이나 자신의 진로에 도움이 되는 과목이다. 끝으로, 융합선택과목은 융합적인 주제학습, 문제해결 학습이나 실생활 맥락 속에서 적용 및 실천하는 과목이다.

(1) 일반 고등학교와 특수 목적 고등학교(산업수요 맞춤형 고등학교 제외)

교과(군)	공통 과목	필수 이수 학점	자율 이수 학점
체육		10	학생의 적성과 진로를 고려하여 편성
소계		84	90
창의적 체험활동		18(288시간)	
총 이수 학점		192	

특수 목적 고등학교
예 외국어고등학교, 국제고등학교, 과학고등학교, 예술고등학교, 체육고등학교

(2) 특성화 고등학교와 산업수요 맞춤형 고등학교

	교과(군)	공통 과목	필수 이수 학점	자율 이수 학점
보통 교과	체육		8	학생의 적성과 진로를 고려하여 편성
	소계		64	30
전문 교과	17개 교과(군)		80	
창의적 체험활동		18(288시간)		
총 이수 학점		192		

> **특성화 고등학교**
> 특성화 고등학교란 특정분야의 인재양성을 목적으로 하는 교육 또는 자연현장학습 등 체험 위주의 교육을 전문으로 실시하는 고등학교이다.
> ⑩ 경기기계공업고등학교, 경북세무고등학교, 상지미래경영고등학교 등
>
> **산업수요 맞춤형고(마이스터고등학교)**
> 마이스터고등학교란 유망분야의 특화된 산업수요와 연계하여 예비 마이스터(Young Meister)를 양성하는 고등학교이다.
> ⑩ 미림여자정보과학고등학교, 서울도시과학기술 고등학교, 서울로봇고등학교, 수도전기공업고등학교 등

(3) 고등학교 학점의 의미 및 수업량 기준의 변화

2015 개정 교육과정에서는 1단위 수업량이 17회(16+1)였지만 2025년 입학생부터는 1학점 수업량이 16회이다. 이와 같이 1학점 수업량이 17회에서 16회로 변경되었지만, 수업일수는 기존의 190일 이상이 유지되기 때문에 학교에서는 학사 운영 방안을 적절하게 수립해야 한다. 학교는 16회 수업 실시 후의 시간을 활용하여 과목 미이수 학생을 대상으로 최소 성취수준 보장 지도를 실시하거나 진로·진학 상담 등 학교에서 자율적인 프로그램을 운영할 수 있다.

교과(군)	공통 과목	선택 과목		
		일반 선택	진로 선택	융합 선택
체육		체육1, 체육2	운동과 건강, 스포츠 문화*, 스포츠 과학*	스포츠 생활1, 스포츠 생활2

고등학교 각 선택 과목의 기본 학점은 4학점(체육, 예술, 교양은 3학점)으로 조정한 뒤 각 과목의 증감 범위를 ±1로 결정하여 학교 교육과정 편성운영의 유연성을 확보함으로써 학생의 진로에 보다 적합한 과목을 이수할 수 있도록 하였다.

체육교과의 선택과목은 총 7개 과목으로 개설되고 있으며, 고등학교 3년 동안 필수 이수 학점은 10학점으로 설정되어 있다. 지난 교육과정과 마찬가지로 체육 교과는 고등학교(특성화 고등학교와 산업수요 맞춤형 고등학교 제외)에서 학생들이 매 학기 이수할 수 있도록 장치가 마련되었다. 다만, 7개 선택 과목 중 * 표시된 과목(스포츠 문화, 스포츠 과학)의 기본 학점은 2학점이며, 1학점 범위 내에서 감하여 편성·운영할 수 있다.

(4) 선택 과목의 기본 학점 및 증감 편성·운영

2022 개정 교육과정에서는 선택 과목의 기본 학점을 4학점으로, 증감 범위는 1학점으로 통일하였다. 다만, 체육, 예술, 교양 교과(군) 선택 과목의 기본 학점은 3학점으로, 1학점 범위 내에서 증감하여 편성·운영할 수 있고, '스포츠 문화', '스포츠 과학', '생애 설계와 자립'의 <u>과목은 기본 학점을 2학점으로, 1학점 범위 내에서 감하여 편성·운영할 수 있다.</u> 2024 B 6번

◎ **과목별 이수 기본 학점과 증감 범위**

과목 구분	과목	기본 학점	편성·운영 범위	비고
선택 과목	체육/예술/교양 교과(군)의 선택 과목	3학점	2~4학점	1학점 내 증감(±) 가능
	스포츠 문화, 스포츠 과학, 생애 설계와 자립	2학점	1~2학점	1학점 내 감(−) 가능

(5) 체육 교과의 편성·운영

체육 교과를 매 학기(3년간 총 10학점 이상) 편성·운영하도록 한 지침은 고등학생의 신체 건강, 인성 교육, 사회성 발달, 학교 폭력 예방 차원에서 2009 개정 교육과정부터 시행된 것이다(교육부 고시 제2013-7호, 2013.12.18.). 단, 특성화 고등학교와 산업수요 맞춤형 고등학교에서는 현장 실습이 있는 학년에서 현실적으로 운영에 어려움이 있을 경우 체육 교과를 탄력적으로 편성·운영할 수 있다.

계열	교과 (군)	선택 과목				
		진로 선택				융합 선택
체육 계열	체육	스포츠 개론	육상	체조	수상 스포츠	스포츠 교육
		기초 체육 전공 실기	심화 체육 전공 실기	고급 체육 전공 실기	스포츠 경기 체력	스포츠 생리의학
		스포츠 경기 기술	스포츠 경기 분석			스포츠 행정 및 경영

① 특수 목적 고등학교 선택 과목은 과학, 체육, 예술 계열에 관한 과목으로 한다.

Ⅳ 2022 체육과 교육과정의 주요 개정 내용

01 (신설) 설계의 개요

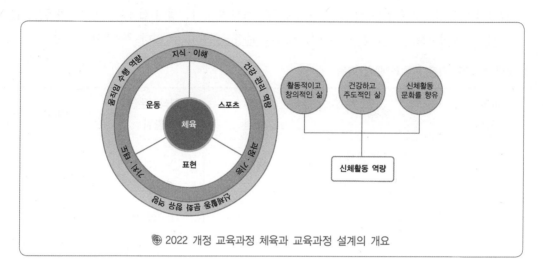

◉ 2022 개정 교육과정 체육과 교육과정 설계의 개요

1. 체육 교과의 목표 2025 A 5번

체육과는 활동적이고 창의적인 삶, 건강하고 주도적인 삶, 신체활동 문화를 향유하며 사회 속에서 바람직하고 더불어 사는 삶을 영위할 수 있는 신체활동 역량을 기르는 것을 목표로 한다.

① 움직임 관련 지식을 이해하고, 움직임의 목적과 환경에 적합하게 움직임 기술을 수행하며, 움직임 수행에 필요한 가치와 태도를 실천한다.

② 건강 관련 지식을 이해하고, 생애 전반에 걸쳐 건강을 증진 및 관리하며, 건강의 증진과 관리에 필요한 가치와 태도를 실천한다.

③ 신체활동의 고유한 문화 특성을 이해하고, 신체활동 문화를 일상생활에서 누리며, 다양한 문화 양식에 내재한 가치와 태도를 실천한다.

2. 교과 역량의 변화

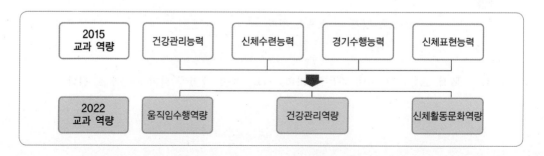

02 영역의 변화

2015 개정 교육과정에서 체육과 영역은 5가지로 제시되었다가 2022 개정 교육과정에서는 '운동', '스포츠', '표현'의 세 가지 영역으로 구성되며, 이는 움직임 기술의 발달을 통해 조직화되고 제도화된 신체활동 형식이다.

2015 개정 교육과정		2022 개정 교육과정		
영역	**세부영역**	**영역**	**세부영역**	
건강	• 건강과 체력평가 • 건강과 체력관리 • 여가와 운동처방	운동	체력운동	체력 증진 / 체력 관리 / 운동처방
도전	• 동작 도전 • 기록 도전 • 투기 도전		건강활동	신체 건강 활동 / 정신 건강 활동 / 사회적 건강 활동
경쟁	• 영역형 경쟁 • 필드형 경쟁 • 네트형 경쟁	스포츠	기술형 스포츠	동작형 스포츠 / 기록형 스포츠 / 투기형 스포츠
표현	• 스포츠 표현 • 전통 표현 • 현대 표현		전략형 스포츠	영역형 스포츠 / 필드형 스포츠 / 네트형 스포츠
안전	• 스포츠 활동 안전 • 스포츠 환경 안전 • 여가 스포츠 안전		생채형 스포츠	생활 환경형 스포츠 / 자연 환경형 스포츠
		표현	• 스포츠 표현 • 전통 표현 • 현대 표현	

03 (신설) 핵심 아이디어 의미

영역별 핵심 아이디어는 '운동', '스포츠', '표현'이라는 신체활동 형식의 개인적·사회적 가치, 활동의 원리와 맥락, 실천 및 활용 방식에 따라 설정되었다.

2015 개정 교육과정		2022 개정 교육과정	
영역	교과의 성격을 가장 잘 나타내주는 최상위의 교과 내용 범주	**영역**	교과의 기초 개념이나 원리
핵심 개념	교과의 기초 개념이나 원리	**핵심 아이디어**	학습자가 교과 학습을 통해 궁극적으로 내면화, 체화, 자기지식으로 만들어 전이되어 새로운 상황에 적용할 수 있는 것
일반화된 지식	학생들이 해당 영역에서 알아야 할 보편적인 지식		

- 운동은 건강한 삶의 기반이 되고, 건강은 체력 및 건강 증진 운동과 다양한 건강 활동을 통해 증진되며, 운동을 통해 습득한 건강한 생활 습관은 주도적이고 행복한 삶을 견인한다.
- 스포츠는 인간이 제도화된 규범과 문화를 통해 타인과 소통하며 사회 속에서 더불어 사는 존재로 성장하도록 하며, 표현은 생각과 감정의 심미적이고 창의적인 움직임을 통해 자유롭고 주체적인 삶을 살아가도록 한다.

04 (신설) 3가지 범주

1. 내용 요소의 3가지 범주

내용 요소는 영역별 핵심 아이디어에 따라 '지식·이해', '과정·기능', '가치·태도'의 3가지 범주로 제시되었다.

내용 요소의 범주	내용
지식·이해	• 명제적 지식(각 내용 영역에서 이해해야 하는 개념이나 원리 등) • 방법적 지식(명제적 지식을 실제 상황에서 수행할 수 있는 기술이나 활동 방법 등)
과정·기능	• 체육과의 '지식·이해' 요소를 탐구하는 절차적 지식과 결과적으로 발휘할 수 있는 능력
가치·태도	• 신체활동의 학습 과정에서 습득되는 바람직한 성품(총론에서 강조하는 '핵심 역량', '생태교육', '민주시민교육' 등의 가치와 언어, 수리, 디지털 소양 등의 '기초 소양'을 반영하여 총론의 목표를 체육과에서 구현할 수 있도록)

2. 내용 요소의 계열화

내용 요소는 다음 표와 같이 학년군별 내용 요소의 선정 원리에 따라 계열화되었다.

학년군 \ 내용	지식·이해		가치·태도	과정·기능
	명제적 지식	방법적 지식		
3~4학년군		입문을 위한 기초 기술		
5~6학년군	개념적 수준	⬇ 참여를 위한 복합 기술	개인	인지, 시도, 수용
중학교 1~3학년군	⬇ 원리적 수준	⬇ 제도화된 활동을 위한 응용 기술	⬇ 대인	⬇ 분석, 적용, 실천
고등학교	⬇ 이론적 수준	⬇ 정식 활동의 심화 및 전문 기술	⬇ 사회	⬇ 평가, 구성, 지속

Ⅴ 2022 체육과 교육과정 주요 내용 교육부 고시 제2022-33호 [별책 11]

01 교육과정 설계의 개요

체육과는 활동적이고 창의적인 삶, 건강하고 주도적인 삶, 신체활동 문화를 향유하며 사회 속에서 바람직하고 더불어 사는 삶을 추구한다.

체육과가 추구하는 삶은 세 가지 신체활동 역량을 갖춤으로써 실현된다.

첫째, '움직임 수행 역량'은 신체활동 형식에 적합한 움직임의 기능과 방법을 효율적, 심미적으로 발휘할 수 있는 능력으로 운동, 스포츠, 표현 활동 과정에서 움직임에 필요한 지식, 기능, 태도를 다양한 상황에 적용하며 발달한다.

둘째, '건강 관리 역량'은 체력 및 신체적, 정신적, 사회적 건강을 유지하고 증진하는 능력으로 체육과 내용 영역에서 학습한 신체활동을 일상생활에서 실천하고, 개인과 사회적 측면에서 건강을 저해하는 요소에 적극적으로 대처하며 함양된다.

셋째, '신체활동 문화 향유 역량'은 다양한 신체활동 문화를 전 생애 동안 즐기며 타인과 상호작용할 수 있는 능력으로 각 신체활동 형식의 특성을 이해하고 인류가 축적한 문화적 소양을 내면화하여 공동체 속에서 실천하면서 길러진다.

이해자료

구분	의미
움직임 수행 역량	신체활동의 본질인 움직임 관련 지식을 이해하고, 다양한 움직임 기능과 방법을 상황과 맥락에 맞게 효율적, 효과적, 심미적으로 발휘하며, 그 가치를 실천할 수 있는 역량
건강 관리 역량	신체활동이 체력 및 건강에 미치는 영향을 이해하고, 생애 전반에 걸쳐 체력 및 건강을 증진, 관리할 수 있으며, 신체적, 정신적, 사회적 건강의 가치를 실천할 수 있는 역량
신체활동 문화 향유 역량	다양한 신체활동 문화를 전 생애 동안 즐기며 타인과 상호작용할 수 있는 능력으로 각 신체활동 형식의 특성을 이해하고 인류가 축적한 문화적 소양을 내면화하여 공동체 속에서 실천하면서 길러진다.

출처 : 2022 대한민국 체육교육 축전 기조강연 일부

신체활동 역량은 총론이 추구하는 인간상을 실현하는 기반이 된다. ^{2024 B 6번} 자기 주도성은 건강한 삶을 위해 다양한 건강 관련 문제를 적극적, 주도적으로 해결하는 과정에서 학습되고, 창의적 사고는 신체적으로 활동적인 삶을 사는 데 필요한 움직임을 다양한 환경에서 수행하고 적용함으로써 길러지며, 포용성과 시민성은 신체활동에 참여하며 공동체의 가치 있는 규범과 문화를 인식하고 공유함으로써 함양된다.

이해자료

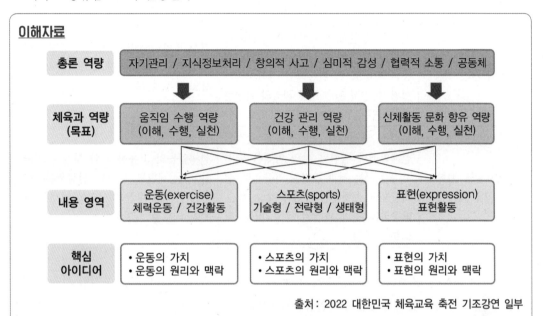

출처 : 2022 대한민국 체육교육 축전 기조강연 일부

가. 체육과 역량(목표)

2022 개정 체육과 교육과정에서 추구하는 삶은 활동적인 삶, 건강한 삶, 신체활동 문화를 향유하는 삶으로, 체육과에서 추구하는 삶은 교과의 학습이 삶과 관련된 학습을 강조하는 총론의 인간상을 토대로 설정되었다. 총론의 인간상은 자기주도적인 사람, 창의적인 사람, 교양있는 사람, 더불어 사는 사람으로 제시되었으며, 이 인간상을 구현하기 위해 총론의 핵심 역량(자기관리 역량, 지식정보 처리 역량, 창의적 사고 역량, 심미적 감성 역량, 협력적 소통 역량, 공동체 역량)을 제시하였다. 총론의 핵심 역량을 근간으로 체육 교과의 역량(＝신체활동 역량)은 움직임 수행 역량, 건강 관리 역량, 신체활동 문화 향유 역량으로 제시되고 있다.

체육 교과의 목표는 총괄 목표와 세부 목표로 구분되었으며, 총괄 목표에서는 체육과에서 추구하는 삶을 영위하기 위해 달성해야 하는 목표가 신체활동 역량으로 제시되었고, 세부 목표는 각각의 신체활동 역량으로 구체화된 것이 특징이다.

신체활동 역량	각 역량의 의미	체육과의 세부 목표
움직임 수행 역량	움직임의 다양한 형식들(운동, 스포츠, 댄스, 경기)의 수행과 관련된 역량으로, 물리적 차원뿐만 아니라 정신적 및 문화적 차원의 움직임 수행과 관련된 지식, 기능, 태도를 포함함	움직임 관련 지식을 이해하고, 움직임의 목적과 환경에 적합하게 움직임 기술을 수행하며, 움직임 수행에 필요한 가치와 태도를 실천한다.
건강 관리 역량	신체적, 정신적, 사회적으로 건강을 발달하는 것과 관련된 역량으로, 신체활동을 토대로 한 활동적인 생활방식의 실천 및 건강 관련 행동 관리와 관련된 지식, 기능, 태도를 포함함	건강 관련 지식을 이해하고, 생애 전반에 걸쳐 건강을 증진 및 관리하며, 건강의 증진과 관리에 필요한 가치와 태도를 실천한다.
신체활동 문화 향유 역량	문명화 과정에서 형식화되고 축적된 신체활동과 관련된 삶의 양식을 즐기고 공유하는 것과 관련된 역량으로, 신체활동의 수행뿐만 아니라 감상, 학습, 탐구하는 것과 관련된 지식, 기능, 태도를 포함함	신체활동의 고유한 문화 특성을 이해하고, 신체활동 문화를 일상생활에서 누리며, 다양한 문화 양식에 내재한 가치와 태도를 실천한다.

체육과의 내용은 '운동', '스포츠', '표현'의 세 가지 영역으로 구성되며, 이는 움직임 기술의 발달을 통해 조직화되고 제도화된 신체활동 형식이다.

이해자료

출처 : 2022 대한민국 체육교육 축전 기조강연 일부

나. 체육과 내용 체계와 내용 요소

체육과의 내용 체계는 신체활동의 형식(forms)을 기준으로, 운동, 스포츠, 표현으로 구성되었다. 운동 영역은 체력운동과 건강활동으로 중영역이 구성되었고, 스포츠 영역은 기술형 스포츠, 전략형 스포츠, 생태형 스포츠로 구성되었으며, 표현은 표현활동으로 중영역이 설정되었다.

'운동' 영역은 체력과 운동 기능 향상, 건강 증진을 목적으로 수행하는 신체활동 형식으로, 체력 운동과 건강 활동으로 구분된다.

'스포츠' 영역은 제도화되고 조직화된 신체활동과 다양한 환경과의 상호작용을 통해 생태적 결합을 추구하는 신체활동 형식으로, 기술의 수월성을 겨루는 '기술형 스포츠', 전략에 따라 승패가 결정되는 '전략형 스포츠', 다양한 환경 맥락에 따라 활동 특성이 나타나는 '생태형 스포츠'로 분류된다.

'표현' 영역은 생각과 감정을 연속된 움직임과 다양한 동작으로 표현하는 신체활동 형식이다.

이해자료

영역	중영역	의미
운동	체력 운동	신체적성(physical fitness)의 향상과 이를 통한 신체수행(physical performance) 능력 향상을 위한 운동
	건강 활동	신체적, 정신적, 사회적 건강을 관리하기 위한 운동 및 활동, 건강 운동 및 증진 활동으로 구분
스포츠	기술형 스포츠	기본 움직임인 이동, 비이동 움직임 기술을 개인 수준, 환경 수준, 대인 수준으로 대응하면서 복합적, 조직적으로 심화해 가며, 기술적 수월성을 발휘하는 스포츠
	전략형 스포츠	이동 및 비이동 기술을 활용하되, 주로 조작 기술을 중심으로 제도화된 규칙 안에서 팀 간에 전략적으로 경쟁하는 스포츠
	생태형 스포츠	생활 주변 및 자연 환경 등 다양한 환경적 맥락 속에서 인간과 환경의 상호작용 및 생태적 결합을 추구하는 스포츠
표현	표현 활동	기본 움직임을 바탕으로 생각과 느낌을 다양한 동작으로 표현하는 활동

출처: 2022 대한민국 체육교육 축전 기조강연 일부

체육과의 학년군별 내용 요소는 2022 개정 교육과정 총론에서 모든 교과에 반영을 요구한 영역별 핵심 아이디어와 세 가지 범주(지식·이해, 가치·태도, 과정·기능)를 바탕으로, 학년군별(3-4학년군, 5-6학년군, 중학교 1-3학년군, 고등학교) 내용 요소를 다음과 같이 선정 및 조직하였다. 먼저 체육과 지식·이해 범주의 내용 요소는 명제적 지식과 방법적 지식으로 이원화되었으며, 명제적 지식은 지식을 구성하는 내용 수준에 따라, 방법적 지식은 움직임 기술의 수준에 따라 분류되었다. 반면, 과정·기능 범주의 내용 요소는 지식·이해 범주의 학습 과정을 통해 달성되기를 기대하는 행동을 중심으로 선정되었고, 가치·태도 범주의 내용 요소는 신체활동을 통해 내면화되고 실천되기를 기대하는 가치와 태도 덕목으로 신체활동에 참여하는 사람이 지켜야 할 바람직한 행동으로 제시되었다.

영역별 핵심 아이디어는 '운동', '스포츠', '표현'이라는 신체활동 형식의 개인적·사회적 가치, 활동의 원리와 맥락, 실천 및 활용 방식에 따라 설정되었다.

운동은 건강한 삶의 기반이 되고, 건강은 체력 및 건강 증진 운동과 다양한 건강 활동을 통해 증진되며, 운동을 통해 습득한 건강한 생활 습관은 주도적이고 행복한 삶을 견인한다.

스포츠는 인간이 제도화된 규범과 문화를 통해 타인과 소통하며 사회 속에서 더불어 사는 존재로 성장하도록 하며, 표현은 생각과 감정의 심미적이고 창의적인 움직임을 통해 자유롭고 주체적인 삶을 살아가도록 한다.

이해자료

⊙ 핵심 아이디어

운동	가치	운동은 체력과 건강을 관리하는 주요 방법으로, 생애 전반에 걸쳐 건강한 삶의 토대가 된다.
	원리	체력은 건강의 기초가 되며, 건강은 신체적 특성에 맞는 운동과 생활 습관을 계획하고 관리함으로써 증진된다.
	활용	인간은 생활 속에서 운동을 즐기고, 심신의 건강을 유지하며, 행복한 삶을 영위한다.
스포츠	가치	스포츠는 인간이 제도화된 규범과 움직임 기술을 바탕으로 타인 및 주변 세계와 소통하며 바람직한 구성원으로 성장하는 데 이바지한다.
	원리	스포츠는 인간이 환경과 상호작용하고 다양한 기술과 창의적인 전략을 발휘하며 한계를 극복하는 과정에서 발달한다.
	활용	인간은 스포츠를 다양한 방식으로 체험함으로써 움직임의 즐거움을 느끼고 활동적인 삶의 태도를 배운다.
표현	가치	표현 활동은 인간이 신체 움직임에 생각과 감정을 담아 심미적으로 표현하는 과정에서 창의적인 삶의 태도를 형성하고, 예술적 신체활동 문화를 향유할 수 있도록 한다.
	원리	표현 활동은 기본 움직임에 표현 원리가 적용되어 다양한 유형으로 구현되며, 구성 및 창작의 과정을 통해 발달한다.
	활용	인간은 다양한 표현 활동을 체험함으로써 움직임의 심미적 가치를 내면화하며 자유롭고 주체적으로 사는 방법을 터득한다.

출처: 2022 대한민국 체육교육 축전 기조강연 일부

내용 요소는 영역별 핵심 아이디어에 따라 '지식·이해', '과정·기능', '가치·태도'의 세 가지 범주로 제시되었다.

'지식·이해' 요소는 체육과의 내용 지식을 구성하는 명제적 지식(각 내용 영역에서 이해해야 하는 개념이나 원리 등)과 방법적 지식(명제적 지식을 실제 상황에서 수행할 수 있는 기술이나 활동 방법 등)을 의미한다.

'과정·기능' 요소는 체육과의 '지식·이해' 요소를 탐구하는 절차적 지식과 결과적으로 발휘할 수 있는 능력을 의미하며, '가치·태도' 요소는 이러한 신체활동의 학습 과정에서 습득되는 바람직한 성품을 의미한다.

이해자료

범주	의미
지식·이해	• 교과 학습을 통해 알아야 할 구체적인 내용과 그것에 대한 이해의 내용을 포함함 • 해당 교과 영역에서 알고 이해해야 할 내용 요소, 개념, 원리
과정·기능	• 지식을 습득하는 데 활용되는 사고 및 탐구 과정, 교과 고유의 절차적 지식 등을 의미함 • 지식의 이해와 적용을 가능하게 하며, 학습의 결과 학생들이 교과 내용을 가지고 할 수 있어야 하는 구체적인 능력
가치·태도	• 교과 활동을 통해서 기를 수 있는 고유한 가치 및 태도를 의미함 • 교과의 학습 과정에서 습득되는 교과 내용과 관련된 태도와 교과를 학습하여 내면화한 사람이 습득하게 되는 가치 태도를 의미함

출처: 2022 대한민국 체육교육 축전 기조강연 일부

특히 체육과의 내용 요소에는 총론에서 강조하는 '핵심 역량', '생태교육', '민주시민교육' 등의 가치와 언어, 수리, 디지털 소양 등의 '기초 소양'을 반영하여 총론의 목표를 체육과에서 구현할 수 있도록 하였다.

내용 요소는 학년군별 내용 요소의 선정 원리에 따라 계열화되었다.

• '지식 · 이해' 요소의 명제적 지식은 지식을 구성하는 내용 수준에 따라 개념과 원리로 구분되었고, 방법적 지식은 움직임 기술의 수준에 따라 신체활동 입문을 위한 기초 기술, 신체활동 참여를 위한 복합 기술, 제도화된 활동을 목표로 하는 응용 기술로 분류되었다.

• '가치 · 태도' 요소는 주관적 수준으로 나타나는 개인적 태도, 타인과의 관계 속에서 나타나는 대인적 태도, 보편적인 사회적 규범 수준에서 요구되는 사회적 태도로 분류되었다.

• 또한 '과정 · 기능' 요소는 '지식 · 이해', '가치 · 태도' 요소별로 학습 과정 및 결과에서 요구되는 행동을 학년군별 발달 수준에 맞게 제시하였다.

⊘ 학년군별 내용 요소의 선정 원리

내용 / 학년군	지식 · 이해		가치 · 태도	과정 · 기능
	명제적 지식	방법적 지식		
3~4학년군	개념적 수준 ⬇ 원리적 수준 ⬇ 이론적 수준	입문을 위한 기초 기술 ⬇ 참여를 위한 복합 기술 ⬇ 제도화된 활동을 위한 응용 기술 ⬇ 정식 활동의 심화 및 전문 기술	개인 ⬇ 대인 ⬇ 사회	인지, 시도, 수용 ⬇ 분석, 적용, 실천 ⬇ 평가, 구성, 지속
5~6학년군				
중학교 1~3학년군				
고등학교				

이해자료

◎ 교수학습방향

가. 신체활동 역량 함양을 위한 교수·학습	나. 움직임의 체계적 발달을 위한 교수·학습	다. 자기 주도적 학습을 위한 맞춤형 교수·학습
신체활동을 위한 학습, 신체활동에 관한 학습, 신체활동을 통한 학습의 균형과 실천 강조	움직임의 개념, 기술, 방법, 태도를 학년군별 수준에 적합하게 단계적으로 학습하는 것을 강조	학생 맞춤형 교수·학습을 통해 실현된다는 것을 강조한 교수·방향, 교사에 의해 안내된 학습과 학생이 직접 설계한 학습이 병행
라. 신체활동의 시간적·공간적 확장을 위한 교수·학습	마. 디지털 기술을 활용한 효율적 교수·학습	바. 창의성과 인성 함양을 위한 통합적 교수·학습
체육수업에서 습득한 신체활동 역량은 체육수업 밖, 즉 정과 외 체육활동이나 일상생활의 공간으로 전이, 현재의 학습이 개인의 생애 전반으로 전이될 수 있도록 함	디지털 도구, 매체, 소프트웨어, 영상 콘텐츠 등을 신체활동의 체험, 측정 및 기록 관리, 학습 모니터링 및 피드백 등에 활용, 온오프라인 연계 학습 강조	직접체험과 간접체험의 통합체육과 타교과 및 범교과 주제와의 통합을 통한 창의성, 인성 등 융합 역량의 학습을 강조

출처: 2022 대한민국 체육교육 축전 기조강연 일부

02 체육과 교수 · 학습의 방향

2022 개정 체육과 교육과정에서 강조하는 교수 · 학습 방향은 크게 6가지로 제시되고 있다.

> 1. 신체활동 역량 함양을 위한 교수 · 학습
> 2. 움직임의 체계적 발달을 위한 교수 · 학습
> 3. 자기 주도적 학습을 위한 맞춤형 교수 · 학습
> 4. 신체활동의 시간적 · 공간적 확장을 위한 교수 · 학습
> 5. 디지털 기술을 활용한 효율적 교수 · 학습
> 6. 창의성과 인성 함양을 위한 통합적 교수 · 학습

1. 신체활동 역량 함양을 위한 교수 · 학습

신체활동 역량 함양을 위한 교수 · 학습에서는 신체활동 역량 함양이 하나의 내용 영역 학습 또는 특정한 학습방식의 편향된 적용을 통해 달성되는 것이 아니라, 영역별 내용 요소를 바탕으로 설계된 과제 활동이 신체활동을 위한 학습, 신체활동에 관한 학습, 신체활동을 통한 학습을 통해 달성된다는 것을 강조하고 있다.

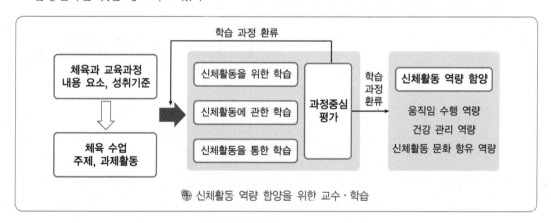

🏵 신체활동 역량 함양을 위한 교수 · 학습

2. 움직임의 체계적 발달을 위한 교수 · 학습

움직임의 체계적 발달을 위한 교수 · 학습에서는 체육 교과 역량 중의 하나인 움직임 수행 역량을 함양하기 위해 움직임의 요소를 이해하고 움직임의 원리를 기술 수행에 적용하며 다양한 신체활동 상황에서 효율적인 의사결정과 전략을 활용할 수 있는 점을 강조하고 있다.

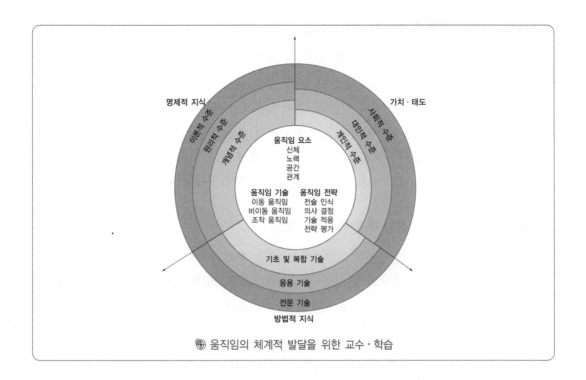

🌐 움직임의 체계적 발달을 위한 교수ㆍ학습

3. 자기 주도적 학습을 위한 맞춤형 교수ㆍ학습

자기 주도적 학습을 위한 맞춤형 교수ㆍ학습에서는 학생맞춤형 교수학습을 통해 자기주도성의 실현을 추구하고 있다. 이를 위해 학생맞춤형 교수학습은 교사에 의해 안내된 학습(교사에 의해 구축된 학습환경)과 학습자가 직접 설계한 학습이 병행되어야 함을 강조하고 있다. 구체적으로, 교사에 의해 안내된 학습은 학습자의 관심과 특성을 고려한 수준별 과제 제시, 자신감을 높여주는 동기 유발전략의 사용으로 안내되고 있다. 반면 학습자가 직접 설계한 학습은 학습자 스스로 과제 또는 문제를 파악하고 해당 과제 또는 문제를 해결할 수 있도록 교사는 탐구적 교수학습자료를 제공하고 동시에 학습과제, 시설, 기자재 등을 안전하고 효율적으로 조직해야 함을 강조하고 있다. 또한 학생맞춤형 교수학습의 일환으로 교수학습의 타당도가 높은 수업 모형 및 전략의 선정 또는 창의적인 변형을 강조하고 있다.

4. 신체활동의 시간적ㆍ공간적 확장을 위한 교수ㆍ학습

신체활동의 시간적ㆍ공간적 확장을 위한 교수ㆍ학습에서는 신체활동의 시간적 확장을 위해 초중고 학령기뿐만 아니라 전 생애주기별로 지속적으로 신체활동에 참여하며 다양한 문화적 삶의 향유를 강조하고, 신체활동의 공간적 확장을 위해서는 학생들이 학교뿐만 아니라 가정 및 집 주변, 지역사회에서 신체활동을 실천할 수 있는 자율성과 실천력의 증진을 강조하고 있다.

5. 디지털 기술을 활용한 효율적 교수·학습

디지털 기술을 활용한 효율적 교수·학습에서는 최근 국내외적으로 강조되고 있는 디지털 기술 활용도와 비대면 학습 방식의 중요성을 강조하고 있다. 이는 체육과 교수학습과정에서 온·오프라인을 연계하거나 디지털 기술을 활용함으로써 학습자의 신체활동 참여를 촉진하고 효율적인 학습활동을 확장할 수 있기 때문이다. 실제로 디지털 기술은 신체활동수준 확인, 학습 피드백, 학습 관리 등에 매우 유용한 정보를 제공할 수 있을 뿐만 아니라, 학습의 시공간적 제약을 극복할 수 있는 매우 유용한 도구이므로 체육과 교수학습에서 적극적으로 활용되어야 한다.

6. 창의성과 인성 함양을 위한 통합적 교수·학습

창의성과 인성 함양을 위한 통합적 교수·학습에서는 창의성과 인성을 함양하기 위해 2가지를 강조하고 있다. 하나는 체육교과 내 통합적 교수학습(직접체험활동과 간접체험활동)의 활용이며, 다른 하나는 체육 교과와 타교과(또는 범교과)의 융합 교육 실천이다.

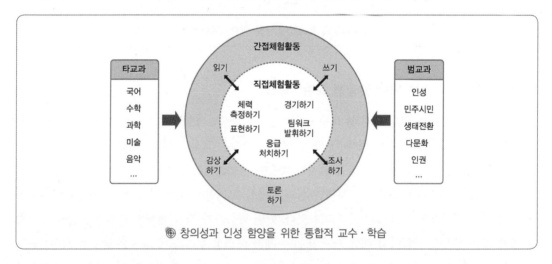

◉ 창의성과 인성 함양을 위한 통합적 교수·학습

03 ▶ 체육과 평가의 방향

2022 개정 체육과 교육과정에서 강조하는 평가 방향은 크게 3가지, 신체활동 역량 함양을 위한 종합적 평가, 학습자의 성장과정을 반영한 다양한 평가, 학습자의 수준을 고려한 맞춤형 평가로 제시되고 있다.

첫 번째 평가 방향인 신체활동 역량 함양을 위한 종합적 평가에서는 학습의 결과와 학습의 과정에서 습득된 능력을 종합적으로 평가할 수 있는 수행중심의 평가 활용을 강조한다. 이를 위해 구체적으로 평가 내용 측면, 평가 방법 측면, 평가 도구 측면으로 세부 방향성을 안내하고 있다. 평가 내용 측면에서는 모든 영역(운동, 스포츠, 표현)과 범주, 지식·이해, 과정·기능, 가치·태도)에 따라 분류된 내용 요소를 균형 있게 평가하고, 평가 방법 측면에서는 실제 맥락에서의 수행능력 평가를 강조하며, 평가 도구 측면에서는 신체활동 역량의 성취정도를 직간접적으로 파악할 수 있도록 다양한 도구 활용을 강조한다.

두 번째 평가 방향인 학습자의 성장과정을 반영한 다양한 평가에서는 학습자의 다양한 성장 양상에 따른 평가의 다면성을 3가지 측면에서 강조하고 있다. 한 가지 측면은 학습자의 학습 과정을 지원하는 평가의 일환으로 일회성 평가를 지양하고 평가의 일관성과 지속성을 준수하면서 학습자의 변화를 수업의 환류로 활용할 것을 강조한다. 또 다른 2가지 측면은 다양한 평가 주체(예 교사, 동료 학습자, 학습자 자신 등)의 활용과, 학습 영역(인지적, 심동적, 정의적 영역)에 따른 학습경험 평가에서의 다양한 평가 방법 및 도구의 활용이다.

세 번째 평가 방향인 학습자의 수준을 고려한 맞춤형 평가에서는 학습자의 특성과 수준에 따라 평가가 진행되어야 한다는 점을 강조하고 있다. 특히 교사는 단원 또는 수업 초기의 출발점 수준에 따라 도달해야 할 성취기준을 융통성 있게 설정할 수 있고 그 결과 학습자는 학습자 맞춤형 평가를 통해 자기 수준에 적합한 다양하고 구체적인 피드백을 제공받을 수 있게 된다.

04 고등학교 체육과 선택 과목

고등학교 체육과 선택 과목은 교육과정 총론의 선택 과목 구조(일반 선택, 진로 선택, 융합 선택)에 따라 다음과 같이 개설되었다. 체육과 일반 선택 과목은 체육1, 2로, 이 2개 과목은 중학교 체육의 종합적 심화 과정으로 교과목을 편성함으로써 체육의 학문적(전문적)을 포괄적으로 학습할 수 있는 과목이다. 체육과 진로 선택 과목은 운동과 건강, 스포츠 문화, 스포츠 과학으로, 이 3개 과목은 체육 분야 진로를 건강 관련 계열과 스포츠 관련 계열로 구분한 결과 개설된 것이다. 체육과 융합 선택 과목은 스포츠 생활1, 2로, 체육활동과 실생활의 융합을 통해 체육에 대한 폭 넓은 안목을 갖고 평생 스포츠로 확장할 수 있도록 구성된 것이다.

구분	일반 선택	진로 선택	융합 선택
과목명	• 체육1 • 체육2	• 운동과 건강 • 스포츠 문화 • 스포츠 과학	• 스포츠 생활1 • 스포츠 생활2

고등학교 체육과 선택 과목별 세부 내용의 특징을 소개하면, 일반 선택 과목인 체육1, 2는 중학교 체육의 3개 대영역(운동, 스포츠, 표현)을 기계적으로 분절한 것이 특징이다. 다만, <체육1>은 운동영역과 스포츠 영역의 중영역 내용을 활용하여 스포츠의 생활화와 이를 통한 건강 증진을 도모한다는 차원에서 건강관리, 전략형 스포츠, 생태형 스포츠 영역으로 구성되었다. <체육2>는 체육1에서 빠진 나머지 운동과 스포츠 영역의 중영역과 표현 대영역을 제시함으로써 스포츠의 생활화와 움직임의 수월성 향상을 추구하였고 그 결과 체력 증진, 기술형 스포츠, 표현 영역으로 구성되었다.

체육과 진로 선택 과목인 <운동과 건강>은 '체력운동'과 '건강운동' 영역으로 구성되었다. 이 중에서 건강 운동은 중학교 체육의 기술형 스포츠와 표현 활동으로 구성되었다. <스포츠 문화>는 스포츠를 통해 폭 넓고 다양한 문화적 안목을 갖추고 다양한 양식으로 확장할 수 있도록 스포츠 인문문화와 스포츠 경기문화 영역으로 구성되었고, <스포츠 과학>은 스포츠의 사회과학적 원리와 자연과학적 원리를 탐구하여 체육 교과 내의 이론과 실제를 통합할 수 있도록 스포츠와 사회과학, 스포츠와 자연과학 영역으로 구성되었다.

체육과 융합 선택 과목은 스포츠를 실생활에서 심화하여 융합적으로 체험하고 응용할 수 있도록 <스포츠 생활1>에서는 영역형 스포츠와 생활·자연환경형 스포츠, <스포츠 생활2>에서는 네트형 스포츠와 필드형 스포츠 영역으로 구성되었다.

구조	과목명	내용 구성
일반 선택	체육1	건강관리, 전략형 스포츠, 생태형 스포츠
	체육2	체력 증진, 기술형 스포츠, 표현 활동
진로 선택	운동과 건강	건강운동, 체력운동
	스포츠 문화	스포츠 인문 문화, 스포츠 경기 문화
	스포츠 과학	스포츠와 사회과학, 스포츠와 자연과학
융합 선택	스포츠 생활1	영역형 스포츠, 생활자연환경형 스포츠
	스포츠 생활2	네트형 스포츠, 필드형 스포츠

참고문헌

유정애 외(2019). 체육수업모형 3판. 대한미디어

조미혜 외(2003). 체육 교수 스타일. 대한미디어

최의창(2003). 체육교육탐구. 도서출판 태근

유정애(2003). 체육수업비평. 무지개사

손천택 · 박정준(2017). 체육교수이론. 대한미디어

강신복 · 손천택(1991). 체육교수이론. 보경문화사

손천택(2015). 체육교수학습론. 교육과학사

김대진(2017). 스포츠교육학 총론 2판. 교육과학사

유정애(2016). 체육교육과정 총론 3판. 대한미디어

권은성
ZOOM 전공체육　　　　　스포츠교육학

초판인쇄 | 2025. 1. 10.　**초판발행** | 2025. 1. 15.

편저자 | 권은성　**발행인** | 박 용

표지디자인 | 박문각 디자인팀　**발행처** | (주)박문각출판

등록 | 2015년 4월 29일 제2019-000137호

주소 | 06654 서울특별시 서초구 효령로 283 서경 B/D

전화 | 교재 문의 (02)6466-7202, 동영상 문의 (02)6466-7201

저자와의
협의하에
인지생략

ISBN 979-11-7262-476-7 / ISBN 979-11-7262-475-0(세트)

정가 24,000원